경계선 지적 기능 아동 · 청소년을 위한

느린 학습자의 심리와 교육

G. Lokanadha Reddy · R. Ramar · A. Kusuma 공저 | 박현숙 역

Slow Learners
Their Psychology and Instruction

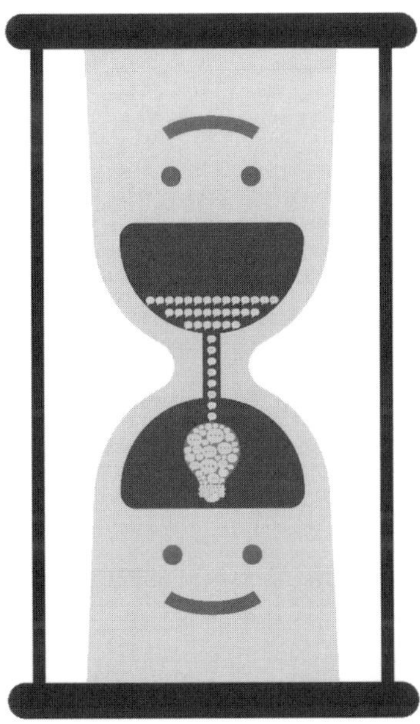

학지사

Slow Learners: Their Psychology and Instruction

by G. L. Reddy · R. Ramar · A. Kusuma

역/자/서/문

이 책에서의 '느린 학습자'라는 생소한 용어에 대해 먼저 설명하자면, '느린 학습자'는 경계선 지적 기능을 가진 아동 · 청소년을 뜻하는 말이다. '경계선 지적 기능'이란 웩슬러 지능검사(WISC-III)를 실시했을 때 IQ가 71~84에 해당되는 경우를 말하며, 이는 IQ 70 이하의 지적 장애 범주에 해당하는 기준보다는 높고 IQ 85 이상의 평균적인 IQ 기준에는 미치지 못하는 경계선 범주에 속하기 때문에 '경계선 지적 기능'이라고 표현한다.

최근 10여 년 동안 느린 학습자에 대한 관심이 급속히 증가하고 있으나 우리나라에서는 극소수의 논문을 제외하고는 출간된 관련 도서를 찾아보기 힘든 실정이다.

이 책은 15년 전에 인도에서 출간되었는데, 책이 출간되기 훨씬 전부터 인도에서는 느린 학습자를 비롯한 뒤처진 아동에 대해 관심을 갖고 보다 체계적이고 과학적으로 그들의 교육에 힘써 왔다는 사실이 매우 놀랍다. 이 책에서는 느린 학습자의 개념, 선별과정, 인지발달과 정서발달, 학습 프로그램, 언어와 수학 능력 발달과 교수방법, 창의성과 사회성 발달, 경계선 지적 기능 청소년을 위한 진로 교육, 최근의 관련 연구 개관에 이르기까지 느린 학습자, 즉 경계선 지적 기능 아동 · 청소년에 대한 이론과 실제 적용 방법들을 총망라하여 체계적으로 고찰하였다. 특히 이 책은 느린 학습자에 대한 이론만을 다룬 것이 아니라 실제 교육현장에서 적용 가능한 구체적인 방법들을 자세히 소개하고 있어서 단순한 이론서에 그치지 않고 활용서의 역할까지도 너끈히 수행할 수 있을 것이다. 그러나 역자와 편집부에서 부단히 노력했음에도 출간된 지 오래되었고 인도와 우리나라의 출판 환경이 크게 다른 관계로 참고문헌의 출처를 명확히 밝히지 못한 부분이 간혹 있을 수 있으며, 교육의 개입방법이나 관점 등에서 현재와 약간의 괴리가 느껴지는 부분이 있을 수 있으므로 독자 여러분의 넓은 아량을 부탁드리는 바다.

역자가 느린 학습자에 대한 연구와 관련 프로그램 제작을 위해 여러 자료를 찾던 중 우연히 발견한 이 책에서 보다 체계적이고 전문적인 도움을 받을 수 있었던 것처럼 일반 교육계는 물론 느린 학습자의 부모, 상담 현장 및 특수교육 종사자, 관련된 일로 느린 학습자를 만나는 모든 분에게 이 책이 도움이 되기를 바란다.

2013년 1월

박현숙

추/천/사/Ⅰ

이 책은 일반적인 교육 분야 및 특수교육에 종사하는 관계자들과 연구자들을 위해 쓰였다. 모든 교사가 떠안고 있는 고민은 모든 학년의 각 교실에서 볼 수 있는 느린 학습자—사다리의 제일 아래 단계에 있는 학습자들—를 어떻게 하면 적절하게 학습시킬 것인가다. 지금까지 경시되어 왔던 이 집단은 전체 학생집단의 약 18%를 차지하고 있다. 따라서 즉각적인 관심을 기울여서 느린 학습자의 역량에 맞는 교육을 제공하여 그들이 각자의 위치에서 인적 자본을 형성하여 노동 인구로서 적절한 자리매김을 할 수 있게 해야 한다.

이 책의 저자들은 현재의 교사들과 미래의 교사들이 느린 학습자에게 더욱 효율적인 교사가 될 수 있게 하는 인지적인 기초 교육과 실질적인 전략들을 제공하고자 한다. 지난 수십 년 동안의 연구에 따르면 교사의 행동이 아동의 수행에 광범위하게 영향을 미친다는 것을 알 수 있다. 학생을 가르치는 데 더 나은 영향력을 발휘하기 위해서는 교사들이 심리학적인 원리를 깊이 이해하고, 그 원리를 일반교육과 특수교육 과정의 교수학습 과정에 어떻게 적용할 것인지에 대해 명확하게 인식할 수 있어야 한다. 따라서 이 책은 교사들에게 이러한 통찰력을 갖게 하는 기회를 제공할 것이다. 책의 전반부에서는 주로 느린 학습자의 문제점과 발달 등의 개념을 다루었으며, 후반부에서는 교육활동, 교육과정 계획, 교수와 느린 학습자의 욕구에 적합한 교육 도입을 위한 전략들을 소개하고 있다. 말하자면 이 책의 목적은 느린 학습자의 학습 문제를 해결하고자 하는 교사들에게 지침을 주고자 하는 것이다.

이 책을 준비하기 위한 엄청난 노력에 찬사를 보내며, 모든 독자에게 잘 받아들여지길 기대한다.

S. Padmanabhaiah 교수

Head and Dean Faculty of Education, S.V. University

Tirupati(A.P.)

추 / 천 / 사 / II

사회는 일반교육과 직업 훈련 두 가지 모두를 학교에 기대한다. 학교는 인적 자원 개발에서 중심적인 역할을 한다. 이를 위한 시도가 학교에서의 교사의 업무다. 가르친다는 것은 매우 어려운 일이다. 교사는 훌륭한 지도자, 실질적인 발표자, 재빠른 진단가, 요령 있는 외교관, 확고하고 공정한 훈련가가 되어야 한다. 다음 세대를 가르치는, 세상에서 가장 중요한 일을 하고 있는 사람과 곧 그 일을 맡게 될 사람들을 위해 이 책의 저자들은 느린 학습자에 대해 알고 있는 것, 느린 학습자의 학습 문제, 그리고 무엇보다 중요한 느린 학습자를 어떻게 가르칠 것인가에 대해 소통하기 위한 노력을 시작했다.

효율적으로 가르친다는 것은 학습과정을 가르치면서 직면하는 실질적인 문제를 풀기 위해 심리학적 원리를 현명하게 활용하는 것이다. 느린 학습자를 가르친다는 것은 몹시 힘든 과업이다. 그러나 느린 학습자의 문제, 시도, 성장과 성공을 지켜보면서 거기에 동참하는 것은 대단히 흥미롭다. 이 책은 초등학교부터 대학교까지의 교사, 학부와 대학원 수준의 학생들은 물론 연구자들에게도 매우 커다란 가치가 있을 것이다. 이 책에서 느린 학습자의 심리와 교육에 대해 품고 있는 정보는 다음 세대의 교사는 물론 현재의 교사도 느리게 학습하는 아동과 잘 지낼 수 있도록 도와줄 것이다.

앞서 언급했던 표적 집단들은 느린 학습자의 학습 문제, 교사의 효율성과 느린 학습자를 가르치는 방법론에 대한 통찰을 얻기에 이 책이 매우 유용하다는 것을 알 수 있을 것이다. 이 책을 통해서 세상에서 가장 어려운 직업 중 하나를 선택한 교사들이 느린 학습자를 가르치는 데 필요한 인지적 기술과 실질적인 기술을 얻을 수 있길 기원한다.

P. Ramasamy

Alagappa University 부총장

Karaikudi, Tamilnadu

차 / 례

01

느린 학습자의 개념

이 장의 개요

이 장은 느린 학습자의 개념에 대해 설명하고 있다.

- 느린 학습자의 개념
- 느린 학습자와 학습부진아, 학습장애아의 차이
- 느린 학습자의 특징
- 느린 학습의 원인
- 느린 학습자의 교사

SLOW
LEARNERS

기초 과목에서 크게 뒤처지는 아동들에게 특별한 도움이 필요하다는 것을 교육자들은 경험상 알고 있다. 이 학생들이 도달할 수 있는 학력의 수준은 제한적이다. 그들의 지능지수는 71에서 84 사이에 해당하며,* 전체 학생 집단에서 약 18%를 차지한다. 이 학생들은 이해하는 속도가 느리고, 이 때문에 놀림을 받곤 한다는 점을 제외하고는 급우들과 크게 다르지 않아서 도드라져 보이지 않는다. 이들은 신체적으로 체격이 좋은 반면에, 움직임이 서툴고 둔하며, 학교에서 문제를 일으키지는 않는다. 대부분의 활동들이 그들에게는 매우 어렵지만 잘 참고 협조적이다. 그들 중 일부는 신체적 · 환경적 · 정서적으로 훨씬 더 제한적이며 추가적인 장애를 가지고 있어서 학교에서의 성장과 개인적 발달이 지연되기도 한다. 이들에게는 일반학교에서 특수학급의 형태로 별도의 도움이 필요하다. 느린 학습자의 대부분은 그들에게 필요한 별도의 관심을 받지 못하는 일반학급에서 고전하고 있다.

느린 학습자들은 추상적이고 상징적인 내용(예를 들어, 언어, 수, 개념)을 다루는 능력이 매우 제한적이고, 실제 상황에서의 추론능력도 평균적인 학생들에 비해 부족하다. 이 학생들은 학습능력 면에서 정상 학생들과 어느 정도 다르다. 이들은 비교적 복잡한 게임이나

* 역자 주: 가장 보편적으로 현재 우리나라에서 사용되고 있는 웩슬러 지능검사는 WISC-III이며, 이 검사에서 IQ가 71~84에 해당할 경우 경계선 수준으로 분류된다. 2011년에 배포된 WISC-IV에서는 IQ 70~79에 해당할 때 경계선 수준으로 본다. 이러한 경계선 지적 기능을 가진 아동 · 청소년을 다른 말로 '느린 학습자'라 한다.

학교 과제를 해내지 못한다. 많은 외적 자극을 주고, 단순한 형태의 작업들을 하게 하는 독려가 필요하다. 이처럼 이해력이 부족하다고 알려진 이와 같은 학생들을 느린 학습자라고 부른다.

Burt(1937)는 정상적인 또래 집단에 기대하는 학습을 수행할 수 없는 아동을 '뒤처짐'이나 '느린 학습자'로 분류한다고 했다. 뒤처진 아동을 가르칠 때 학생에게 기대하는 성취수준의 지표로 정신연령을 사용한다. 예를 들면, 한 아동의 정신연령이 10세라면 우리는 그의 성취연령도 10세 수준이 될 것이라 추측한다. 그런데 그의 성취연령이 정신연령보다 낮다면 그는 느린 학습자일 수 있다는 것이다. Jenson(1980)은 '둔한 정상'이라고 분류되었던 IQ 80~90의 학생들에게 상징적이거나 추상적이거나 개념적인 내용을 가르칠 때 더 이해하기 어려워한다고 했다. 그들의 대부분은 저학년 때 읽기와 산수에서 문제를 가지게 되면서 '느린 학습자'로 분류된다. 그러나 그들이 또래 연령의 대다수가 쉽게 도달하는 개념을 이해하기 위한 발달 준비도가 뒤떨어져서 늦게 배우는 것은 절대 아니다. 느린 학습자라기보다는 '느린 발달자'라고 불러야 할 것이다.

시각장애, 청각장애 등 신체적으로 장애를 가진 아동의 어려움은 비교적 명확하게 관찰되지만 느린 학습자의 어려움은 늘 명확한 것이 아니다. 그들의 어려움은 학습능력, 사고력과 관련된다. 현대사회에서 교육과 삶의 정상적인 요구에 부응하는 대부분의 아동들만큼 유능하지 못하다는 것이다. 느린 학습자의 대다수는 성인이 되어 지역사회의 삶에 흡수될 것이고, 별도의 관심을 받지 못하면서도 현실적으로는 지역사회에 기여하게 될 것이다. 그들의 한계점이 가장 명확히 드러나는 시기는 학령기다. 학교에서는 언어 지능, 추상능력, 개념적 사고와 같은 특정 기술들을 평가한다. 구성원들이 읽기 · 쓰기와 간단한 계산에서 최소한도의 수행을 해야 한다는 지역사회의 요구를 반영하는 것이 교육이며, 이들의 수행에 대한 비교는 학교에서 가장 명확히 드러난다. 느린 학습자는 저학년에서 이러한 기술의 발달이 뒤처지면서 급우들을 따라잡기가 매우 어렵다는 것을 알게 된다. 교육을 통해 이 학생들의 느린 성장 속도를 적절히 제어해서 가장 효율적인 학습 방법에 도달하도록 변화시키지 못하면 이들의 학습적인 어려움은 점차 증가한다.

그러므로 느린 학습자들이 최상의 성장을 할 수 있게 하는 특수한 교육 방법들이 절실히 요구된다. 그들에게는 무엇보다 중요한 3R, 즉 성인의 삶에서 매우 가치 있는 실질적이고(practical), 개별적이며(personal), 사회적인(social) 발달이 가능해야 한다. 느린 학습자들이 극심한 교육적 · 사회적 실패에서 기인하는 불행과 개인적인 부적절함을 극복할 수 있도록 우리는 인도주의적 바탕에서 그들에게 별도의 관심을 기울여야 한다. 학교에서 느린 학습자에 대한 별도의 관심이 필요한 또 다른 실질적인 이유가 있다. 첫째, 국가는 상위의 기술 발달이 가능한 사람들뿐만 아니라 사회조직의 유지에 매우 중요한 평범한 일을 할 수 있는 사람들의 발달을 포함하는 인적 자원의 완전한 발달을 필요로 한다. 둘째, 교육 실패로 인해 빚어질 수 있는 좋지 못한 정신건강과 비행에 대한 사회적 비용이 아동기에 특수교육 처치의 적절한 수단을 발전시키는 비용보다 결국 더 커질 수 있다.

기초과목에서 뒤처진 많은 아동에게 별도의 도움이 필요하다는 것은 학교에서도 알고 있다. 뒤처진 아동들은 세 개의 범주로 분류될 수 있다. 첫 번째 범주는 신체적 결함이나 질병, 가정에서의 제한적인 언어적 경험, 정서장애와 같은 추가적인 장애가 동반되는 정신적 발달 지체 때문에 매우 뒤처지는 아동들로 구성된다. 이들의 교육적인 문제는 매우 심각해서 일반학교 이외에 특별한 교육적 처치가 필요하다. 두 번째 범주는 평균적인 아동에 비해 크게 제한적이지는 않지만 학습에 더 큰 어려움을 가지는 부진아들로 구성된다. 학교 결석, 불행한 개인적 환경이나 부적절한 환경적 조건이 그들의 성장을 제한한다. 그들의 문제에 대해 인식하고 도움을 주는 데 실패하는 것이 그들을 뒤처지게 하는 주요 원인들 중의 하나다. 세 번째 범주는 매우 제한적인 인지적 능력을 가진 느린 학습자들로 구성된다. 이들의 실패 원인은 특수한 지각적 장애부터 정서적인 부적응에 이르기도 한다. 이 학생들을 잘 성장하게 하려면 특수교육이나 교정 교육이 필요하다.

Kirk(1962)에 따르면, 느린 학습자, 평균적인 학생, 영재 학생은 학습의 속도에 따라 분류할 수 있다고 한다. 그는 평균적인 학생보다 속도가 느리더라도 적당한 정도의 학업적인 성공에 도달할 수 있기 때문에 느린 학습자들이 정신적으로 지체됐다고 평가하는 것을 강하게 부정했다. 느린 학습자가 어른이 됐을 때 일반적으로 자조가 가능하며, 독립적이고 사회적으로 적응하지만 초기의 일상적인 학급 프로그램에서는 더 '느린 학습능력'에 해당한다. 이 느린 학습자들은 학습부진아나 학습장애아와 매우 다르다.

느린 학습자와 학습부진아의 차이

느린 학습자와 학습부진아는 공통적으로 점수나 수행에서 기대수준에 미치지 못하지만 둘 사이에는 명백한 차이가 있다. 느린 학습자는 또래 집단에서 정상적으로 기대되는 작업들을 할 수 없는 학생들이다. 이 학생들은 급우들과 보조를 맞추는 데 어려움이 있다. 자기가 속한 학급이나 심지어 그보다 더 아래 학년에서의 활동도 할 수 없다. 반면에, 자신의 능력이 그다지 제한적이지 않음에도 불구하고 평균적인 학생들보다 학습을 더 어려워하는 이들이 있다. 학교 결석, 불행한 개인적 환경이나 부적절한 환경적 조건이 그들의 이후 성장을 더 제한적이게 한다. 이러한 학생들을 학습부진아라 한다. 이들의 수행은 그들이 가진 능력과 일치하지 않으며, 기대수준 이하의 성취를 한다. 요약하자면, 그들의 교육적인 성취는 능력 이하로 떨어진다. 느린 학습자의 부적절한 수행이 저조한 정신적 능력에서 기인될 수 있는 반면에, 느린 학습자에게는 부족한 잠재력을 가지고 있는 학습부진아의 부적절한 수행은 다양한 다른 원인적인 요소가 있다.

느린 학습자와 학습장애아의 차이

느린 학습자와 학습장애아 모두 학습에 어려움을 갖긴 하지만, 이 둘 간에는 차이가 있다. 느린 학습자는 자기가 속한 학급이나 심지어 그보다 더 아래 학년에서도 수행을 할 수 없는 학생이다. 해당 연령이나 학년에서 여러 과목이 정상적인 성취수준에 미치지 못한다. Kirk(1963)는 학습장애란 언어, 소리 내어 읽기, 관련된 사회적 상호작용을 하는 데 필요한 의사소통 기술의 발달에 장애를 갖는 것이라고 정의했다. 1차 장애로 정신지체나 시각 또는 청각과 같은 감각장애를 가진 아동들은 학습장애에 포함시키지 않았다.

Federal Register(1977)는 듣고, 생각하고, 말하고, 읽고, 쓰고, 철자 또는 수학적인 계산을 하는 능력에 결함이 있어서 언어를 이해하거나 사용하는 데 또는 말하기나 쓰기를 포함하는 기초적인 심리학적 과정들 중에서 하나 이상의 장애가 있을 때를 특별히 학습장애라고 정의한다. 이 정의에는 지각적인 장애, 뇌손상, 미세 뇌기능장애, 난독증, 발달적 실어증과 같은 조건들이 포함된다. 일차적으로 시각, 청각 또는 운동 장애의 결과이거나 정신지체, 정서장애, 환경적 · 문화적 · 경제적 불평등으로 인해 학습 문제를 갖게 된 아동들은 포함되지 않는다. 느린 학습은 학습 문제를 야기하고, 이것이 아동의 학습속도를 더 늦추는 것과 관련된다. 학습장애 정의의 두 번째 부분은 느린 학습이 학습장애로 떨어지지는 않는다고 지적한다. 동시에 느린 학습자와 학습장애아 간에는 명백한 특징들이 있다는 데 동의한다.

느린 학습자의 특징

앞에서 언급했던 요인들을 고려해서 느린 학습자의 특징을 체계적으로 정리해 볼 수 있다.

제한적인 인지능력

Schonell(1942)은 경험에 의해 자각하거나 지도하기에 따라 환경의 영향을 받아서 어느 정도 변화될 수는 있지만 타고나는 전체적인 정신적 힘을 지능이라고 정의한다. 지능은 단지 타고난 잠재성이 발달하고 있는 중이라거나 성숙하고 있는 중이라기보다는 환경과의 적극적인 경험의 과정에서 성장·발달되는 어떤 것이라고 여겨진다. 이것은 느린 학습자가 약한 부분이다. 제한적인 인지적 용량 때문에 느린 학습자는 학습 상황을 헤쳐 나가고 추상적으로 추론하는 데 실패한다. 그들에게는 합리적인 사고가 실질적으로 불가능하다.

느린 학습자는 추론이라는 복잡한 인지적 조작에서 어려움을 겪는다. 그들은 사물의 특징을 관찰해서 이전의 경험에 따라 사물들 간의 관계를 인식하는 것이 더 느리다. 그래서 많은 양의 학습 활동에서 함축하고 있는 개념들과 일반적인 생각들을 연결시켜 가는 과정이 매우 약하다. 느린 학습자의 대부분이 기계적인 학습에서는 성공할 수 있다. 또한 명확하게 설명되는 학습에서는 관심을 보이기도 한다. 정상 학생들과 비교했을 때 기억을 잘하게 하기 위해서는 더 많은 시도와 교정이 필요하다. 또한 이들은 기억과정을 촉진하는 데 효과적인 인지적 책략을 사용하는 데도 미숙하다. 이 책략들에는 계획적이고 목표 지향적인 행동을 할 수 있도록 장기기억으로부터 정보를 인출하는 데 중요한 실행기능이라고 알려져 있는 인지조절 과정이 포함된다(Flavell, 1977). 실행기능은 정보처리가 필요한 인지적 자원을 조직화하고, 내보내며, 관리한다. 실행기능은 환경적 자극이 들어왔을 때 재구성과 재정의를 바탕으로 정보를 검색하게 하는 '어떻게' 찾을 것인지의 기제 또는 조직화 프로그램이다. 실행기능은 과제의 요구에 적합한 인지과정의 의도적인 계획과 실행이다. 말하자면, 실행기능은 정보를 기억하고 회상하는 데 유용한 인지적 도구들을 찾아보고 동원하게 한다(Neisser, 1967). 이러한 실행기능은 정보를 어떻게 검색할 것인지에 대한 이해의 틀을 마련하는 데 도움이 된다(Swanson & Watson, 1982). 기억력의 발달은 모든 지식발달과 결부되어 더 높은 인지발달 수준으로 성장할 수 있도록 정신적 조작에서의 질적인 변화를 촉진한다(Liben, 1977; Piaget & Inhelder, 1969). 느린 학습자는 제한적인 인지능력을 가지고 있기 때문에 적절한 인지발달을 하지 못한다. 이 제한적인 인지능력 때문에 또래집단을 따라갈 수 없는 것이다.

부진한 기억력

기억은 복잡한 과정이라서 완벽하게 알려지지는 않았으나, 일부 연구자들은 기억에 대한 다양하고 관찰 가능한 측면들을 설명하는 이론을 정립했다. Flavell(1977), Flavell과 Wellman(1977)은 기억력이 인지와 회상, 인지적 책략들과 상위인지를 포함하는 일련의 인지적 과정이라고 정의한다. 이 과정들은 각각 학습에 영향을 미친다. Atkinson과 Shiffrin(1968)은 저장 모형(flow-through model)의 관점에서 기억력을 고찰한다. 저장 모형에 따르면 정보는 단기기억과 장기기억으로 전달되기 전에 짧은 시간 동안 감각등록기에 저장된다. 그러나 느린 학습자는 부진한 기억력을 가지고 있다.

Burt(1946)는 교육의 과정을 방해하는 모든 특수한 정신장애 중에서 가장 빈번한 약점이 장기기억일 수 있다고 했다. 느린 학습자들이 기억하게 하려면 구체적으로 더 여러 번 반복할 필요가 있다. 초기학습의 효율성은 실질적인 보유와 회상만큼이나 중요하다. 태도, 흥미와 정서 상태도 기억력에 영향을 미친다. 그러나 느린 학습자들은 장시간 동안 기억저장고에 정보를 보유해서 필요할 때 그 정보를 회상해 내지 못한다. 이처럼 기억력이 부진한 이유들 중의 하나는 주의집중의 부족이다.

주의집중은 환경의 자극 중에서 선택된 특징에 집중하는 인지과정이다. 주의집중은 선택적 주의와 주의 지속의 두 가지 구성요소로 나눌 수 있다. 이 과정들은 서로 상보적 기능을 하며, 동시에 일어난다. 선택적 주의는 우리의 감각 입력 경로를 통해서 주변의 사건을 경험하는 것이다. 선택적 주의는 환경 자극의 원인에 따라 뇌의 적절한 영역을 활성화시키는 정향반응을 일으키고, 주의 책략을 사용해서 이전의 경험을 바탕으로 환경의 정보를 조직화하게 한다. 살펴보기(scanning)와 찾기(searching) 같은 책략들이 정보를 체계적으로 얻기 위해 환경에 집중하는 일관된 양식을 보여 주는 정보 획득 방법이다(Garwood, 1983). 살펴보기는 모든 환경적 정보를 탐색하는 능력이다. 반면에, 찾기는 이전의 경험을 바탕으로 정신적 모형에 적합한 특정의 정보 또는 명확한 환경적 정보에 집중하게 한다.

주의 지속은 특정 과제에 인지적 활동을 가하는 것이다. 주의 지속에는 인지 처리의 적절한 조건과 과제에 쏟아야 하는 인지과정의 강도를 정하게 하는 주의폭이 포함된다. 주의 책략에는 명백한 자극에 집중을 유지하는 것과 새로운 자극으로 집중을 전환시키는 것도 포함된다. 주의 책략은 개인차와 우리가 새로운 경험에 접근하는 방법을 반영하는 인지 방식의 영향을 받는다. 이 개인차에는 과제의 요구에 반응할 때 사색적으로 접근하는지, 충동적으로 접근하는지, 과제를 지속할 때 산만한지, 끈기가 있는지가 포함된다. 느린 학습자는 집중력이 부족해서 산만하고 주의폭이 짧다. 그래서 개념을 명확히 지각하게 하는 주의 책략이 매우 좋지 못하다. 따라서 배워야 하는 것과 관찰된 주요 특징에 집중하게 해야 한다. 여기서 실패하면 아동은 지루해하거나 산만해질 수 있다. 동기화가 약할 수도 있다. 학습 자료가 적합하지 않아서—너무 어렵거나 아동의 경험 밖이라거나—주의력이 부족할 수도 있다. 학습 자료의 제시 방법 때문에 학습 자료를 정확히 지각하지 못할 수도 있다. 기억력을 개선할 수 있는 한 가지 방법은 개념을 정확히 인식하는 데 유용한 연관성들이 느린 학습자에게 가능한 한 매우 중요하고 의미 있는 연관성이어야 한다는 것이다.

더 잘 기억하려면 명확히 지각해야 한다. 지각은 감각 자료를 의미 있는 정보로 식별해서 조직화하고 해석하는 인지적 과정이다. 지각의 결과는 사물을 어떻게 느끼고, 냄새 맡고, 맛볼 수 있는지에 대한 추론으로, 경험들 중에서 물리적이며 관찰 가능한 특성들을 표상한다고 판단되는 정보의 산물이다. 환경적 사건과 내용에 연관될 때만 지각된 정보로 여긴다. 지각과정은 식별, 조직화, 배열하기를 포함한다. 식별은 우리가 감각계 내에서 명확한 특징들을 구별하게 하고, 조직화는 둘 이상의 정보원들에게서 온 정보들을 통합하게 하며, 배열하기는 공간적 · 시간적 자극들의 순서와 양식을 알게 한다(De Ruiter & Wansart, 1982). 그러나 느린 학습자는 지각과정의 이러한 영역들에서 어려움을 느낀다.

산만함과 주의력 결핍

Curtis와 Shaver(1980)의 조사 연구에 따르면, 느린 학습자의 주의폭은 비교적 짧다. 또한 집중력이 부족하다. 느린 학습자는 한 번에 30분 이상의 시간 대부분을 언어적으로 설명하는 교사의 교육에 집중할 수 없다. 느린 학습자가 더 잘 지각하게 하기 위해서는 짧고 잦은 수업이 필요하다. 모듈식 접근이나 개별화된 교육 시스템은 느린 학습자의 요구를 충족시킬 수 있다. 교육과정에서 매체를 활용하면 좀 더 긴 시간 동안 주의를 지속하여 집중력을 개선할 수 있다. 느린 학습자의 산만함을 극복하고 주의력을 개선하는 데 멀티미디어 교육 책략이 매우 적합할 것이다. 연구(Soundararaja Rao & Rajaguru, 1995)에 따르면, 학습 자료가 구체적인 상황을 통해 제시될 때 느린 학습자의 주의력과 집중력은 정상 학생들과 크게 다르지 않았다고 한다. 느린 학습자도 재미있고 성공적인 학습에는 상당한 시간 동안 집중할 수 있다. 느린 학습자의 능력에 적합한 학습의 정도, 흥미와 활동이 중요하다. 느린 학습자의 신체적인 조건과 성공이나 실패에 대한 기대감도 영향을 미친다. 또한 집중력은 어느 정도 경험과 훈련의 산물이라고 볼 수 있다. 창의적이고 실용적인 활동이 좋은 학습 습관과 주의력을 발달시키는 것으로 보인다.

사고 표현의 어려움

Tansley와 Gulliford(1962)는 학교가 읽기와 쓰기를 잘하게 하는 방법에 대해 많은 관심을 쏟고 있지만, 읽기와 쓰기만큼이나 중요한 또 다른 것은 언어에서 부차적인 기술이라는 것을 잊지 않아야 한다고 말한다. 자신을 말로 표현하고, 자신이 들은 것을 이해하는 능력이 아동에게 더 중요하다. 느린 학습자에게는 이러한 능력이 부족하다. 느린 학습자는 단어를 찾고 조합하기를 어려워한다. 느린 학습자가 표현하는 데 뒤처지는 주된 이유들 중의 하나가 미성숙과 정서적 위축이다. 이들은 단어보다 몸짓이나 동작을 더 자주 사용한다.

느린 학습자는 무엇을 말해야 할지 모르고, 말할 것을 알고 있더라도 말하는 방법을 찾기 어려워한다. 이러한 어휘 부족이 주된 약점들 중의 하나다. 학습이 부족하거나 필요할 때 어휘를 떠올리는 능력이 부족해서 망설이거나, 반복하거나, 대충 말해 버린다. 종종 표현의 순서, 배열, 선택성도 부족하다. 말하기 위해서 무엇을 선택해야 하는지 잘 몰라서 표현에 약하다. 또한 어법에서 자주 실수한다. 이는 느린 학습자가 반복적으로 학교 밖에서 들었던 것과 학교에서 듣는 것이 다르다는 사실 때문일 수도 있다. 생각을 표현하기 위해서는 말하기는 물론 듣기를 포함하는 의사소통에 능해야 한다. 그러나 느린 학습자는 메시지를 기억하고 교육 내용을 듣는데 익숙하지 않다. 결과적으로, 생각을 명확하게 표현할 수 없는 것이다.

느린 학습의 원인

느린 학습의 원인이 되는 다양한 요인이 있을 수 있지만, 그중에서 몇 가지 중요한 요인을 살펴보고자 한다. 느린 학습의 원인이 되는 요인들을 통찰하면 교사는 초기 단계에서 느린 학습을 식별하고 극복할 수 있다. 교사들이 느린 학습을 더 일찍 알아본다면 교정 교육을 더 빨리 제공할 수 있다. 모든 느린 학습자의 사례에서 전체 요인들이 동시에 작용하는 것은 아니다. 하나 또는 그 이상의 요인들이나 이 요인들 간의 상호작용이 각각의 느린 학습자 사례에서 느린 학습을 유발할 수 있다. 다음은 주된 원인이 되는 요인들이다.

빈곤

빈곤은 인도와 같은 개발도상국에서 느린 학습을 일으키는 일차적 요인이다. 빈곤은 두 가지 방법으로 아이들에게 영향을 미치는데, ① 아동의 건강을 해치고, ② 학습능력을 약화시킨다는 것이다. 빈곤은 결과적으로 학생들의 수행에서 많은 정신적 · 도덕적 박탈감을 유발한다. "건강한 신체에 건강한 정신이 깃든다."는 사실은 진리다. 신체가 건강해야 정신이 그 용량대로 작동할 수 있다. 우리의 뇌가 예리하고 총명하며 어떤 종류의 정보처리도 가능하려면 신체가 건강해야 하는데, 이것은 보통 빈곤에 의해 영향을 받는다. 빈곤은 신체적 건강뿐만 아니라 정신적 건강에도 영향을 미쳐서 지적인 둔함을 야기한다. 부유함은 확장된 경험을 통해 일반적 지식을 얻는 데 중요한 영향을 미친다.

윤택한 가정의 아동은 탐색을 하는 다양한 방법을 알게 되며, 자신의 의도에 맞는 충분한 자료들을 가지게 된다. 이러한 가정의 아동은 자신의 교육적 배경지식을 발전시키기 위해 일반적 지식을 얻는 데 적합한 교육, 놀잇감과 책들을 갖는다. 따라서 그의 정신은 점차 조건화되고, 해를 거듭하면서 학습속도가 증진되도록 훈련받는다. 반면에, 빈곤한 가정의 아동은 순조로운 삶을 살기 위한 기회들을 충분히 갖지 못한다. 가난한 학생들은 그러한 방안에 접근하지 못하기 때문에 그들의 뇌를 더 예리하게 하거나 초기 단계에서 학습속도가 증진될 수 없다. 빈곤 자체가 느린 학습의 절대적 원인은 아니지만 느린 학습의 시작을 촉진할 수 있는 조건과 가능성을 양산할 수 있다. 그러나 빈곤이 느린 학습의 주요 원인은 아니다. 느린 학습자에 대한 직접적인 정보를 얻기 위해서 다른 원인들을 살펴봐야 한다.

가족 구성원의 지능

개인의 학습에 영향을 주는 또 다른 잠재적 요인은 부모를 포함한 가족 구성원의 지적 수준이다. 이는 아동의 학습에 직접적인 영향을 미친다. 교육을 받은 부모는 아동의 인지발달에 민감하다. 그러한 부모는 아이들이 유치원에 입학하기도 전에 가르치기와 훈련을 시작한다. 또한 자녀들에게 학습을 촉진하는 교육적인 놀잇감과 책들을 제공한다. 부모가 직접 읽기와 산수를 집중적으로 가르치기도 한다. 이러한 방법으로 부모가 직접 학습속도를 높일 수 있게 아이들을 훈련시킨다. 교육받은 지적인 부모는 자녀들의 인지수준에 맞는 교육적인 경험과 교재를 제공할 수 있다.

그러나 부모가 지적으로 무능하고 수준이 낮다면 자녀들의 성장을 긍정적인 방향으로 끌어가기 어렵다. 이러한 부모가 자녀들의 지적인 발달에 관심을 보이는 경우는 드물다. 문맹인 부모의 자녀들은 학습 자료도, 부모의 가르침도 받지 못한다. 결과적으로 빈곤한 가정의 자녀들은 학습속도를 증진시키기 위해 정신을 훈련시킬 적절한 기회를 갖지 못한다는 것이다. 산수나 철자를 알지 못한 채로 1학년에 들어가는 경우도 있다. 이러한 아동들은 처음 학교에 왔을 때 다른 아이들이 자신보다 앞서 있다는 것을 알게 되고, 열등감을 느끼게 되면서 결국 자신감을 잃게 된다. 이러한 것들은 느린 학습의 시작을 촉진해서 아동이 지적인 무력감을 느끼게 한다. 높은 사회경제적 수준을 가진 부유한 가정의 자녀들은 느린 학습자가 될 가능성이 비교적 낮다. 느린 학습자와 빈곤은 서로 상관이 있으며, 연구 증거들이 이러한 사실들을 뒷받침한다.

정서적 요인

모든 학생은 학교생활에서 어느 정도의 정서적 문제들을 가질 수 있다. 느린 학습자는 학습과정을 방해하는 심각하고 만성적인 정서적 문제들을 가지고 있다. 이러한 정서적 문제 때문에 느린 학습자는 학업 성취가 부진하거나, 대인관계가 좋지 못하거나, 낮은 자아존중감을 갖게 된다. 아동의 개인적·사회적·정서적 발달에 중요한 영역은 자아 개념과 자아존중감이다. 느린 학습자 발달의 이러한 측면은 가정, 또래, 학교에서의 경험에 의해 크게 영향을 받는다. 자아 개념은 우리가 자신의 강점과 약점, 능력, 태도, 가치를 지각하는 방식을 포함한다. 자아 개념은 출생과 함께 발달하기 시작하여 경험을 하면서 계속 변화한다. 긍정적 자아 개념의 부족은 아동의 사회성 발달을 크게 손상시킬 수 있다.

일반적으로 내향적이고, 미성숙하고, 낮은 자기상을 가지며, 우울한 특성을 가진 느린 학습자는 쉽게 불안해한다. 전형적으로는 친구가 적거나 전혀 없을 수 있으며, 자신보다 훨씬 더 어린 아이들과 노는 경우도 있다. 이들은 매우 상세한 환상이나 공상을 가지고 있어서 스스로에 대해 매우 낮은 자기상이나 지나치게 거창한 자기상을 가지고 있을 수 있다. 느린 학습자는 매우 내향적이다. 내향적이고 미성숙한 학생들은 대부분 사회적 기술의 부족으로 인해 힘들어한다. 사회적 기술을 훈련하는 프로그램들은 내향적이고 친구가 없는 학생들의 사회적 행동을 개선하여 급우에 대한 그들의 적응력을 증가시키는 데 매우 효율적이다(Gottlieb & Layser, 1981; Gresham, 1981; Strain & Kerr, 1981).

아동은 학교생활을 시작할 때 사실성보다는 특정 성취를 기반으로 자신을 평가하는 경향이 있다(Damon & Hart, 1982; Harter, 1982). 심지어 매우 작은 실패에도 아동은 스스로를 쓸모없다고 느낄 수 있다는 점에서 이를 알 수 있을 것이다. 1학년을 지내는 동안 아동의 정서적 발달과 사회적 발달은 세 가지 영향을 받으면서 형성된다. 첫째는 부모와 가족, 둘째는 또래 집단, 셋째는 학교 경험이다(Coopersmith, 1975). 정서적 요인들은 아동의 느린 학습에 많은 영향을 미친다. 심리학자들은 다양한 연구 결과를 통해 이것을 입증했다. 아동이 학교에 올 때면 그의 정서적 세상도 함께 따라온다. 아동이 경험하는 긴장과 갈등은 학습에 부정적인 영향을 미친다. 그래서 가족과 외부세계로부터 현재까지 지속되어 온 좌절감은 말할 것도 없이 가정 내의 형제들과 부모 간의 관계에서의 긴장도 아동의 학습에 부정적인 영향을 미칠 수 있다. 강압적인 가정에서 자라는 아동들은 효율적인 학습을 방해하는 두려움과 좌절감이 크다. 또한 교사의 태도에 의해 생기는 두려움과 불안 역시 아동을 정서적으로 힘들게 할 것이다. 아동이 정서적으로 마음이 상했을 때 느린 학습을 일으키는 원인이 되는 긴장과 좌절감이 시작되는 것이다.

개인적 요인

앞의 요인들 이외에, 느린 학습을 유발하는 데는 어떤 개인적 요인들이 있다. 신체적 결함, 병적인 신체 조건이나 시각, 청각, 언어 장애도 느린 학습을 유발할 수 있다. 이것들이 아동에게 복합적으로 발달해서 아동의 학습에 불리한 영향을 미친다. 개인적 요인에는 만성 질환이나 장기 결석과 그로 인한 자신감 부족이 포함된다. 질병이나 어떤 다른 이유 때문에 장기간 학교에 결석할 경우, 그들은 급우들을 따라잡을 수 없어서 뒤처지게 되는 것이다. 이것이 결국 자신감에 영향을 미치게 되고, 느린 학습의 시작을 촉진하게 되는 조건과 부적응을 유발한다. 자신감이 부족한 아동들이 곧 '느린 학습자'라고 지적되어 왔다.

신체적 이유로 야기된 느린 학습은 초기 단계에 진단과 교정 방법을 제공하면 쉽게 다뤄질 수 있다. 조기 발견이 좋다는 것은 말할 필요도 없다. 시각, 청각, 후두, 언어 기관과 중추신경계에 대한 주의 깊은 검사가 매우 효과적이다. 상담가, 소아과 의사, 안과 의사, 이비인후과 의사, 신경과 의사와 언어치료사들의 서비스들이 효율적으로 활용되어야 한다. 예민하지 않은 시각적 결함을 가진 아동들이 있다. 청력검사에 의해서만 판명될 수 있는 청각결함 아동들도 있다. 유사하게 뇌손상도 신경학적인 검사나 전자 뇌파 측정 없이는 확인될 수 없다. 초기 단계에서 이러한 장애를 진단하면 장애가 더 악화되어 다른 결과를 초래하기 전에 의학적 조치를 취할 수 있어서 더 효율적이며 비용도 절감된다. 신체적 발달과 근육의 협응이 지나치게 뒤처져서 즉각적인 교정 방법이 필요한 아동들도 있다. 영양공급이 부실하거나 대사과정에 문제가 있어서 영양실조인 아동들도 있다. 이러한 아동들의 느린 학습 문제는 특수한 식이요법과 영양전문가의 처치로 극복될 수 있다.

느린 학습자의 교사

후진국들의 대부분은 물질적 · 재정적 자원의 부적절한 공급 때문이 아니라 숙련된 인력과 기술자들의 극심한 부족 때문에 뒤처진다. 교육은 열린 마음, 관용, 협동, 변화에 적응하는 능력을 촉진하고 발전시킨다. 무엇보다도 교육은 용기와 인내의 질적인 면에 치중해서 치열하고 끈질긴 진실의 추구와 개방적인 질문을 하도록 북돋운다. 교육은 주변의 유형과 무형의 현상들 간의 상호 연관성 있는 행동들에 대한 이해를 증진시켜 지식을 행동으로 바꿀 수 있는 기술을 전달해서 그것들을 가장 잘 사용할 수 있게 만든다. 그래서 느린 학습자가 교육을 이롭게 사용할 수 있도록 만들 필요가 있다는 것이다. 느린 학습자와 특수학교나 일반학교에 있는 다른 뒤처진 아동을 구분할 것인지에 대한 의문이 지난 50년 동안 학문적 논란을 일으켜 왔다. 이제서야 이것과 관련하여 결단력 있는 결론이 내려졌다. 특수학교에서 특수교육을 필요로 하는 신체적 손상을 가진 학생들을 제외하고, 일반학교에서 학습하는 과정을 개선할 수 있도록 더 잘 알려 주고 더 많이 상호작용해야 하는 아동을 구분해야 한다. 그래서 일반학교의 교사들은 일반학교에서 발견되는 느린 학습자의 문제를 다루는 이 막중한 과제를 책임져야만 한다.

최근에 일반학교에서 뒤처진 학생의 문제에 대한 관심이 증가하면서 문제에 대한 인식도 커졌다. Stella(1993), Reddy와 Ramar(1994, 1995), Janakkumar(1996), Natarajan(1996), Rajaguru(1994)의 연구가 이것을 증명하고 있다. 그러나 우리는 그 수요에 대한 적절한 대비가 없다. 관리 가능한 학생들로 특수학급을 시작하는 데 주력하고 있지만 이들은 인력 부족으로 인해 첫 희생자가 되곤 한다. 공립학교들의 경우는 더욱 그렇다. 우리가 사적으로 어떤 자격을 갖춘 교사들을 고용한다 하더라도 그 수는 충분하지 않다. 뒤처진 아동들에 대해 관심을 갖고 그들을 다루는 방법에 대해 알고 있는 교사들은 매우 부족하다. 모든 교생은 수련하는 동안에 읽기와 수의 기초 단계를 가르치는 방법들에 대해 어떤 교육을 받을 필요가 있다. 또래 집단을 따라잡을 수 없는 아동들을 도와줄 방법을 교생들에게 알려 줘야 한다. 그래서 교육학 학사학위 취득자 수준인 교생들에게 특수교육에 대한 논문을 소개하는 것은 바람직하며, 이 논문은 석사학위 취득자 수준의 깊이 있는 연구 수준이어야 한다. 대부분의 교사들은 교육학 학사학위 취득자이기 때문에 학사학위 강의요강에 특수교육 논문을 포함하는 것이 매우 효과적일 수 있다. 교육에서의 개인차에 대한 부분을 분리해서 2학년 교생들에게 심리학 논문을 보게 해야 한다. 이러한 방법으로 수련한 교사들은 느린 학습자들을 식별해서 그들의 문제를 다룰 수 있도록 더 잘 준비할 것이다.

이 책은 우리가 느린 학습자에 대해 알고 있는 것과 학습 문제에 대해 소통해서 느린 학습자를 위해 학급 교육을 변형하여 때가 됐을 때 최적의 인적 자원 개발을 할 수 있게 하기 위해 집필했다. 교사는 많은 것을 잘해야 하기 때문에 가르친다는 것은 쉽지 않은 직업들 중 하나다. 느린 학습자를 담당하는 특수학급 교사는 착한 리더가 되어야만 하고, 효율적으로 말할 줄 알아야 하며, 빠른 진단자여야 하고, 눈치 있는 사교가여야 하며, 엄격하지만 공정한 규율주의자여야 하고, 무엇보다 선한 인도주의자여야 한다. 이 교사들은 자신이 담당하는 과목을 잘 알아야 하며, 가장 중요한 것은 느린 학습자의 머리에 개념을 납득시킬 수 있는 기교를 알아야 한다. 교사들은 항상 이를 명심해야 하고, 하루를 마치고 집에 돌아가서도 잊지 않아야 한다.

헌신적인 교사들은 자신의 일을 매우 좋아한다. 그들은 결과에 대해 불평하지 않고 다른 사람이 어떤 말을 해도 자신의 의무를 다한다. 교사가 마땅히 받아야 하는 존경심을 사회가 늘 주는 것도 아니고, 적절한 급여를 주지도 않으며, 일을 잘하는 데 필요한 시설을 제공하지도 않는다. 그러면서도 항상 교사에게 학생을 보내고, 학생을 맡는 데 필요한 자원이 부족한데도 교사들은 자신의 일을 잘 수행한다. 다른 교사들과 협동해서 뒤처진 학생의 문제를 극복했을 때 인적 자원 개발이라는 엄청난 과업에 우리의 에너지를 쏟을 수 있다. 학생들이 재미있어하도록 부딪혀 보자. 느린 학습자의 경우에 더 적합할 것이다. 그들의 변화, 도전, 노력, 성공을 보면서 동참하는 것은 대단히 흥미롭다. Robert Slavin(1986)이 언급했던 것처럼 교사는 중요하고, 교사도 자신이 중요하다는 것을 안다.

요 약

느린 학습자는 그들의 또래 집단에서 정상적으로 기대하는 학습을 수행할 수 없는 학생이다. 이들의 지능지수는 71~84 사이이며, 전체 학생집단의 약 18%를 차지한다. 추상적, 상징적인 것들을 다루는 능력이 매우 제한적이어서 실제 상황에서의 추론이 평균적인 학생들보다 열등하다. 이 학생들은 학습능력 면에서 정상 학생들과 다소 다르다. 학습이 매우 느려서 또래 집단이나 대다수가 쉽게 도달하는 개념을 이해하기 위한 발달적 준비도가 뒤처져 있다. 그래서 느린 학습자라기보다는 '느린 발달자'라고 불릴 수도 있다.

느린 학습자는 학습부진아와 매우 다르다. 느린 학습자의 부적절한 수행은 낮은 정신능력에서 기인할 수 있으나, 느린 학습자에게 부족한 잠재력을 가지고 있는 부진아의 부적절한 수행의 원인은 매우 다양하다.

제한적인 인지능력, 부진한 기억력, 산만함과 주의력 결핍, 사고 표현의 어려움과 정서적 불안정이 느린 학습자의 주요 특성이다. 이러한 특성들은 모든 느린 학습자에게서 예외 없이 발견된다. 이 특성들이 느린 학습자를 식별하는 데 매우 유용할 것이다.

빈곤, 가족 구성원의 지능, 정서적 요인과 개인적 요인이 느린 학습의 중요한 원인들이다. 이 요인들 모두가 느린 학습을 일으키지만 그 정도는 느린 학습자 각각의 경우에서 요인에 따라 다양할 수 있다. 이 요인들이 적절히 다스려진다면 느린 학습의 문제는 쉽게 다뤄질 것이다.

느린 학습자의 교육을 담당하는 교사는 자신에게 맡겨진 과업에 헌신적이어야만 한다. 다른 이들이 고도의 헌신에 대해 이야기하는 것과는 상관없이 그 일을 수행해야만 한다. 교사가 마땅히 받아야 하는 존경심을 사회가 늘 주는 것은 아니지만 사회는 교사들에게 늘 아이들을 맡긴다. 느린 학습자를 가르치는 것은 만족감을 준다. 그들의 변화, 도전, 성공을 지켜보면서 함께한다는 것은 대단히 흥미롭기 때문이다.

참고문헌

Atkinson, R. C., & Shiffrin, R. M. (1968). Human memory: 1A proposed system and its component processes. In K. Spence & Spence (Eds.), *The Psychology of Learning and Motivation*, Vol. 2. New York: Academic Press.

Bill R. Gearheart (1985). *Learning Disabilities: Educational Strategies.* St. Louis: Times Mirror/Mosby college publishing.

Burt, C. (1937). *The Backward Child.* London: University of London Press.

Chintamani Kar (1992). *Exceptional Children: Their Psychology and Education.* New Delhi: Sterling Publishers Private Ltd.

Coopersmith, S. (1975). *Coopersmith Self-esteem Inventory.* Technical Manual. Palo Alto, CA: Consulting Psychologists Press.

Curtis, K., & Shaver, J. P. (1980, April). Slow learners and the study of contemporary problems. *Social Education, 44*, 4, 302-338.

Damon, W., & Hart, D. (1982). The development of self-understanding from infancy through adolescence. *Child Development, 53*, 841-864.

De Ruiter, J., & Wansart, W. (1982). *Psychology of Learning Disabilities.* Rockville, MD: Aspen.

Federal Register (1977). *Definition and Criteria for Defining Students as Learning Disabled.* Washington D.C.: U.S. Government Printing Office.

Flavell, J. H. (1977). *Cognitive Development.* Englewood Cliffs, NJ: Prentice Hall, Inc.

Flavell, J. H., & Wellman, H. M. (1977). Metamemory. In R. V. Vail & J. W. Hagen (Eds.), *Perspectives on the Development of Memory and Cognition*. Hillsdale, NJ: Lawrence Erlbaum.

Garwood, S. G. (1983). *Educating Young Handicapped Children*. Rockville, MD: Aspen Systems.

Gottlieb, J., & Leyser, Y. (1981). Friendship between mentally retarded and non-retarded children. In S. Ashen & J. Gottman (Eds.), *The Development of Children's Friendship*. Cambridge: Cambridge University Press.

Gresham, F. (1981). Social skills training with handicapped children: A review. *Review of Educational Research, 51*, 139-176.

Jenson, A. R. (1980). *Bias in Mental Testing*. London: Methuen and Co, Ltd.

Kirk, S. A. (1962). *Educating Exceptional Children*. Boston: Houghton, Mifflin.

Kirk, S. A. (1963). *Behavioral Diagnosis and Remediation of Learning Disabilities*. Proceedings of the annual meeting of the Conference on Exploration into the Problems of the Perceptually Handicapped Child, Vol. 1. Chicago.

Kirk, S. A. (1972). *Educating Exceptional Children* (2nd ed.). Boston: Houghton, Mifflin.

Liben, L. S. (1977). Memory from a cognitive development perspective: A theoretical and empirical review. In W. F. Overton & J. M. Gallagher (Eds.), *Knowledge and Development: Vol. 1. Advances in Research and Theory*. New York: Plenum.

Narayana Rao, S. (1987). *Education Psychology*. New Delhi: Wiley Eastern Limited.

Neisser, U. (1967). *Cognitive Psychology*. New York: Appleton-Century-Crofts.

Piaget, J., & Inhelder, B. (1969). *The Psychology of the Child.* New York: Basic Books

Reddy, G. L., & Ramar, R. (1994). Effectiveness of multimedia based modular approach in teaching social science to low achievers. *Media and Techology for Human Resource Development, 6*(3), April-June 1994.

Reddy, G. L., & Ramar, R. (1995). Effectiveness of multimedia based modular approach in teaching maths to low achievers. *Journal & Higher Education. U. G. C, 18*(2), Summer 1995.

Schonell, F. J. (1942). *Backwardness in Basic Subjects.* London: Oliver and Boyd.

Slavin, R. (1986). *Educational Psychology: Theory and Practice.* New Delhi: Prentice Hall of India Private Ltd.

Soundararaja Rao & Rajaguru (1995). Effectiveness of video assisted instruction on the achievement of slow learners. *Journal of Educational Research and Extension, 32*(2), Oct, 1995.

Stella, A. (1993). Effectiveness of computer assisted instruction with special reference to under achievers. *Media and Technology for Human Resource Development, 5*(3), April 1993.

Strain, P. S., & Kerr, M. M. (1981). *Mainstreaming of Children in Schools.* New York: Academic Press.

Swanson, H. C., & Watson, B. (1982). *Education and Psychological Assessment of Exceptional Children: A Cognitive Approach to Solving Real Life Problems.* San-Francisco: Jossey-Bass.

Tansley, A. E., & Gulliford, R. (1962). *The Education of Slow Learning Children.* London: Routledge and Kegan Paul, Ltd.

02

느린 학습자의 선별

이 장의 개요

이 장은 느린 학습자를 선별하기 위한 다양한 방법에 대해 서술하고 있다.

- 조기 선별의 필요성
- 선별을 위한 3단계 과정
  - –초기 선별 단계
  - –과학적 확인 단계
  - –재검증 단계

SLOW
LEARNERS

현재의 아이들은 미래의 시민이다. 이 아이들이 국가의 기둥이 될 것이다. 이 때문에 각각의 기둥을 강하게 할 필요가 있다. 전체 아동의 18%를 차지하고 있는 느린 학습자를 향상시키지 않고서는 우리는 최적의 인적 자원 개발을 수행할 수 없다. 느린 학습자가 속한 각각의 학급에 모든 가능성이 있다. 이들은 학교에 규칙적으로 등교한다. 그러나 느린 학습자의 요구가 적절히 해소되지 않는다면 그들은 중도 탈락을 하게 될 수도 있다. 초등학교와 고등학교 수준에서는 더욱 그렇다. 심리학적 관점에서 보았을 때 가능한 한 조기에 느린 학습자를 선별하는 것이 더 큰 이익이다. 더 이른 시기에 선별된다면 더 일찍 교정 교육을 받을 수 있다.

수행된 연구에 따르면 경미한 장애를 가진 아동들보다 더욱 심하게 장애를 가진 아동들을 선별하는 것이 더 쉽다는 것을 알 수 있다. 교사는 학급 안에서 아동의 학습적인 어려움으로 인한 문제 행동을 쉽게 찾아낼 수 있다. 그의 지위 덕분에 아동과 빈번하게 상호작용을 하고, 가르치는 학생들의 학습속도를 판단할 수 있는 사람이 바로 교사이기 때문이다. 특정한 결함과 학습적인 어려움의 징후가 느리게 학습하는 아동에 대한 교사의 관심을 자연스럽게 유도할 것이다. 교사는 느린 학습자가 기술을 얻는 데 더 많은 시간과 도움이 필요하다는 것을 명확히 안다. 그러므로 느린 학습자를 더 일찍 선별해야만 우리는 느린 학습을 더 잘 방지할 수 있다.

조기 선별의 필요성

어떤 문제의 범주나 뒤처진 학생들을 위한 개입 프로그램의 기본적인 목표는 조기 선별과 예방이다. 그러나 느린 학습자들을 대상으로 하는 이 목표에는 특별한 어려움이 있다. 징후가 없는 것은 아니지만 느린 학습의 특정 원인들을 식별하는 것은 어려운 일이다. 그러나 특수 교정 교육이 느린 학습자에게 잘 맞아서 예방적 노력과 방법이 성공할 것처럼 보이는 특정 징후가 있다. 아동의 행동은 사회적 환경 안에서의 조건에 매우 반응적이어서 성인에 의해 변화될 수 있기 때문에 초기 예방의 잠재력—우선적으로 일어나는 심각한 행동 문제들을 방지하는—은 매우 크다고 할 수 있다. Bower(1981)의 말에 따르면, 초기 예방 작업은 그리 간단하지 않다. 그 이유 중 하나는 아동 관리에 필요한 막대한 예산과 인력을 구할 수 없기 때문이다. 또 하나는 예산과 인력이 충분하다고 해도 어떤 행동의 유형을 예방해야 하는지 또는 바람직한 행동이 발달에서 어떻게 방해받을 수 있는지에 대한 전문가들의 의견이 항상 일치하지 않기 때문이다(Kazdin, 1987).

정서적 결함이라는 특정 이유 때문에 아동이 느리게 학습한다면 조기 선별과 그에 필요한 개입이 매우 유익하게 작용할 것이다. 연구 결과들이 이를 입증한다. 공격적이든 내향적이든 유치원생에게 조기 개입하는 것은 그들이 초등학생이 될 때까지 정상 아동—말하자면, 또래와 다르지 않은—으로 만들 수 있는 잠재력을 가지고 있다(Lovaas, 1987; Strain, Steele, Ellis, & Timm, 1982). 신체적인 이유 때문에 느리게 학습한다면 더 나빠지거나 복잡해지기 전인 초기 단계에서 문제를 식별함으로써 쉽게 극복할 수 있다. 부진한 신체적 협응, 서툰 조작능력, 매우 지체된 언어로 인해 명확하게 뒤처진 것으로 판명되는 학생들이 있다. 이러한 신체적인 속성들 때문이라면 물리치료와 적절한 훈련을 제공함으로써 느린 학습을 다룰 수 있다. 선별과 초기 단계에서의 개입은 실행 가능하고 유익할 것이다. 느린 학습자들이 규칙적으로 학교에 온다 하더라도 자신들의 요구가 적절히 받아들여지지 않으면 중도 탈락할 수 있다. 조기 선별은 효율적인 개입을 받을 수 있게 해서 상당한 규모의 낭비와 부진을 줄일 것이다. 심리학적 관점에서도 느린 학습자를 조기에 선별하는 것이 좋다. 덧붙여 심리학적인 주장들은 초기 단계에서 느린 학습자 선별과 원인이 되는 요인들을 통제해서 필요한 교정 방법들을 적용하면 원인이 되는 요인들을 완화시킬 뿐만 아니라 학습과정을 개선할 수 있다고 강조한다. '빠르면 빠를수록 좋다'는 교훈이 여기에도 해당된다.

선별을 위한 3단계 과정

심리학자와 교육자들은 느린 학습자를 선별하기 위한 다양한 도구와 기술을 고안했다. Tansley와 Gulliford(1962)는 느린 학습자를 선별하기 위해 4개의 다른 평가를 마련했고, Chintamani Kar (1992)는 7개의 평가를 전파했다. 그러나 3단계 과정을 기초로 느린 학습자를 선별하는 것이 더 실행 가능하고 신뢰할 수 있다.

3단계 과정은 다음과 같다.

① 초기 선별 단계
② 과학적 확인 단계
③ 재검증 단계

초기 선별 단계

느린 학습자의 초기 선별 단계에서는 다음과 같은 기술이 매우 유용하다.

- 관찰 기법
- 교육적 평가
- 가족과 문화적 배경 내에서의 아동의 사회적 이력

느린 학습자를 선별하기 위한 이 세 가지 기법은 분리해서 사용할 수도 있고, 연합의 형태로 사용할 수도 있다. 교사가 느린 학습자를 선별하는 데 특별한 검사 도구를 사용하지 않아도 된다는 점이 이 기법들의 장점이다.

교사는 아동을 주의 깊게 관찰함으로써 쉽게 느린 학습자를 선별할 수 있다. 또한 아동의 중요한 교육적 평가와 아동의 사회적 이력을 아는 것만으로도 느린 학습자에게 쉽게 주목할 수 있다. 아동의 교육적 평가를 위해 필요한 모든 기록을 원하는 대로 쓸 수 있기 때문에 교사는 관찰한 결과를 쉽게 보완할 수 있다. 느린 학습자를 적절히 선별하기 위해서는 각 기법에 대한 깊은 통찰이 매우 중요하다.

관찰 기법

관찰 기법은 느린 학습자를 선별하기에 가장 편리하고 실용적이며 기본적인 기법이다. 전문가 못지않게 교사가 아동의 행동을 관찰하는 것은 느린 학습자를 선별하는 데 도움이 된다. 이것은 통제가 가능한 조건들이며 간단하게 행해질 수 있다. 교사는 아동의 행동을 관찰하는 동안에 경계를 늦추지 않고 다양한 상황에서 그들의 반응을 계속적으로 탐색해야 한다. 아동의 행동은 교실에서뿐만 아니라 운동장, 가정과 모둠 내에서도 관찰할 수 있다. 근거리에서 아동을 따라 움직이며 세심하게 지켜보는 것만으로 관찰이 행해질 수 있다. 교육 내용을 제시했을 때 어떻게 이해하는지, 교실과 학교 내에서 아동이 어떻게 반응하는지를 기록해서 적절히 분석해야 한다. 관찰자는 관찰을 통해 얻은 정보들을 분석하여 해석할 수 있는 능력을 반드시 지니고 있어야 한다. 아동의 교과과정, 부교과과정, 과외활동과 기분전환용 흥밋거리를 확인하는 데도 관찰 기법은 매우 적합하다. 교과과정 내에서 시를 암송한다거나 글짓기 또는 문장을 암송해 본다거나 이해력을 시험해 봄으로써 쉽게 느린 학습자를 찾아낼 수 있다. 그러나 느린 학습자와 학습부진아를 혼동할 가능성이 있기 때문에 신뢰할 수 있는 선별을 하는 데 있어 관찰 기법 하나만으로는 충분치 않다. 그래서 다른 기술이나 기법으로 관찰 기법을 보완할 필요가 있다.

교육적 평가

교육적 평가는 학교에서의 아동 상태에 대해 상세하게 설명해 줌으로써 다음과 같은 정보를 제공한다.

- 기초 과목에서 아동의 성취수준: 아동이 해낼 수 있는 것과 특별히 어려워하는 점은 무엇인지, 어떤 단계들이 이미 시도되었는지, 보충적인 방법이 시행되었는지, 시행되었다면 어떤 방법에 의해 어떤 결과가 나왔는지 등. 학업적인 시험을 통해 학교에서의 성취와 결손에 대한 평가가 가능하다. 이러한 시험들은 산수, 읽기, 철자법, 작문, 쓰기, 이해 같은 영역에서 도움이 된다. 심리학자들과 교사들에 의한 학업적인 시험을 거쳐서 아동의 일반적이면서 명확한 문제를 쉽게 구분하여 이상의 원인들을 쉽게 평가할 수 있다.
- 아동의 언어발달과 말하기 수준: 느린 학습자는 보통 이러한 측면이 부족한 것으로 나타난다.
- 교과과정 이외에 다른 영역에서의 성취수준: 예를 들면, 미술, 실용 과목, 신체 교육
- 교실 안팎에서 보이는 정서적 행동과 사회적 행동
- 학교에 대한 흥미도와 태도
- 특별히 참고할 만한 이전 학교에서의 이력, 학교에 대한 태도, 전학과 출결

- 아동의 흥미와 배경지식
- 부모 조력의 정도(부모 조력의 부족이 느린 학습의 발병을 촉진하는 것으로 밝혀졌다.)

이러한 평가들은 모두 교사가 관리하는 기록에 의해 충족될 수 있다. 이것들은 아동의 느린 학습을 밝힐 뿐만 아니라 그것의 원인을 보여 줄 수도 있다.

가족과 문화적 배경 내에서의 아동의 사회적 이력

뒤처진 아동들에 대한 대부분의 논의는 가정이 아동의 학교에 대한 반응에 강력한 요인으로 작용한다는 점에 동의한다. 출생 상태, 인생의 중요한 시점을 지나는 나이, 언어발달 단계, 질병과 사고, 발달에서의 특이점을 찾기 위해 노력해야 한다. 특히 아동의 상태와 관련이 있을 수도 있는 정신적 또는 신체적 질병과 관련된 가족력에 대한 세부 사항과 가정의 문화적 · 경제적 요인에 대한 사실들을 수집해서 기록해야 한다. 평가에서 가장 중요한 측면은 가정의 정서적 풍토, 아동에 대한 태도와 발달에서의 어려움이 있던 과정이라고 볼 수 있으며, 이것들은 아동의 학습능력에 결정적인 요인이 될 수 있다.

이러한 세 가지의 기술을 순차적으로 사용하거나 동시에 사용한다면 교사는 느린 학습자에 대해서 더욱 신뢰할 수 있는 선별을 할 수 있을 것이다.

과학적 확인 단계

첫 번째 단계에서 선별된 느린 학습자는 더 큰 신뢰성과 정확성을 확보하기 위해 특정한 과학적 확인 검사를 거쳐야만 한다. 이 검사는 교사가 느린 학습자와 학습부진아 같은 서로 다른 뒤처진 아동들을 구별하는 데 도움이 된다. 과학적 확인 검사로 등록되어 있는 많은 표준화된 검사를 사용할 수 있다.

- 스탠퍼드-비네 검사(Stanford-Binet Scale)
- 웩슬러 지능검사(Wechsler-Intelligence Scale)
- 일반적으로 사용되고 있는 다른 지능검사
- 레이븐 지능검사(Ravens Progressive Matrices)
- 성격검사
- 심리 측정과 심리학적 검사
- 의학적 검사

느린 학습자를 선별하기 위해 이 검사들 중 하나 또는 그 이상을 실행함으로써 느린 학습자를 정확하게 선별했는지의 여부를 쉽게 확인할 수 있다. 앞서 언급한 것처럼 이 검사는 다른 뒤처진 아동들과 느린 학습자를 구분하는 데 매우 유용할 것이다. 느린 학습자를 교육하는 이들이 이러한 검사에 대해 철저히 아는 것은 매우 중요하다.

스탠퍼드-비네 검사

지능검사는 인지적인 기능의 여러 가지 측면에서 개별적인 능력의 지표를 제시하도록 고안된다. 지능 자체는 추상성을 다루는 능력, 학습능력, 문제를 해결하는 능력(Estes, 1982; Sternberg 1982, 1986)으로 비쳐지며, 지능검사는 이러한 기술에 초점을 맞춘다.

가장 빈번하게 사용되는 언어적인 검사는 스탠퍼드-비네 검사다. 이 검사는 1937년에 개발되었다. 척도의 항목은 다양한 유형으로 구성되었다. 예를 들면, 어휘, 언어적 추론과 이해, 문장 기억, 단어와 숫자, 그림에 대한 묘사와 해석, 형태를 따라 그리기와 그림 패턴 등으로 구성되어 있다. 약간의 실용적인 검사가 있긴 하지만, 주로 언어적인 검사다. 이 검사는 정확하게 대답하는 연령(기준연령) 집단들로부터 모든 검사에서 실패하는 연령 집단을 대비하는 두 개의 연령 단계로 구성된다. 각 검사는 정신연령과 통과된 개수에 2를 곱한 수를 더하는 전체 점수가 기준연령의 월령으로 산출된다. 이 총점이 정신연령이고, IQ는 그 공식에 의해 얻어진다.

$$IQ = \frac{\text{정신연령}}{\text{실제연령}} \times 100$$

예: 실제연령(C.A.) = 11.6

	하위 검사의 번호								
	1	2	3	4	5	6		년	개월
Year Ⅵ	+	+	+	+	+	+	기준연령	6	0
Year Ⅶ	+	−	+	+	+	+	5개 통과		10
Year Ⅷ	+	−	+	−	−	−	2개 통과		4
Year Ⅸ	+	−	+	−	−	−	2개 통과		4
Year Ⅹ	−	+	−	−	−	−	1개 통과		2
Year Ⅺ	−	−	−	−	−	−	0개 통과		0
								7	8

$$IQ = \frac{\text{정신연령}}{\text{실제연령}} \times 100 = \frac{7.8}{11.6} \times 100 = 67$$

IQ 100은 일반적으로 평균을 의미하며, 100 이상은 평균 이상이고, 100 이하는 평균 이하다. 여기서 75~90 사이의 IQ가 느린 학습자로 분류된다. 이보다 더 낮을 경우 경도 지체로 분류될 수 있다. IQ를 기준으로 느린 학습자를 확인하는 것이다. 그러나 IQ가 교실에서 아동의 학습과 사고를 관찰하여 얻을 수 있는 정보를 대체할 수는 없다는 점을 명심해야 한다. IQ는 느린 학습자의 인지능력에 대한 연구의 시작일 뿐이므로 건강과 신체 발달, 정서와 사회적 성숙도, 학습에 대한 민감성, 학교에 대한 태도 등의 획득할 수 있는 다른 모든 정보를 항상 고려해야 한다. IQ는 느린 학습자를 선별하기 위한 3단계 과정을 이용하는 데 보완적인 역할을 한다.

웩슬러 지능검사

IQ 검사는 사고의 다양한 기술을 평가하여 지능을 측정한다. Sternberg(1986)는 지능, 지혜(사회문화적으로 축적된 지식), 창의성이라는 세 개의 명확한 지적 능력의 유형이 있다고 가정한다. 그는 개개인이 모든 영역에서 강점을 보인다기보다는 이 영역 중 어떤 것에서 강점을 보일 수 있다고 주장한다. 학령기 아동을 위한 IQ 측정에 가장 광범위하게 사용되는 검사는 아동용 웩슬러 지능검사(Wechsler, 1974)다. 웩슬러 지능검사는 언어성 지능지수와 동작성 지능지수, 전체 지능지수를 산출한다. 이것이 웩슬러 지능검사가 스탠퍼드-비네 검사를 제치고 빠르게 전파된 이유이기도 하다. 웩슬러 지능검사는 소수 문화 집단들, 특히 이중 언어를 사용하는 아동들과 문화적으로나 교육적으로 박탈된 이들과 같은 특정 유형을 평가하는 데도 도움이 된다.

많은 심리학자가 언어성과 동작성, 전체 측정치들을 제공하는 웩슬러 지능검사를 사용하고 있다. 웩슬러 지능검사는 언어적인 것과 비언어적인 것을 조합한 개별적인 검사다. 언어성 검사에서는 어휘, 상식, 공통성, 이해와 단순한 산수에 대해 간단한 검사를 한다. 동작성 검사에는 빠진 곳 찾기와 차례 맞추기, 토막 짜기, 기호 쓰기 검사가 있다. 이 점수의 처리는 언어성과 동작성 검사에 대한 기능성과 각 검사 내의 하위 검사들이 아동의 수준에서 비교된다. 그러므로 학교에서 어려움을 경험하는 학생들을 평가하는 데 다른 정보와 함께 웩슬러 지능검사가 사용될 수 있다는 것이다.

일반적으로 사용되고 있는 다른 지능검사

특정 상황에서 사용될 수 있는 또 다른 지능검사가 있다. 컬럼비아 정신성숙도 검사(Columbia Mental Maturity Scale)는 광범위하게 사용되고 있는 검사다. 이 검사는 스탠퍼드-비네 검사나 웩슬러 지능검사에 필요한 시간보다 훨씬 적은 시간인 약 20분 정도가 소요되며, 3세 반에서 9세 11개월 아동에게 사용될 수 있다. 비언어적인 반응-그림 검사로 '가리키는 반응' 만을 요구한다.

이와는 반대로 아동과 성인을 위한 슬로슨 지능검사(Slosson Intelligence Test for Children and Adults)는 매우 언어적인 검사로, 최근 몇 년 동안 인기가 있었다. 이 검사는 단지 선별의 목적으로 학습장애 프로그램에 사용되어 왔으나 언어적 본질이 문화적으로 다른 집단에서는 적용이 불가능하다. 정신적 지체를 알아보기 위해 이 검사를 사용하는 것은 적합하지 않다. 그러나 일반적인 능력을 알아보기 위해 사용한다면 학생들의 정신능력에 따라 평균 이하, 평균, 평균 이상의 지능으로 분류하는 것을 인정할 수 있다.

아동용 카우프만 검사(Kaufman Assessment Battery for Children: K-ABC)는 1983년에 새롭게 소개된 검사로, 도입 초창기에 탁월한 검사로 주목을 받았다. K-ABC는 지능과 수행 둘 다를 평가하도록 설계되었으며, 학습장애와 다른 특수한 장애아동를 위한 평가에 사용되도록 설계되었다. 사용 연령은 2세 반에서 12세 반까지이며, 4개의 포괄적인 척도를 제공한다. ① 순차처리, ② 동시처리, ③ 인지처리 과정, ④ 습득도가 그것이다. 이 검사는 듣기와 말하기 또는 언어적 장애를 가진 학생과 비영어권 학생을 위한 특수한 비언어적

척도를 포함한다. 인도 학생들에게는 쉬울 수 있으므로 비언어적 검사를 적용하는 것이 부적절할 수도 있다.

레이븐 지능검사

레이븐 지능검사는 John C. Raven에 의해 설계된 A, B, C, D, E로 구성되었다. 레이븐 지능검사는 제시된 그림의 의미를 이해하기 위한 검사로, 그림을 관찰해서 그들 간의 관계를 보고, 제시되는 그림의 관련성에 대한 체계들을 완성한 후 체계적인 추론을 거쳐 그림의 본질을 상상해 보는, 시간에 대비한 개인의 능력을 검사하는 것이다.

척도는 60문제로 구성되며, 12개씩 5개 세트로 나뉘어져 있다. 각 세트에서 첫 번째 문제는 따로 증명할 필요가 없는 자명한 것들이다. 뒤이은 문제들은 점차적으로 더 어려워진다. 검사의 순서에는 시행 방법에 대한 표준훈련이 제공된다. 5개 세트에서는 방법을 이해하는 데 다섯 번의 기회를 주고, 다섯 번의 점진적인 인지적 활동을 통해 개별 능력을 평가한다. 흥미를 지속시키고 피로감을 느끼지 않도록 하기 위해서 각 문제의 특징을 뚜렷하게 제시해서 가능한 한 정확하게 그려졌으며, 보기에 즐겁도록 만들어졌다. 이 도구는 아동이 패턴을 완성하기 위해 빠진 부분을 찾아야 한다고 생각해 낼 수 있을 때부터 인지발달의 전체적인 범위를 다룰 수 있게 만들어졌으며, 지나치게 어렵거나 다루기에 힘들지 않은 분석을 통해서 비교와 추론을 하는 개인의 최고 능력을 측정하는 데 적합하다. 성인이 얻은 점수는 도구의 상위 50%에 모여 있는 경향이 있지만, 납득할 만하게 구별하는 것이 매우 어려운 문제들도 있다. 이 도구를 사용할 때는 모든 사람에게 같은 순서로 문제의 동일한 시리즈를 정확히 제시해야 하며, 검사 도구의 시작부터 끝까지 방해 없이 자신의 속도대로 검사하도록 한다. 개인의 전체 점수는 지적 능력의 지표를 제공하게 된다. 여기서 15/60 이하이거나 25% 이하로 떨어질 경우 느린 학습자로 분류될 수 있다. Sundaraja Rao와 Rajaguru(1995)에 의해 표준화된 이 검사는 인도에서 효과적으로 사용되어 왔다.

성격검사

심리학자들은 성격검사를 통해 아동의 기질적인 특성은 물론 정서적 특성을 밝히고자 했다. 인내력, 민감성, 집중력, 정서적 안정감, 자기주장 등의 특정한 성격 특성은 뒤처짐과 직접적인 관련이 있다. 주제통각검사(Thematic Apperception Test: TAT), 로샤 잉크반점검사(Rorschach Ink Blot Test: RIBT), 단어연상검사(Word Association Test: WAT), 자유연상검사(Free Association Test: FAT)와 일부 심리분석적 방법들은 심리학자와 교사가 느린 학습자를 선별하는 데 도움이 될 것이다. 교사가 아동의 성격 특성을 측정하는 것은 진단적이고 생산적인 목표에 매우 유익하게 사용될 수 있다. 어러한 검사들이 느린 학습자를 선별하기 위해 어떻게 사용되는지 간단히 살펴보자.

로샤 잉크반점검사 Drever(1964)는 투사적인 기술이란 상황과 사건에 대한 우리 자신의 경험과 느낌을 말해서 이것들을 해석하게 하는 것이라고 정의한다. 이는 또한 English와 English(1958)에 의해 개별적 흥미와 욕구, 두려움이나 기대에 따라 목표 자극들을 지각하는 과정이라고 간단히 정의되었다. 스위스의 심리학자인 Hermann Rorschach의 가정을 바탕으로 1921년에 잉크반점검사가 개발되었다. 과거에도 개개인에게서 반응을 끌어내기 위해 잉크반점을 사용했지만 성격 측정에 이 반응들을 이용해서 전체적인 잠재력을 이해한 사람은 Rorschach가 최초였다. 로샤 검사는 약 14cm×17cm의 반질반질한 하얀 카드 위에 잉크 반점이 그려진 10장의 카드로 구성된다. 카드들은 표준 순서대로 제시된다. 피검자에게 카드 한 장씩을 펼쳐 놓아야 하며, 피검자의 팔이 닿지 않을 만큼 먼 거리에 카드를 둬서는 안 된다. 모든 반응은 말한 그대로 적는다.

Klopfer와 Kelly(1942)는 다음과 관련된 정보들이 피검자의 로샤 반응에서 도출될 수 있다고 주장했다.

- 피검자가 자신의 경험과 행동을 통제하려고 노력하는 인지적 통제의 정도와 유형
- 외부로부터의 자극과 내부로부터 촉발된 자극에 대한 정서적 에너지의 반응성
- 주어진 문제와 상황에 대한 피검자의 정신적 접근
- 피검자의 창의력과 상상력, 그것들을 사용하는지의 여부
- 지적 수준의 일반적인 추정치와 사고의 질적 특성
- 안전과 불안의 정도에 대한 일반적인 추정치
- 전체적인 성격발달에 대한 성숙의 상대적인 정도

피검자들의 반응에 대한 비판적인 검토를 통해서 피검자의 성격과 인지능력에 대한 합리적인 측정치를 얻을 수 있으며, 이를 기반으로 느린 학습자를 포함하여 뒤처진 학생을 쉽게 선별할 수 있다.

주제통각검사 주제통각검사(Thematic Apperception Test: TAT)는 Murray와 Morgan이 고안해서 발표했다(Murray, 1938). TAT의 주된 가치는 공상을 떠올리는 힘에 있다. 투사적인 기법이 알려진 이후로 로샤 잉크반점검사는 그 명성에 있어서 부동의 위치를 차지하고 있다. 가장 근접한 라이벌이 바로 이 TAT다. 기본 TAT는 20장의 카드로 구성되는데, 피검자의 성별과 연령에 무관하게 사용되는 11장의 카드, 그리고 성별과 연령에 따라 선택적으로 사용되는 9장의 카드가 있다. 12번과 13번 카드의 경우에는 세 가지 선택이 가능하다. TAT에 대한 기본 발상은 로샤 잉크반점검사의 발상보다 더 간단하고 인위적이다. 피검자에게 요구되는 과제는 일련의 그림과 관련된 이야기를 만드는 것이다. 그렇게 함으로써 로샤 잉크반점검사에서 가능한 것보다 더 직접적인 방법으로 피검자에 대한 것들을 알게 된다고 가정한다. 피검자가 말한 이야기들이 피검자의 성격과 인지적 수준을 측정하는 바탕을 제공해서 느린 학습자와 같이 문제가 있는 학생들을 선별할 수 있게 한다.

심리 측정과 심리학적 검사

진단을 목적으로 감각 특성에 대한 심리 측정 검사를 사용할 수 있다. 이 검사는 더 나은 평가를 위한 분석과 뒤처진 아동의 특정 기술에 대한 평가를 하는 데 주로 이용된다. 이 검사는 뒤처진 아동들이 빚는 실수에 대한 정확한 특성을 밝히기 위한 중요 수단으로 사용된다. 주의폭, 청지각, 끈기, 기억력과 추론능력을 측정하는 데 사용될 수 있는 다른 심리학적 검사들도 있다. 이 검사들은 느린 학습자라는 것을 밝혀 줄 뿐만 아니라 느린 학습의 원인이 되는 요소들도 밝혀 준다.

의학적 검사

의학적 검사는 앞의 검사들에 비해 정확하게 일치하지 않더라도 그 자체로 신빙성과 과학적인 바탕을 가진다. 의학적 검사는 학교의 통상적인 의학적 검사보다 더 나아야 한다. 시력, 청력, 목, 발음기관과 중추신경계의 면밀한 검사가 이루어져야 한다. 요즘은 상담가들을 만나는 것이 쉽고, 소아과 의사, 안과 의사, 이비인후과 의사, 신경학자와 언어치료사의 서비스를 자유롭게 이용할 수 있다. 이러한 요인들 중 어떤 것에 의해 느린 학습이 일어난다면 확실하게 교정 치료를 받을 수 있으며, 결과적으로 학습률이 개선될 수 있다. 신체 발달과 근육 협응이 지나치게 지체된 아동에게는 교정적인 신체 교육, 심리치료와 같은 교정을 위한 조치들이 필요하다. 영양 결핍이나 대사과정에 문제가 있어서 영양실조인 아동들도 있다. 그러한 아동들에게는 학습장애를 극복하기 위한 특수 식이요법과 영양 전문가의 개입이 필요하다.

재검증 단계

과학적인 확인 검사에 의해 선별되어 확인된 느린 학습자는 Kirk(1962)가 제안한 학습속도나 Chintamani Kar(1992)가 제안한 Sandra의 체크리스트를 기준으로 재검증될 수 있다.

학습속도에 의한 재검증

Kirk(1962)는 느린 학습자를 선별하는 기준으로 학습속도를 택했다. 그에 따르면 느린 학습자, 영재아, 평균적인 아동은 그들의 학습속도에 따라 분류될 수 있다고 한다. 1968년에 Bloom은 모든 학생에게 동일한 교육시간을 주고 각자 다르게 학습하게 하기보다는 모든 또는 거의 모든 학생에게 각기 다른 시간을 허락하여 특정 성취수준에 도달하게 할 필요가 있다고 주장했다. Bloom은 우리가 학생들에게 학습의 적절한 수준에 도달하는 데 필요한 만큼 충분한 시간과 교육을 제공해야 한다고 주장한다. 80%를 이해하는 정도를 가정해 보자. 그러면 다음의 방법으로 학습속도를 측정할 수 있다.

교사가 과학이나 사회과학의 특정 단락을 가르칠 수 있다. 그러고 나서 학생들에게 그 단락을 철저히 학습하게 한다. 그들의 이해를 확인하기 위해 그 단락과 관련된 20~25문항의 객관식 시험을 볼 수 있다. 시험이 끝난 후에 교사는 각 학생들이 80%의 점수를 얻는 데 얼마나 많은 시간이 걸리는지를 기록해야 한다. 각 학생이 80%를 이해하는 수준에 도달하는 데 걸린 시간이 그의 학습속도를 나타낼 것이다. 당연히 느린 학습자가 특정 이해 수준에 도달하는 데는 평균적인 학생이나 영재학생보다 더 많은 시간이 걸릴 것이다.

Sandra의 체크리스트

Sandra의 체크리스트는 느린 학습자를 재검증하는 데 매우 유용하다. 이 체크리스트는 다섯 가지의 고유한 양식에 따라 배열된 69가지의 행동적 징후를 포함한다. 이것은 느린 학습자의 상당수를 구성하고 있는 경도 지적장애에 대한 특정 문제를 선별하는 데 중요한 도구다. 단일한 고유의 양식이 모든 것을 의미하는 것은 아니다. 그러나 이러한 특징은 아동의 특정 학습 문제를 분석하는 단서를 제공한다. 교사는 느린 학습자로 선별되었는지의 여부와 정확하게 확인되는지 또는 다섯 가지의 고유한 양식에 어느 정도 맞는지를 재검증해야 한다. 중요한 행동적 징후가 있는 다섯 가지의 고유한 양식은 다음과 같다.

① 인지적인 학습 문제에 대한 특성

- 느린 학습자는 더 낮은 속도로 학습하고, 자신이 학습한 것을 기억하는 데 어려움이 있다.
- 느린 학습자는 추상적인 학습보다 구체적인 학습을 선호한다.
- 느린 학습자에게는 학습의 전이가 불가능하다.
- 판단력과 일상적인 지각력이 부족해서 매우 산만하다.
- 직접적으로 가르쳐야 얻을 수 있으며, 우연적으로 기술을 얻지 못한다.

• 느린 학습자는 학습부진아이고, 매우 짧은 주의폭을 갖는다.

② 언어와 언어에 관련된 문제에 대한 특성

• 느린 학습자에게는 언어적인 표현이 어렵다.
• 소리 내어 읽기가 묵독보다 더 어렵다.
• 느린 학습자는 조음 문제를 갖고 있다.
• 느린 학습자는 사고에 대한 적절한 표현이 어렵다.

③ 청지각 문제에 대한 특성

• 느린 학습자는 받아쓰기에서 어려움을 겪는다. 쓰기를 할 때 이들은 흔히 접두사와 접미사를 빼먹는다.
• 느린 학습자는 말로 하는 지시 사항을 이해하지 못한다. 그래서 질문을 받아도 적절한 답을 할 수 없다.
• 말로 제시되는 매체보다 시각적으로 제시되는 매체를 선호한다.
• 느린 학습자에게는 다른 소리에 대한 구별이 어렵다. 비슷하게 발음되는 단어들을 구별하는 데 어려움이 있다(예를 들면, tap-tip, pen-pin 등).
• 느린 학습자는 말로 질문하면 부적절한 답을 한다. 암산을 배우기가 어렵다.

④ 시각-운동 문제에 대한 특성

• 느린 학습자는 시각적 자극에 의해 쉽게 산만해진다. 어색한 동작을 한다.
• 색깔, 크기와 형태 간의 관계 구분을 어려워해서 그들이 본 사

물을 기억하기 위해 이러한 관계들을 떠올리지 못한다.

- 글씨를 못 쓰고, 수작업에 어려움이 있다. 신체적인 문제에 대해 매우 자주 불평한다. 일상적인 사물을 알아보는 것도 그들에게는 문제가 된다.
- 느린 학습자는 전체 학습보다 부분적인 학습을 선호하고, 말로 하는 학습과제들을 더 쉽게 여긴다.

⑤ 사회적 문제와 정서적 문제에 대한 특성

- 느린 학습자에게는 학급에서 오랜 시간 동안 앉아 있을 수 있는 체력이 없다.
- 고독을 좋아하고, 사교적이지 않다. 친구를 만들지 못하며, 붙임성이 전혀 없다.
- 느린 학습자는 사소한 문제에서 친구와 또래에게 공격적이며, 두려워하고 수줍어한다. 정상적인 아동과 비교했을 때 과도하게 공상에 빠진다.
- 느린 학습자의 또 다른 흥미로운 특성은 손톱 물어뜯기다. 때때로 반사회적인 활동에 몰두한다.
- 기분이 자주 변하고, 성취수준이 기대 이하다.
- 집단 내에서 활동하는 것을 선호하지 않으며, 부적절하고 과도한 언어 표현을 한다.

요 약

현재의 아이들은 미래의 시민이다. 이 아이들은 국가의 기둥이 될 것이다. 이 때문에 각각의 기둥을 강하게 할 필요가 있다. 심리학적 관점에서 보았을 때 가능한 한 조기에 느린 학습자를 선별하는 것이 더 큰 이익이다. 더 이른 시기에 선별된다면 더 일찍 교정 교육을 받을 수 있다. 심리학자와 교육자들이 느린 학습자를 선별하기 위한 다양한 도구와 기술들을 고안했으나, 3단계 과정을 기초로 느린 학습자를 선별하는 것이 더 실행 가능하고 신뢰할 수 있다. 3단계 과정은 초기 선별 단계, 과학적 확인 단계, 재검증 단계다.

초기 선별 단계는 관찰 기법, 교육적 평가, 가족과 문화적 배경 내에서의 아동의 사회적 이력과 같은 기법을 이용하는 것이다. 이러한 세 가지 기법은 분리해서 사용할 수도 있고, 연합의 형태로 사용할 수도 있다. 교사가 느린 학습자를 선별하는 데 특별한 검사 도구를 사용하지 않아도 된다는 점이 이 기법들의 장점이다.

과학적 확인 단계에서는 느린 학습자를 선별하기 위해 지능검사, 성격검사, 심리 측정과 심리학적 검사, 의학적 검사를 효과적으로 사용할 수 있다. 스탠퍼드-비네 검사와 웩슬러 지능검사는 세계적으로 광범위하게 쓰이지만, 인도에서는 느린 학습자를 선별하는 데 레이븐 지능검사가 성공적으로 사용되어 왔다.

초기에 선별되어 과학적인 확인 검사에 의해 확인된 느린 학습자들은 Kirk의 제안이나 Chintamani Kar에 의해 추천된 Sandra의 체크리스트를 통한 학습률을 바탕으로 재검증될 수 있다.

참고문헌

Bill R. Gearheart (1985). *Learning Disabilities: Education Strategies*. St. Louis: Times Mirror/Mosby college publishing.

Bower, E. M. (1981). *Early Identification of Emotionally Handicapped Children in School*. Spring field: Chas, C. Thomas.

Catherine Voelker Morsink (1984). *Teaching Special Needs Children in Regular Classrooms*. Boston: Little, Brown and Company.

Chintamani Kar (1992). *Exceptional Children: Their Psychology and Education*. New Delhi: Sterling Publishers Private Ltd.

Daniel P. Hallahan, & James M. Kauffman (1981). *Exceptional Children*. Englewood Cliffs, NJ: Printice Hall, Inc.

Drever, J. (1964). *A Dictionary of Psychology*. (Revised by Wallerstein). Penguin: Harmondsworth.

English, H. B., & English, A. A. A. (1958). *Comprehensive Dictionary of Psychological and Psychoanalytical Terms*. London and New York: Longmans.

Estes, N. K. (1982). Learning memory and intelligence. In R. J. Sternberg (Ed.), *Handbook of Human Intelligence*. New York: Cambridge University Press.

Kazdin, A. E. (1987). *Conduct Disorders in Childhood and Adolescence*. Beverlly Hills, CA: Sage Publications.

Kirk, S. A. (1972). *Educating Exceptional Children (2nd ed.)*. Boston: Houghton, Mifflin.

Klopfer, B., & Kelly, D. M. (1942). *The Rorschach Technique*. New York: Worldbook, Co.

Lovaas, O. I. (1987). Behavioral treatment and normal educational and intellectual functioning in young austic children. *Journal of Consulting and Clinical Psychology, 55*, 3-9.

Murray, H. A. (1938). *Explorations in Personality*. New York: Oxford University Press.

Slavin, R. (1986). *Educational Psychology: Theory into Practice*. New Delhi: Printice Hall of India Private Ltd.

Sternberg, R. J. (1982). Reasoning, problem solving and intelligence. In R. J. Sternberg (Ed.), *Handbook of Human Intelligence*. New York: Cambridge University Press.

Sternberg, R. J. (1986). Intelligence, wisdom and creativity: Three is better than one. *Educational Psychologist, 21*, 175-190.

Strain, P. S., Steel, P., Ellis, T., & Timm, M. (1982). Long-term effects of oppositional child treatment with mothers as therapists and therapist trainers. *Journal of Applied Behavioral Analysis, 15*, 163-169.

Tansley, A. E., & Gulliford, R. (1962). *The Education of Slow Learning Children*. London: Routeledge Kegan Paul Ltd.

Terman, L. M., & Merrill, M. (1937). *Measuring Intelligence*. Harrap.

Wechsler, D. A. (1949). *Intelligence Scale for Children*. New York: Psychological Corporation.

Wechsler, D. A. (1955). *Wechsler Adult Intelligence Scale*. New York: Psychological Corporation.

03

느린 학습자의 인지발달

이 장의 개요

이 장은 느린 학습자의 인지발달에 대해 설명하고 있다.

- 느린 학습자의 인지발달에 영향을 주는 요소
- 여러 발달 단계와 느린 학습자의 발달
- 느린 학습자의 기억
- 지능지수와 정신연령 계산
- 지능과 성취도 간의 관계

SLOW
LEARNERS

느린 학습자는 제한적인 지적 발달을 하는 것으로 알려져 있다. 이들의 학습과 교수를 위해 어떤 방법들을 선택해야 하는지, 어떤 기준에 도달하게 할 것인지를 정할 때 이 제한적인 지적 발달은 반드시 고려해야 할 필수적인 요소다. 느린 학습자의 전형적인 특성은 낮은 지능이기 때문에 지능이 무엇을 의미하는지와 검사 결과의 유의미성을 분석해야 할 것이다. Schonell(1942)은 일반적으로 지능은 타고나는 것이며, 인식과 경향이 환경에 의해 결정될 수 있기 때문에 지능이 환경적인 영향의 정도에 따라 다소 변화되기도 하는 전반적인 정신력이라고 정의한다. 지능이 유전의 영향을 받는지, 환경의 영향을 받는지에 대한 많은 논란이 있어 왔으나, 유전과 환경 중에서 어느 것이 더 영향을 주는지 측정하는 것은 헛된 노력일 뿐이었다. 최근에 지능에 대한 개념은 본성과 양육의 영향에 대한 논란을 뛰어넘고 있다. 지능을 타고난다는 것에는 동의하지만, 이것이 단순하게 타고난 잠재력을 전개하거나 성숙시킨다기보다는 아동이 자신의 환경에서 적극적인 경험을 하는 과정에서 지능이 발달한다고 보고 있다. 어떤 사람들은 학교교육이나 다른 환경적인 영향들 때문에 측정됐던 IQ에서 상당한 변화를 경험하기도 한다(Petty & Field, 1980).

지능의 성장에 있어서 환경과 경험의 영향에 대한 의문은 느린 학습자를 가르치는 교사에게 커다란 관심거리다. 많은 느린 학습자는 지능의 발달을 촉진시키기보다는 오히려 방해받는 불리한 환경 속에서 성장한다. Mckenzie(1977)와 Schickedanz(1982)는 아동이 학교에 들어가기 전에도 문어를 이해하기 시작한다고 주장한다. 이 때의 지식은 구어와 유사한 발달과정에 따른다. 활자를 보면서 아동은 그것이 어떻게 기능하는지를 추측한다. 이 과정은 아동이 많은 책, 잡지와 기타 인쇄물들을 활용할 수 있을 때 가장 잘 일어난다. 그러나 매우 불우한 환경의 가정에서 성장할 경우 중산층의 가정보다 우연학습의 좋은 기회가 드물다. 그러한 가정의 아동들에게는 사고와 행동의 생산적인 방식들을 개발하기 위한 놀잇감과 다른 교재를 가지고 놀이를 할 기회가 거의 없다. 또한 유아기에 지식과 어휘를 확장시켜 줄 그림책이 없고, 언어적 지식과 세상에 대한 이해 방법들을 증진시켜 줄 스토리텔링도 없다. 사고력을 개발시킬 건설적인 대화도 이루어지지 않는다. 휴일에 새로운 장소로 여행을 갈 수도 없다. 이러한 결핍들이 지능검사에서 측정되는 사고력과 개념들의 발달을 제한적이게 한다.

인지발달에 영향을 주는 요소

인지발달을 결정하는 다양한 요소가 있는데, 느린 학습자를 가르치는 교사들은 느린 학습자의 인지발달에 직접적인 관련이 있는 이 중요한 요소들에 대해 잘 알아야 한다.

- 불우한 가정
- 부모와 가족 구성원의 지능
- 가족의 사회경제적 수준

• 신체적 특성
• 초기 부정적 환경의 영향
• 교육 경험의 영향

불우한 가정

인지발달이란 일반적으로 기억력, 추론, 판단력, 주의력, 도덕적 개념, 상상력, 이해와 지력의 발달을 말한다. 그러나 이러한 측면들은 아동이 양육되는 가정의 빈곤에 따라 매우 큰 영향을 받는다. 빈곤한 가정의 아동들은 더 섬세한 추론과 판단, 이해력 발달에 중요한 상호작용에 노출되지 못한다. 불우한 가정 내의 아동들은 상호작용이 매우 적다. 이러한 효과들이 누적되어 둔해지고, 결국에는 느린 학습자가 되는 것이다.

부모와 가족 구성원의 지능

부모와 가족 구성원의 지능은 뒤처진 아동의 인지발달에 중대한 역할을 한다. 부모와 그 자녀들이 상호작용하는 방식이 아동의 발달에 큰 영향을 끼친다. 아동에게 초기에 가장 큰 영향을 주는 사람은 바로 부모다. 부모와 가족 구성원이 사회적 상호작용과 개별적인 행동의 방식에 대해 교육받으면 이들은 아동에게 개념 형성을 발달시키고, 추론과 비평적 사고 기술을 발달시키는 환경을 제공한다. 가족 토론, 가정에서의 취미, 가정에서 했던 게임들과 특히 교육받은 가족이 이용할 수 있는 저널과 잡지들은 이 가족 내에 있는 아동의 관심을 끌어서 추론과 판단력을 발달시키는 우발적인 기폭제로 작용한다. 이러한 생활편의시설 부족으로 인한 누적된 영향들이 궁극적으로 아동의 인지발달을 막는다. 이것이 교육받은 가족의 아동이 느린 학습자가 아닌 이유다. 예외적인 경우들이 있을 수 있지만 예외적인 경우들을 일반화할 수는 없다.

가족의 사회경제적 수준

초기 아동기 동안에 아동의 사회적 삶은 비교적 예측 가능한 방법으로 변화한다. 관련된 성인과 또래가 아니라 부모나 다른 가족 구성원을 포함하는 보호자와의 친밀한 관계로부터 사회적 연결망이 성장한다. 사회적 상호작용은 가정에서 이웃으로, 유치원과 정규 학교로 확대된다.

가족의 사회경제적 수준은 아동의 인지발달에 중심적인 역할을 한다. 가족 구성원, 특히 부모가 전혀 교육을 받지는 못했지만 부유한 경우가 있다. 장사를 하거나 이윤을 추구하는 기업을 운영할 수도 있다. 또는 많은 토지를 소유한 지주일 수도 있다. 이 사람들은 자녀를 교육할 여유가 있을 수 있다. 이 부모는 제약에 대항하는 요령을 가지고 있다. 이들은 교육받은 집단의 아동이 가질 수 있는 모든 것을 자신의 자녀가 갖게 하고 싶어 한다. 그래서 자녀들에게 인지발달을 촉진하는 게임 교재들과 놀잇감, 도구 등을 가져다준다. 또한 자신들이 자녀를 지도할 수 없기 때문에 많은 돈을 들여서라도 개인교수를 하기도 한다. 이러한 가족의 아동은 가정에서의 지적인 사회적 상호작용을 제외하고는 교육받은 가족에게 가능한 모든 시설을 갖게 되어 결과적으로는 인지발달에서 뒤처지지 않는다. 이것이 많은 느린 학습자가 불우한 가족을 갖고 있는 이유다.

신체적 특성

앞서 말한 요소들을 제외하고 아동의 인지발달에 영향을 더 또는 덜 미치는 어떤 다른 개인적인 속성들이 있다. 인지발달을 지연시키거나 방해하는 조건 또는 민감성을 유발하는 신체적 특성은 신체적 기형, 질병, 시력, 청력, 말하기의 결함들을 포함한다. 유사하게 정신적 결함과 만성 질환 또는 장기 결석도 아동의 인지발달을 방해할 수 있다. 이러한 신체적 문제를 가질 때 학생들은 전혀 집중할 수 없다. 주의를 적절히 기울이지 않으면 적절한 이해도 할 수 없다. 이해를 하지 못하면 추론이나 비판적 사고를 할 여유가 없다. 정확한 개념 형성을 하지 못하게 되어 결과적으로 인지발달이 크게 방해를 받게 된다. 결국 느린 발달자 또는 느린 학습자가 되는 것이다. 유사한 이유로 아동이 장기 질환이나 장기 결석 후에 등교했을 때 반 친구들을 따라잡기가 매우 어렵고, 이것이 그들에게 콤플렉스로 작용해서 결국 인지발달이 뒤처지게 된다.

초기 부정적 환경의 영향

Hebb(1949)은 지능이라는 단어에 두 가지 의미가 있다고 하였다. 이 두 가지 의미를 지능 A와 지능 B라고 하자. 지능 A는 발달을 위한 타고난 잠재성으로 우수한 두뇌와 원활한 신경대사를 가진다. 지능 B는 경험의 과정에서 획득하게 되는 발달을 위한 자질과 기능의 정도다. 인지발달에서 환경과 경험의 영향에 대한 의문은 뒤처진 아동을 가르치는 교사들에게 큰 관심사다. 교육적으로 열등한 많은 아동이 지능 B의 발달을 촉진한다기보다는 제한하는 환경에서 자라며, 낮은 지능 A를 가질 가능성도 있다는 것을 기억해야만 한다. 중산층 또는 좋은 가정에 비해 매우 불우한 가정은 우연학습의 좋은 기회를 거의 제공하지 못한다. 어린 연령의 아동에게는 즐겁고 유익한 경험을 제공하는 것이 좋다. 아동의 인지발달에 매우 중요한 초기 몇 년 동안의 건강한 환경이 지적 자극을 준다. 정서적 관련성 또한 아동이 자신에 대한 태도와 환경에 대한 반응의 활력을 결정하는 데 중요하다. 아동이 환경과의 관계에서 매우 적극적이 되는 것을 방해하는 부모의 태도나 정서적 혼란으로 인한 제한적인 생활 요건 때문에 정신적 성장에 한계가 있을 수 있다. 초기의 부정적 경험들이 머지않아 느린 학습을 유발한다. 초기 단계에서 느린 학습을 극복하기 위해, 만족스럽지 않은 환경으로부터 아동을 분리하거나 아동의 부정적 경험들을 제거할 필요가 있다.

인지발달은 초기 경험에 의해 형성되므로 이후의 발달은 초기 경험에 의해 예측될 수 있다(Kagan, 1976; Kagan et al., 1979). 그러나 많은 연구자는 초기 경험이 이후의 발달을 결정한다는 사실에 의문을 표한다(Clarke & Clarke, 1976; Goldhaber, 1979; Kagan 1976; Kagan et al., 1979; Sameroff, 1975; Thomas, 1981). 그들의 연구는 적절한 초기 경험이 부족한 어린 아동도 나중에 지지적인 환경을 제공하면 따라잡을 수 있다는 것을 보여 준다(Clarke & Clarke, 1976). 그러한 발견은 초기 환경이 중요하지 않다는 것을 의미하는 것이 아니라 초기와 이후의 경험 모두 발달에 영향을 미친다는 것을 보여준다. 발달에서 경험의 영향은 초기 단계에서 더 크게 여겨진다. 그러므로 아동이 인지발달에 방해가 되는 매우 부정적인 환경을 갖지 않도록 하는 것이 중요하다.

교육 경험의 영향

열등한 아동에 대한 몇몇 연구는 아동이 좋지 않은 학교와 가정환경에 있는 동안 지능지수가 비교적 많이 감소되었다는 사실을 밝히고 있다. 또한 학교교육의 시간과 형태도 지능의 수준과 정신력의 발달에 상당한 영향을 미칠 수 있다. 특수교육에 유능한 교사가 있으면서 다양한 미디어를 활용할 수 있는 학교는 느린 학습자의 인지발달을 향상시킬 수 있다. 느린 학습자는 즐거운 경험을 갈망한다. 교사들은 이들을 돌볼 때 잔소리나 질책하는 말을 삼가야 한다. 유쾌한 미소, 격려하는 말들이 느린 학습자의 자아 개념을 발달시켜서 결과적으로 수행을 해낼 수 있다는 자신감을 발달시킬 것이다. 느린 학습자들 대부분이 대체적으로 이렇기 때문에 이와 같은 방법으로 다루어서 그들이 콤플렉스를 갖지 않도록 하는 것이 바람직하다. 교사는 어떠한 일이 있어도 느린 학습자를 비웃거나 일반 학생들과 비교하지 말아야 한다. 교사는 다정한 분위기로 느린 학습자의 원활한 학습이 가능하게 해야 할 것이다. 느린 학습자는 교육과정에서 미디어를 자주 사용하는 것을 좋아하고 이를 통해 학교에서 즐거운 경험도 하게 된다. 교사는 방과 후 시간에도 느린 학습자에게 도움을 줌으로써 개별적인 관심을 기울일 수 있으며, 교사의 보충수업 덕분에 느린 학습자는 자신의 속도에 맞게 학습할 수 있게 된다. 교사와 관리자가 느린 학습자에게 우호적인 조건들을 제공한다면 그들도 결국 느린 학습이라는 자신의 문제를 극복할 수 있다.

모든 학생을 대상으로 하는 교육 프로그램은 영재는 물론 느린 학습자도 가장 높은 가능 수준까지 닿을 수 있어야 한다. 자유 사회에서 교육의 궁극적 목표는 비판적 사고자, 현명한 소비자이면서 사려 깊은 참가자이며, 생산적 기여자인 시민을 배출하는 것이다. 미래의 고도기술 사회에서 살아남기 위해서는 높은 수준의 지식, 자기관리 능력과 평생학습의 필요성에 대한 긍정적 태도가 필요하다. 교육의 형태는 느린 학습자에게 매우 효과적이다. 이 교육은 학생들이 발견학습과 협동적인 학습경험에서 성공할 수 있게 창의적 사고를 지지하는 교사에 의해 촉진될 수 있다. 이러한 교육의 형태는 고기능 학생들뿐만 아니라 느린 학습자 같은 저기능 학생들에게도 적합하다. 그러나 교사의 사려 깊은 계획과 감독이 필요하다. 헌신적이며 지혜로운 교사는 쉽게 어려움에 대처할 수 있다. 가장 중요한 것은 느린 학습의 원인에 주목하는 것이다.

발달 단계와 느린 학습자

Piaget는 아동과 청소년의 인지발달을 4단계, 즉 감각운동기, 전조작기, 구체적 조작기, 형식적 조작기로 구분하였다. 그는 아동에 따라 단계를 넘어 가는 속도가 다소 다를 수는 있지만 모든 아동이 이 단계를 순서대로 거치며, 어떤 아동도 단계를 뛰어넘을 수는 없다고 주장했다. 사람들은 점차 복잡한 방법으로 세상을 이해하는 새로운 인지능력이 발현됨에 따라 각 단계가 나타난다. 이 단계들에서 느린 학습자가 얼마나 뒤처져 있는지를 살펴보는 것도 흥미로울 것이다.

감각운동기(출생~2세)

이 단계는 영아들이 감각과 운동기술을 이용하여 세상을 탐색하기 때문에 감각운동기라고 한다. 이 단계는 사람이 태어나면서부터 갖게 되는 반사작용-자연적 반응, 대상영속성의 개념 형성과 반사적 행동에서 목표 지향적 행동으로의 점진적인 변화라는 특성을 갖는다. 느린 학습자의 관점에서 볼 때 이 단계는 크게 걱정할 필요가 없는 단계다. 출생 후 약 18개월까지의 단계에서 아동은 단순히 자신의 주변 세상에 대한 감각적 느낌들을 행동양식으로 만들어서 이와 관련된 여러 방법으로 행동하는 것을 학습한다. 느린 학습에서 이 단계의 교육적 중요성은 크지 않다.

전조작기(2~7세)

영아는 사물을 단지 신체적으로 다루면서 세상을 이해하고 학습할 수 있는 반면에, 유아는 사물에 대해 더 큰 사고력을 가져서 정신적으로 사물을 구현하는 상징들을 사용할 수 있다. 이 전조작기 동안에 아동의 언어와 개념들이 놀라운 속도로 발달한다. 그러나 그들의 사고는 여전히 자기중심적이다.

느린 학습의 징후들은 아동이 개념적 사고를 시도하기 시작하는 이 단계에서 찾아볼 수 있다. 구체적 조작기에 들어가야 할 나이임에도 10세 또는 11세 이하의 느린 학습자들이 여전히 이 단계에 머무르는 경우가 있다. 이 아동들은 여전히 직감 단계에 있어서 사건의 원인에 대한 이해를 하지 못하는 등 이 단계의 특징과 무관한 특성을 갖는다. 마찬가지로, 행동에 대한 판단은 규칙이나 도덕적 원리에 대한 실질적 생각보다는 개인적인 느낌과 태도를 기반으로 한다. 이해력이 부족한 느린 학습자들은 이 단계에서 더 오래 머물러서 교육적 성장이 저해되고 느린 학습이 유발되는 것이다.

구체적 조작기(7~11세)

초등 학령기 동안 아동의 인지능력은 극적인 변화를 겪는다. 초등학생의 사고는 유아와 매우 다르다. 초등학생은 보존 문제들을 더 이상 어려워하지 않는다. 전조작기와 구체적 조작기 아동 간의 근본적인 차이는 전조작기의 어린 아동이 감지된 외양에 따라 반응하는 데 비해, 구체적 조작기의 아동은 추측된 사실에 따라 반응한다는 것이다. 세계의 아동들은 구체적 조작기가 시작되는 연령에 공식적인 학교교육을 시작한다. 아동이 학교에서 배우는 대부분의 것들은 이 단계에서 나타나는 기술들을 요구한다. 아동은 구체적 조작기 동안 개념들을 형성해서 사물들 간의 관계를 볼 수 있다. 이들은 더 이상 자기중심적인 사고를 하지 않으며, 다른 사람의 관점으로 사물을 보기 시작한다.

이 단계에서는 느린 학습자를 판별하기가 더 쉽다. 구체적 조작기의 아동들은 사물 간의 관계를 보는 반면에, 느린 학습자는 사물 간의 관계를 보는 것을 매우 어려워한다. 느린 학습자는 가능한 연관성들을 지각하고 이용하는 데 더 느리다. 이처럼 느린 학습자는 인지 발달 단계에서 결함이 발견될 수 있다. 전조작기와 구체적 조작기 간의 차이가 매우 크긴 하지만 구체적 조작기의 아동이 성인과 같은 사고를 하는 것은 아니다. 구체적 조작기의 아동들도 있는 그대로의 세상을 근거로 하고 있기 때문에 추상적 사고를 하기 어려워한다.

형식적 조작기(11세~성인기)

사춘기 아동의 사고는 성인의 형태 특성들로 발달되기 시작한다. 청소년들은 추상적으로 사고하여 '지금 여기'를 넘어서는 가능성을 보기 시작한다. 이 능력은 성인기까지 계속적으로 발달한다. 형식적 조작기 단계에서의 사고는 잠재적이거나 가설적인 상황들을 다룰 수 있는 능력에서 온다. '형식'이라는 것은 '내용물'과 분리된다는 것이다. 형식적 조작기에 도달한 청소년은 하나의 요소를 한번에 매우 체계적이면서도 다양하게 처리해 낸다. 추상적 사고, 가설 검증, 물리적인 사실성과는 별개의 개념들을 형성하는 형식적 조작기의 사고능력은 고차원적인 기술을 학습하는 데 대단히 중요하다. 11세의 느린 학습자는 거의 이 단계에 들어가지 못하고 여전히 이전 단계에 있다. 느린 학습자들은 11세나 12세에도 논리적 · 추상적 사고의 단계에 도달하지 못한다. 우리가 바라는 것은 직관적 단계에서 구체적 조작기로의 발달에서 가장 좋은 여건을 제공하여 사물과 사건에 관해 간단한 추론이 가능하게 함으로써 느린 학습자가 지각하고 상상할 수 있게 하는 것이다. 이것이 결국 형식적 조작 단계의 중요한 기술인 논리적 · 추상적 사고를 유도할 것이다. 최소한 경험 면에서는 풍부한 기회를 제공하고 이와 관련된 정신능력을 독려하는 것이 합당하며 올바른 방향일 것이다.

기 억

기억은 매우 복잡한 인지과정으로 정보를 저장하고 필요할 때 인출하는 것이다. 기억에 대한 이러한 견해는 비교적 소극적이어서 정보를 처리하고 기억하는 데 대한 아동의 적극적인 개입을 고려하지 않는다. 오늘날 기억은 우리가 복잡한 환경적인 정보를 받아서 적절한 방법으로 조직해서 저장하고 나중에 인출하게 하는 역동적인 과정으로 비쳐진다. 물론 기억이라는 것은 마음의 힘만을 말하는 것이 아니고 여러 개의 다른 과정을 포함한다. 초기 학습의 효율성은 실질적인 보유와 회상만큼이나 중요하다. 이것들은 태도, 흥미, 정서적 상태에 의해 영향을 받는다. 느린 학습자가 평균적인 아동보다 기억의 힘이 더 부족한 것은 틀림없다. 이를 극복하기 위한 방법은 더 많이 반복하는 것이다. 부족한 기억력은 같은 자료를 검토하느라 보내는 시간의 양보다 초기 학습의 질에 달려 있다.

뒤처진 아동에 대해 가장 빈번한 불평들 중의 하나는 기억력 부진이다. Burt의 언급에 따르면, 교육과정을 방해하는 모든 특수 정신장애들 중에서 가장 빈번한 것은 장기기억의 결함이다. 단기기억은 기억의 한 요소로 단 몇 초 동안에 저장될 수 있는 정보의 제한적인 양들을 말한다. 현재 생각하고 있는 정보가 저장되는 기억의 부분이다. 반면에, 장기기억은 많은 양의 정보가 긴 시간 동안 저장될 수 있는 기억의 한 요소다. 그러나 느린 학습자는 장기기억에 매우 취약하다. 기억에서 정보를 보유하기 위해서는 학습에서 재연이나 도식을 사용하도록 훈련해야 한다.

느린 학습자에게는 암기하기 전에 오랜 시간 동안 소재를 검토하고 잊지 않도록 반복적인 재연이 필요하다. 느린 학습자는 기억력이 좋지 않아서 한 페이지에서 다음 단어로 넘어가면 이미 배웠던 단어를 잊는다. 흥미로운 장치를 통해 충분한 연습을 했음에도 가장 단순한 계산도 기억하지 못하곤 한다. 그러나 느린 학습자도 축구선수나 차 또는 비행기의 제조사, 이름, 새, 동물 등에 관해 특별히 잘 알며 그런 것들을 더 잘 기억하는 경우가 있다는 것을 잊지 않아야 한다. 느린 학습자에게 기억하고 그것을 보유하는 능력을 강화하지 않은 채 종합적인 인지발달을 꾀할 수는 없다. 그러므로 느린 학습자의 기억을 강화하기 위한 방법과 수단에 대해 숙고해야 한다. 교사는 느린 학습자의 기억을 방해하는 요소들에 대해 심리학적인 통찰을 발달시켜야 한다. 일단 그 기여요소들이 확인되면 느린 학습자의 기억을 향상시킬 수 있는 보완적인 방법을 취할 수 있다. 특정 문제를 해결하기 위해 주요 원인이 되는 요인과 방법들을 다음에서 간략히 정리했다.

느린 학습자가 취약한 기억력을 갖게 되는 원인들 중의 하나는 낮은 주의력이다. 학습해야 하는 것에 집중하고 주된 특징들을 관찰해야 하는데 여기에 실패하여 불안해하거나 산만함을 보여서 이것이 느린 학습의 요인으로 작용할 수 있다. 주의력이 부족할 때 기억을 보장할 수는 없다. Calfee(1976)는 주의력에 세 가지 측면이 있다고 주장한다. 세상에 대한 세부 사항들에 주목하거나 자극들을 지각하는 기민함, 어떤 자극들은 차단하고 어떤 자극들에는 더 민감해지는 능력인 상대성, 하나의 과제에 초점을 맞추는 사고를 하는 능력인 집중이 그것이다. 그러나 느린 학습자는 보통 이 세 가지 측면 모두에 취약하다. 그러므로 교사의 가장 중요한 의무는 느린 학습자의 주의를 유도하고 지속하게 하는 것이다. 느린 학습자가 초조해하면 교사는 이들을 편안하게 해야 한다. 교사는 느린 학습자가 낙담하거나 무시한다고 느끼는 학급 환경이나 학습 상황을 만들지 않아야 한다. 느린 학습자가 그렇게 느낀다면 주의력은 점점 더 나빠질 것이다. 또한 교사는 미디어를 사용하고 학급 상호작용에 참여하게 함으로써 주의력을 확장시켜서 산만함을 감소시켜야 한다. 교사의 측면에서는 공감적 태도, 지지하는 말, 아동이 옳은 반응을 했을 때 칭찬하는 요령 등이 느린 학습자가 학습에 흥미를 보이게 하는 것들이다. 흥미를 보여야 주의를 기울여서 기억으로 연장하게 되는 상황이 조성될 것이다.

간혹 개별적인 요인들보다 외부적인 요인들이 느린 학습자의 약한 주의력의 원인이 되기도 한다. 배우는 소재가 부적합하기 때문에 주의력이 약해질 수 있다. 즉, 너무 어렵거나 아동이 경험하지 않았던 것이라거나 소재에 대해 정확히 인식하지 못하게 하는 방법으로 제시되는 경우가 그것이다. 앞서 다루었던 개별적인 요인들과 달리 교사는 느린 학습자의 주의력에 영향을 미치는 외부적인 요인들을 예의 주시해야 한다. 교사가 외부적인 요인들에 더 조심해야 하는 더 큰 이유가 있다. 이 요인들을 완벽히 조절할 수 있도록 훈련된 교사의 능력 여하에 따라서 외부적인 요인들의 영향이 감소할 수 있기 때문이다. 느린 학습자는 추상적 사고에 약하기 때문에 경험하지 않은 것들을 배울 수 없다. 이 때문에 부주의하거나 불안해진다. 그래서 교사는 아동의 경험 내에서 새로운 개념을 가르치고, 이미 알고 있던 개념에 새로운 개념을 연관 지을 수 있게 해야 한다. 그래야 느린 학습자의 장기기억에 그 개념이 존재하게 된다. 새로운 개념의 정확한 인식을 촉진하기 위해서는 교사가 교육 내용을 구체적으로 제시할 수 있도록 가능한 모든 노력을 해야 한다. 좋은 기억력이 느린 학습자의 인지발달에 주된 역할을 하기 때문에 교사는 이 원인이 되는 요인들에 주의를 기울여야 할 것이며, 여기에 실패할 경우 느린 학습자의 인지발달은 크게 뒤처질 것이다.

느린 학습자는 사물 간의 관계와 연관성을 이해하는 데 취약하다. 결과적으로 장기간 동안 개념을 기억하기가 어렵다. 새롭게 얻은 지식의 대부분은 장기기억에 없다. 느린 학습자의 망각은 그 양이 더 많을 뿐만 아니라 속도도 더 빠르다. 그래서 교사가 느린 학습자의 인지발달을 촉진하는 이 문제와 씨름을 해야만 하는 것이다. 기억을 증진시킬 수 있는 한 가지 방법은 가능한 한 많은 연관성을 만들어 내는 것이다. 기억력에 취약한 원인 중의 하나는 정보를 인식해서 가능한 연관성을 이용하는 데 느리기 때문이다. 그러므로 교사는 영리한 학생들이 자신의 힘으로 생각해 보는 연관성을 느린 학습자도 생각해 볼 수 있게 하는 데 주의를 기울이고, 다양한 학습 방식을 통해서 여러 개의 연관성을 볼 수 있게 해야 한다. 사용될 수 있는 연관성은 단어와 시각적 형태, 단어와 말하거나 소리 내는 청각적 형태, 단어와 그것을 쓸 때의 감각적 기억이 있다. 이 모든 것은 단어의 의미와 상호 연관되어야 한다. 이와 같은 연관성의 체계는 다른 집단들로 활동을 연결함으로써 더 추가될 수 있다. 예를 들어, right, light, sight, fight 등을 가르칠 때 학습과 기억에 어떤 역할을 하게 될 '철자와 음성 면에서 유사하다'는 연관성을 찾을 수 있다. light와 night의 의미적 연관성도 사용될 수 있다. 기억해 낼 확률을 높일 수 있는 다양한 연결 방법이 어디서라도 활용되어야 한다. 이와 함께 주의해야 할 것은 연관성을 너무 상세하게 설명하여 아동을 더 혼란스럽게 하지는 않아야 한다는 것이다. 그래서 보편적인 것들로 만들어서 촉진하는 방법으로 소재를 제시하는 것이 매우 효과적이다. 이처럼 의미 있는 연관성들은 매우 중요하다. 느린 학습자가 인지적인 면에서 제한적이기 때문에 기계적인 암기에 의해서만 학습할 수 있다고 생각하는 것은 오산이다. 사물 간의 연관성과 관련성이 있다는 것을 더 많이 반복하고, 재연해 주며, 기억을 유지하도록 연습시키면 느린 학습자도 유의미한 학습을 할 수 있다. 열성적인 교사는 이러한 원인이 되는 요인들을 쉽게 다뤄서 느린 학습자의 기억을 개선할 수 있다. 일단 이렇게 되고 나면 느린 학습자의 인지 발달이 머지않아 이루어질 것이다.

지능지수

지능지수는 실제연령 대비 정신연령의 비율에 100을 곱한 것이다. 이는 개별적으로 지능검사를 실시하여 산출한다. 검사는 연령

수준에 따라 묶이며, 검사자는 모든 문항을 다 풀 수 있는 연령 단계(기준연령)에서부터 천장연령(차츰 올라가면서 몇 문항씩 풀지 못하게 되다가 마지막에 한 문항도 풀지 못하는 단계)에 이를 때까지 검사를 계속한다. 각각의 하위 검사를 통과하여 천장연령에 이를 때까지 받은 개월 수의 점수를 기준연령에 더한다. 이 총합이 정신연령이고, IQ는 다음의 식에 의해 산출된다.

$$IQ = \frac{\text{정신연령}}{\text{실제연령}} \times 100$$

특정한 개인차에 주목하게 하는 확실한 수치이면서 간단하고도 객관적인 측정방법인 IQ의 효용성은 그것 자체의 장점보다도 IQ 점수 자체가 더 중요할 때가 있다. 71~84 사이의 IQ를 가진 학생들을 느린 학습자라 칭한다. 그러나 느린 학습자의 IQ 범위에 대한 연구자들 간의 합의가 없다. Tansley와 Gulliford에 따르면 70~85의 범위이고, Jensen은 80~90, Chintamani Kar는 75~89를 그 범위로 하고 있다. 유사하게, 연구자들에 따라 느린 학습자와 보통 이하 아동들의 비율도 다양하다. Burt에 따르면 15%이고, Schonell은 17%, Scottish Council의 교육 연구에 따르면 24%다. IQ 점수가 중요한 이유는 학교 수행을 잘 예견하게 한다는 것이다(De Myer, 1975). 6세 무렵의 IQ 추정치는 비교적 안정적이며, 대부분의 사람들의 IQ는 성인기까지 동일하다(Hopkins & Bracht, 1975).

지능의 근원에 대해서는 몇 십 년 동안 논란이 있어 왔으며, 여전히 감정적인 충돌을 일으킨다. 어떤 심리학자들(Jensen, 1969)은 지능이 압도적으로 유전의 산물이라는 견해인 반면에, 어떤 이들

(Kamin, 1975)은 지능이 환경에 의해 전적으로 영향을 받는다고 믿고 IQ 검사가 전체 지능을 대변하는지에 대해 의문을 갖는다. 대부분의 연구자들은 유전과 환경 둘 다 지능에서 중요한 역할을 한다고 믿는다(Scarr & Mc Cartney, 1983; Schiff et al., 1982). 사실상, IQ 그 자체가 동일 연령대인 다른 아동과 비교해서 아동의 위치를 나타내는 것 이상으로 더 많은 정보를 주지는 못한다. 같은 점수를 가진 다른 아동과 어떻게 다른지, 다른 상황에서는 아동이 어떻게 반응하는지, 미래의 적응이 얼마나 성공적일지를 말해 주지도 않는다. IQ는 교실에서 아동의 학습과 사고를 관찰해서 얻는 정보를 대신할 수도 없다. IQ는 아동의 인지능력을 연구하는 시작으로 받아들여서 아동의 건강, 신체 발달, 정서적 · 사회적 성숙도, 학습에서의 기민함과 학교에 대한 태도에 관해 얻을 수 있는 다른 정보들과 관련해서 IQ를 고려할 수 있어야 한다.

지능지수는 아동의 검사에 대한 점수를 표현하는 한 방법이다. 그러나 그 검사가 믿을 만한 평가인지 고려해야 한다. 지능검사 당시의 기분이 좋고 나쁨, 안정감과 불안정감이 아동의 검사 점수에 영향을 미치는 결정적인 역할을 한다. 그러므로 느린 학습자의 인지발달을 촉진하기 위해 교사가 종합적인 계획을 수립할 때, 교사는 시작할 때만 IQ를 참작하고, 건강, 신체 발달, 정서적 · 사회적 성숙도, 학습할 때의 기민함과 학교에 대한 태도 같은 다른 중요한 요소들을 고려해야 한다. 지능을 측정하는 것은 키를 재는 것만큼 간단하지도 않고, 정확할 수도 없다.

정신연령

사람의 신체적 나이를 8, 9, 10, 14, 15세와 같이 연령으로 표시하는 것처럼 정신연령이라는 말도 정신적 발달에 대한 개인의 단계를 표시하는 데 이용된다. 정신연령이라는 용어는 Binet 이전에도 사용됐지만 그렇게 잘 알려지지는 않았다. 그러므로 이 용어의 사용에 대한 공헌은 Binet에게 있다. 정신연령은 동일한 연령대에 있는 아동들의 평균적인 정신능력을 의미한다.

정신연령은 검사연령이고, 검사에 대한 아동의 점수를 표현하는 한 가지 방법이다. 정신연령이 6세라서 6세의 사고방식을 기대한다는 것은 잘못된 추론이다. 평균적으로 6세 아동이 통과할 수 있는 검사들을 통과할 수 있는 아동이 다른 연령 집단에서의 검사들을 잘 통과할 수도 있다. 어떤 아동들은 연령 집단들을 통과하는 분포가 넓다. 다른 경우에서는 검사의 기본적인 연령 집단을 넘어서는 검사가 매우 적을 수 있다. 두 명의 아동이 매우 다른 정신적 성취를 함에도 불구하고 동일한 점수를 얻을 수 있다. 그러므로 우리가 실질적인 검사 점수를 예견하고 평균적인 능력과 기능의 수준을 아는 것은 매우 중요하다. 우리는 지능의 높고 낮은 정도뿐만 아니라 지능을 나타내는 다른 능력들의 폭도 생각해야 한다.

정신연령에 대해 정확하지 않은 해석을 반대하는 것은 낮은 정신연령을 가지는 느린 학습자가 같은 정신연령을 가진 일반 아동과 많은 측면에서 다르기 때문이다. 예를 들면, 6세 정신연령을 가진 10세 아동은 신체 발달과 기술 면에서 정상적인 6세 아동과는 다를 것이다. 그의 관심과 경험은 그 범위와 그에 대한 이해력이 부족하다 해도 자신의 연령 집단과 비슷할 수 있다. 그는 호기심이 적고, 덜 자발적이고 소극적이며, 학습과 기억이 더 부진할 것이다. 게다가 잘못된 학습 및 사고 습관들로 인해 더 일찍 실패를 경험하기 때문에 그러한 경험을 하지 않아서 덜 변형된 행동을 하는 일반 아동과는 매우 다르다. 따라서 교사는 느린 학습자에게 지능의 높낮이뿐만 아니라 폭을 생각하도록 가르치는 것이 중요하다. 이것은 교사가 느린 학습의 문제에 대해 더 나은 통찰을 하게 해서 느린 학습의 문제를 극복하는 데 더 나은 준비를 하게 할 것이다.

지능과 수행의 관계

뒤처진 아동을 가르칠 때 정신연령은 학생들에 대한 기대치 수준의 지표가 된다. 아동의 정신연령이 10세라면 우리는 그의 성취연령도 10세 수준일 것이라 추측한다. 그의 읽기 연령이 정신연령보다 2세 낮다면 뒤처졌다고 보고, 최선을 다하게 하거나 기대치까지 상승시킬 수 있도록 특별한 노력을 기울여야 한다. 일반적으로 아동의 성취연령이 정신연령을 앞설 것이라고 기대하지는 않는다. 또 학습능력이 지능의 언어적 검사에서 점수 개념으로 한정된다면 아동이 능력 이상으로 학습할 거라고 기대하지 못한다. 그러나 읽기 연령이 정신연령을 앞서는 아동을 드물지 않게 볼 수 있다. 이 점 때문에 지능검사가 부정확하다거나 단어인지 기술을 지나치게 강조한 결과로 이해를 잘하지 못하면서 기계적으로 읽는다고 의심할 필요는 없다.

이 두 가지 설명 모두가 어떤 사례에 적용될 수도 있지만 그 결과들이 유효하고 신뢰할 수 있다는 것에는 이견이 없다. 첫째, 아동의 의지, 동기화와 흥미 수준이 높아서 훌륭한 성취를 거두는 경우도 있다. 결국 학교에서의 학습은 인지능력에만 달려 있는 것은 아니라는 것이다. 둘째, 아동이 시각적인 면과 청각적인 면에서 특별한 능력을 가져서 특정 과목에서 더 잘할 수도 있다. 마지막으로 검사구조와 검사 측정치에서 통계적 오류의 특성으로 인해 성취연령들이 정신연령들을 초과하거나 미달되기도 한다.

평범한 아동을 표본으로 했을 때 기대 이상으로 성취한 아동의 비율이 부진한 성취를 거둔 아동의 비율만큼이나 컸다는 것을 입증하는 Pidgeon과 Yates의 연구 이후로 기대 이상의 성취에 대한 의문이 주목받게 됐다. 지능의 관점에서 보면 이러한 입증이 교육적 성취와 지능 간의 관계에 대해 새로운 사고를 갖게 한다. 이 점에 대한 연구가 매우 절실하다. 이 조건들 때문에 어떤 실질적인 영향들이 즉각 발휘된다. 하나는 우리가 성취와 지능검사가 거의 일치할 것이라 기대하면서도 수치적으로 동등하다고 전적으로 기대해서는 안 된다는 점이다. 왜냐하면 어떤 아동들이 정신연령에 비해 높은 성취연령을 갖지 못하는가에 대한 이유는 없다. 이는 학업적인 압력을 가하라는 것은 아니지만 교육적인 성장을 증진시킬 모든 다른 요인들—학습의 질과 사회적 · 정서적 요인들—에 대해 관심을 쏟으라는 것이다. '제 능력을 발휘하지 못하는 것'이 지능과 성취연령 간의 명백한 차이 때문만은 아니라는 것이다. 학습에 대한 더 광범위한 관점을 가져야 할 것이다.

요 약

느린 학습자는 제한적인 인지발달을 하는 것으로 알려져 있다. 학습과 교수에서 어떤 점을 고려해야 하고, 어떤 방법을 적용해야 하며, 어떤 기준들에 도달하게 해야 하는가.

인지발달에서 환경과 경험의 영향에 대한 의문은 느린 학습자를 가르치는 교사에게는 매우 중요한 관심거리다.

느린 학습자의 인지발달에 직접적인 영향을 미치는 다양한 요인은 불우한 가정, 부모와 가족 구성원의 지능, 가족의 사회경제적 수준, 신체적 특성, 초기 부정적 환경의 영향, 교육 경험의 영향이다.

감각운동기에는 느린 학습자도 다른 아동들과 다르지 않다. 느린 학습의 초기 증상은 전조작기에 표면화되고, 인지발달의 다음 두 단계에서 느린 학습자는 다른 아동과 완전히 달라지며, 이때부터 느린 학습의 시작이 명확해진다.

느린 학습에 대한 주 호소 문제들 중의 하나는 기억력이 약하다는 것이다. 느린 학습자의 좋지 않은 기억력은 주의력과 교사에 의한 동기화의 부족에 그 원인이 있을 수 있다. 또한 학습의 소재가 너무 어렵거나 아동이 경험해 보지 않았기 때문에 주의력이 낮아질 수 있다. 또는 개념에 대해 정확히 인식할 수 있도록 촉발하는 제시법을 사용하지 않았기 때문일 수도 있다. 기억은 많은 유용한 연관성을 찾고 사물 간의 의미 있는 관계를 인식함으로써 증진될 수 있다.

지능지수는 검사에서 아동의 점수를 표현하는 한 방법이다. 그러나 IQ 자체가 그 또래의 다른 아동들과 비교해서 그 아동의 순위를 나타내는 더 많은 정보를 제공하는 것은 아니다. 따라서 교사는 IQ를 단지 시작점으로 활용해서 건강, 신체 발달, 정서와 사회적 성숙도, 학습의 민감성, 학교에 대한 태도와 같은 다른 중요한 요소들을 고려해야 한다.

정신연령은 검사연령이므로 6세라는 정신연령이 6세의 정신력을 의미한다는 오해의 여지가 있는 추론을 하게 한다. 우리는 지능의 높낮이뿐만 아니라 지능의 폭, 예를 들어 지능이 나타내는 다른 능력들에 대해서도 생각해야 한다.

정신연령은 학생들에게 기대하는 성취의 수준에 대한 지표로서 사용되곤 한다. 아동의 정신연령이 10세라면 우리는 그의 성취연령도 10세일 것이라고 추측한다. 그러나 우리는 기대 이상의 성취와 부진한 성취를 보곤 한다. 기대 이상의 성취 비율이 부진한 성취의 비율만큼이나 크다. 학습능력에 대해 더 광범위한 관점을 가져야 할 것이다.

참고문헌

Bill R. Gearheart (1985). *Learning Disabilities: Educational Strategies.* St. Louise: Times Mirror/Mosby College Publishing.

Calfee, R. C. (1976). Sources of dependency in cognitive processes. In D. Klahr (Ed.), *Cognition and Instruction.* New Jersey: Eribaum Hillsdale.

Catherine Voelker Morsink (1984). *Teaching Special Needs Children in Regular Classrooms.* Boston: Little, Brown and company.

Chaube, S. P. (1983). *Educational Psychology.* Agra: Lakshmi Narain Agarwal.

Chintamani Kar (1992). *Exceptional Children: Their Psychology and Education.* New Delhi: Sterling Publishers, Private Ltd.

Clarke, A. M., & Clarke, A. D. B. (1976). *Early Experience: Myth and Evidence.* New York: The free Press.

Daniel P. Hallahan, & James. M. Kauffman (1991). *Exceptional Children: Introduction to Special Education.* Englewood Cliffs, NJ: Printice Hall, Inc.

De Myer, M. K. (1975). The nature of neuro psychological disability in autistic children. *Journal of Autism and Childhood Schizophrenia, 5*, 109-128.

Goldhaber, D. (1979). Does the changing view of early, experience imply a changing view of early development? In L. G. Hatz (Ed.), *Current Topic in Early Childhood Education, 2*, 117-140. New Jersey: Norwood.

Hebb, D. O. (1949). *The Organization of Behavior.* New York: Wiley.

Hopkins, K. D., & Bracht, G. H. (1975). Ten year stability of verbal and non-verbal IQ scores. *America Educational Research Journal, 12*, 469-477.

Kagan, J. (1976). Emergent themes in human development. *American Scientist, 64,* 186-196.

Kagan, J. et al. (1979). A cross cultural study of cognitive development. *Monographs of the Society for Research in Child Development, 44*(5).

McKenzie, M. (1977). The beginnings of literacy. *Theory into Practice, 16*, 315-324.

Petty, M. F., & Field, C. J. (1980). Fluctuation in mental test scores. *Educational Research, 22*, 198-202.

Sameroff, A. (1975). Early influences on development: Facts and fancy. *Merill-Palmer Quarterly, 21*, 267-294.

Scarr, S., & McCartney, K. (1983). How people make their own environment: A theory of genotype greater than environment effects. *Child Development, 54,* 424-435.

Schickedanz, J. A. (1982). The acquisition of written language in young children. In B. Spodek (Ed.), *Handbook of Research in Early Childhood Education* (pp. 242-263). New York: Free Press.

Schonell, F. J. (1942). *Backwardness in Basic Subjects.* London: Oliver and Boyd.

Shiff, M., Duyme, M., Dumaret, A., & Tompkiewics, S. (1982). How much could we boost scholastic achievement and IQ scores? A direct answer from a French adoption study. *Cognition, 12*, 165-196.

Slavin, R. (1986). *Educational Psychology: Theory into Practice.* New

Delhi: Prentice Hall of India, Private. Ltd.

Tansley, A. E., & Gulliford, R. (1962). *The Education of Slow Learning Children*. London: Routeledge Kegan Paul, Ltd.

Thomas, A. (1981). Current trends in developmental theory. *American Journal of Orthopsychiatry, 51*, 580-609.

04

느린 학습자의 정서발달

이 장의 개요

이 장에서는 느린 학습자의 정서발달을 다루고 있다.

- 느린 학습자의 정서적 욕구
- 느린 학습자의 정서발달에 영향을 미치는 요인
- 정서발달 평가와 측정
- 정서적인 문제를 가진 느린 학습자의 특성
- 부적응하는 느린 학습자에게 도움을 주는 방법
- 느린 학습자의 정서발달을 위한 부모와 교사의 도움

SLOW
LEARNERS

타인과의 관계가 유쾌하고 즐거운지 아니면 슬프고 고통스러운지를 판단할 때 정서가 중요한 역할을 한다. 정서는 대인관계에서의 판단이나 사회적인 판단은 물론 건강에도 영향을 미친다. 만족스럽고 행복한 기분을 느끼기 위한 개인의 활발한 내면적 적응이라고 볼 수 있는 정서에 따라 우리의 행동이 달라지기도 한다. 정서라는 말은 '밖으로 움직이다'라는 의미의 라틴어 '*emovere*'에서 유래했다. Drever는 정서가 신체에서의 내적인 변화와 외적인 변화를 유발하는 여건을 조성한다고 본다. Young은 심리적 상황 때문에 자율신경계 활동이 증가하여 교감신경에 변화를 일으키는, 즉 인간이 심리적으로 방해받은 상태를 정서라고 규정한다. 미소 짓기, 웃기, 울기, 두려움, 화, 걱정, 기쁨과 슬픔, 놀람, 연민, 측은함, 동정심, 공감이 정서다. 정서에는 느낌, 자극, 신체적이고 생리적인 반응의 세 가지 요소가 있다.

정서와 느낌 간에는 미묘한 차이가 있다. 정서는 유쾌함과 불쾌함을 느끼는 것과 연결돼서 어떤 면에서는 정서가 느낌으로 간주되기도 한다. 예를 들면, 두려움, 화, 사랑, 기쁨, 슬픔은 정서라고 볼 수도 있지만 느낌으로 볼 수도 있다. 하지만 정서는 느낌보다 더 강렬하다. 우리 몸은 전적으로 정서의 영향을 받는다. 신체에 필요한 물질을 분비하는 분비샘과 신경은 정서를 느낄 때 특정 분비물을 생성한다. 실제로 느낌은 정서의 일부분이고, 정서는 단지 느낌 이상의 것이다. 여기서 '그 이상의 것'이라는 의미는 내분비샘에서 분비물이 나오고, 효과와 태도가 특정 방향으로 활성화된다는 것이다. 연령에 따라 정서도 성숙한다. 사람들은 신체적으로 성숙해짐에 따라 정서적으로도 성숙해진다. 정서발달이 적절치 않을 때 인지발달과 여타의 발달은 생각조차 할 수 없다. 정서발달은 개개인이 자신의 정서나 느낌을 어떻게 다루는지에 대한 능력을 말한다.

느린 학습자의 정서적 욕구

인지적으로 제한된 능력을 가지고 있기 때문에 느린 학습자의 정서적 삶에도 한계가 있을 것이라는 추측은 적절치 않다. 느린 학습자는 정서를 다양하고 섬세하게 표현하지는 못하지만 보통의 아동처럼 정서에 대한 기본적인 욕구를 가지고 있다. 사랑받기, 인정받기, 안전과 사적인 관심에 대한 욕구는 중증의 지적장애 아동에게도 영향을 미친다. 아동의 기본적인 정서적 욕구는 매우 다양하지만 여기서는 느린 학습자와 관련된 몇 개의 필수적인 것들만 알아보기로 하자. 느린 학습자의 정서발달을 증진하고 싶은 교사라면 그들의 기본적인 정서적 욕구와 정서발달에 영향을 미치는 요인을 반드시 살펴봐야 할 것이다.

안전에 대한 욕구

아동에게는 안정된 가정에서 느낄 수 있는 안전함이 필요하다. 특히 생활하고 놀 수 있는 친숙한 공간에 대한 안전함, 일관되고 예측 가능한 태도와 행동을 보이는 친밀한 사람들에 대한 안전함, 규칙적인 일상에 대한 안전함이 필요하다. 안전함은 정서적 안정감의 필수 요소다. 아동에게는 가정과 학교에서의 즐거운 경험이 매우 중요하다. 부모와 교사는 아동이 안전하다고 느끼는 환경을 조성해야 한다. 이 안전에 대한 욕구가 채워질 때 정서적인 문제도 방지된다. 아동의 안전성을 보장해 주는 것이 정서발달에서 매우 중요한 단계다.

애정에 대한 욕구

자신을 사랑해 주고, 지켜봐 주고, 성장 단계에서 지지해 줄 대상을 갖는 것이 아동에게 얼마나 중요한지를 입증하는 많은 연구가 있다. 느린 학습자도 이 욕구가 채워지지 않을 때 교사에게 계속해서 관심받고 싶어 하며, 인정받고 싶어 한다. 심지어 고학년들도 교사가 다른 학생에게 더 많은 관심을 보여서 불만스러울 때, 어린아이처럼 삐치거나 기대 이하의 수행을 해 버리기도 한다. 아동기에 부모의 전적인 관심과 애정을 받지 못한 아동은 부모를 대신해 교사를 찾곤 한다. 부모와 교사가 아동에게 다정하게 대해 주고 재미있는 대화를 나눠야 아동은 사회적 상호작용과 교류능력을 더 잘 키울 수 있다. 대부분의 정서적 문제는 아동과 사회적 환경 간의 상호작용과 교류가 적절치 않을 때 일어난다. 아동의 행동이나 환경 때문만이 아니라는 것을 알아야 한다. 아동은 애정을 주고받아야 방치되어 있다고 느끼지 않아서 사회적 환경과 적절한 상호작용을 하며, 교류하는 방법을 찾아가게 된다.

또래 인정에 대한 욕구

정상적으로 적응하는 아동도 친구에게 일시적으로 거부당해서 스트레스를 받는 경우가 있다. 친구를 만들거나 집단에 끼어드는 기초적인 기술도 배우지 못한 뒤처진 학생들은 친구들에게 거부당하면 몹시 좌절하고 낙담한다. 대부분의 느린 학습자는 다른 사람과 섞이는 경험이 적어서 소외되기 일쑤다. 소외된 아동은 쭉 다른 사람과 어울리지 못하거나, 집단에서 인정받고 끼어들기 위해 과시하거나 으스대거나 무모한 행동을 하기도 한다. Kazdin(1989)은 아동이 행동이나 정서적 문제를 가지고 있을 때 스스로를 잘 관찰하지 못한다고 말한다. 아동은 현재의 어려움이 부모, 교사, 친구나 자신의 통제 범위 밖에 있는 사건이나 상태와 같은 외부적인 요인들 탓이라고 여긴다. 부모와 교사에게는 아동을 사회화시켜야 할 책임이 있다. 아동이 사회적 환경과 학교 환경에서 친구나 또래 집단에 받아들여지도록 도와줘야 할 의무가 있다. 이렇게 하는 것이 결국 아동의 정서 발달을 촉진하는 것이다.

인정과 자아존중감에 대한 욕구

모든 아동은 잘하고 싶어 하며, 할 수 있음을 인정받고 싶어 한다. 느린 학습자는 자신의 욕구를 충족시킬 수 있는 재능이 더 적기 때문에 학교에서 이들이 성취감을 느낄 수 있는 더 많은 방법과 수단들을 활용해야 한다. 매우 드물긴 하겠지만 느린 학습자가 좋은 점수를 받을 때마다 교사가 칭찬해 주면 그것이 상으로 작용하여 좋은 방향에서 더 많이 노력할 수 있게 된다. 결국 그들이 원하는 것은 교사에게 인정받는 것이다. 학교에서 이러한 욕구가 채워지지 않으면 학교 밖에서 비행을 저지르는 방법으로 채우기도 한다. 성격 점수는 정서장애와 관련이 있다. 낮은 학업 성취도, 좋지 못한 대인관계와 낮은 자아존중감이 여기에 속한다(Kneedler, 1984). 이것이 교사의 역할이 중요한 이유다. 교사의 관심과 지지가 느린 학습자에게는 성격 면에서 좋은 점수를 얻는 데 도움이 된다.

주도성과 책임감에 대한 욕구

점점 더 주도적이고 자주적이며 책임감 있게 되어 가기를 추구하는 것은 정상적인 발달의 특징이라고 볼 수 있다. 그러나 정서 문제를 갖고 있는 느린 학습자는 다른 사람에게 더 의존적이며, 책임을 감당할 수 있는 능력이 부족하다. 하지만 느린 학습자도 자신의 힘으로 한 걸음 더 나아가는 성취를 해낼 때 크게 만족해한다. 느린 학습자의 미래를 위해서는 스스로 해내고 책임감 있는 모습을 보여 줄 기회들이 절실하다. 집에서는 부모가, 학교에서는 교사가 이러한 기회들을 제공해서 느린 학습자가 사회적 기술과 자주성을 발달시켜 어른의 삶을 살아갈 수 있게 해야 할 것이다.

새로운 경험과 활동에 대한 욕구

정상적인 아동은 탐색과 발견의 욕구가 매우 강하다. 이런 아동은 새로운 상황과 학습에도 기꺼이 도전할 수 있는 준비가 되어 있다.

그러나 느린 학습자는 자발적으로 호기심을 느끼는 경우가 적고, 이미 알고 있거나 친숙한 것을 선호하는 경향이 있다. 느린 학습자도 새로운 경험과 활동에서 비슷한 즐거움을 보일 때가 있다. 새로운 경험과 활동에 대한 욕구를 충족시키지 못하는 느린 학습자의 정신적 · 사회적 결함 때문에라도 학교에서의 다양한 활동과 흥밋거리가 더 많이 필요하다. 학교에서 교사는 느린 학습자가 정상적인 아동만큼 잘할 수 있는 학습 경험을 제공해야 한다. 그러한 성공적이면서도 쓸모 있는 경험들이 자신감을 키워서 성인으로서의 삶을 준비할 수 있게 한다.

영아기부터 청소년기까지 각 발달 단계에서 욕구들을 충족시켰는지의 여부에 따라 성격발달과 정신건강이 결정된다. 영아기에는 안전과 애정의 욕구가 중요하고, 이것들이 충족되지 않으면 느린 학습자의 경우에서처럼 이후의 성격 형성이 좋지 못하다. 가정에서 욕구를 충족시키지 못한 아동들에게는 학교가 안전과 애정의 욕구를 충족시켜 줄 수 있다. 또래 집단에 받아들여지고 나이가 들면서 인정받고 독립적이 되어 가면서, 그들이 졸업해서 학교를 떠날 때쯤에 아동의 질적인 발전이 뚜렷해지면 성공한 것이다.

이 욕구들은 아동의 학습동기에도 중요하다. 학교에서의 학습과 교수의 성공은 사용되는 교수매체와 교수방법의 질에 의해서만 좌우되는 것이 아니다. 학습자가 학습하고 싶어 하는 동기가 있어야 한다. 학습과정에서 학습자의 정서적 욕구를 충족시킬 수 있는 방법을 제시해야 한다. 아동의 학습동기를 일으킬 수 있는 많은 방법이 있지만, 적절한 동기화는 앞에서 언급했던 정서적 욕구들을 충족시키는 것이다. 예를 들면, 아동은 다음의 것들을 위해 학습한다.

- 어른에게 인정받고, 애정을 얻기 위해
- 다른 친구들처럼 되어 그들의 활동에 동참하기 위해
- 성공해서 그것에 대해 인정받기 위해
- 놀이나 활동을 하고 싶다는 욕구를 충족하기 위해

바꿔 말해서 적절한 동기화는 교사–학생 간의 좋은 관계, 집단에 참여함으로써 느끼는 즐거움, 활동에서 자연스럽게 흥미를 갖고 숙달해서 성공 경험을 하는 데 달려 있다. 영리한 학생이건, 그렇지 못한 학생을 대상으로 하건 간에 교육 실패의 원인에 대한 연구를 살펴보면 이 기본적인 정서적 욕구들이 충족되지 않았을 때 학습능력이 낮아졌음을 볼 수 있다. 결국 잘 가르치기 위해서는 좋은 책과 최고의 교수법을 사용하는 것뿐만 아니라 기본적인 정서적 욕구들을 만족시켜야만 한다.

느린 학습자의 정서발달에 영향을 미치는 요인

정서 문제의 원인에는 신체적 장애와 질병, 가족의 병력, 열악한 문화적 영향, 학교에서의 부정적 경험들이라는 네 가지 요인이 있다. 대다수의 사례에서 이 요인들이 문제 행동의 직접적인 요인이라는 확실한 경험적 증거는 없다. 그러나 이 요인들이 아동의 문제 행동에 대한 소인으로 작용하거나 촉발시키는 계기가 될 수 있다는 것은 분명한 사실이다. 유전과 같은 요인들이 장기간 동안 행동에 영향을 미치게 되면 주어진 환경에서 부적응적인 반응을 촉발할 가능성이 커진다. 어떤 요인들은 보다 즉각적인 영향을 미쳐서 이미 문제 행동의 소양을 갖고 있는 아동에게 부적응적인 반응을 유발할 수도 있다.

정서나 행동 문제에 대한 이론에서 이러한 요인에 대해 생각해 볼 필요가 있다. 문제 행동을 야기하는 요인이나 원인이 한 가지인 경우는 극히 드물다. 거의 대부분의 문제 행동에는 몇 가지의 요인이 복합적으로 작용한다. 대다수의 사례에서 문제 행동을 일으키는 아동이, 특히 무엇 때문에 그렇게 행동하는지에 대한 답을 찾기는 어렵다. 누구도 알 수 없다. 그러나 원인이 될 만한 요인들을 교사가 파악하고 있다면 문제 행동들을 극복할 수 있는 교육계획을 수립하거나 조정하는 데 큰 도움이 될 것이다.

생물학적 요인

유전적 · 신경학적이나 생화학적 요인들이 행동에 영향을 미칠 수 있으며, 이 요인들이 복합적으로 작용할 수도 있다. 신체와 행동 간에는 연관성이 있기 때문에 특정한 정서 및 행동 장애의 원인이 되는 생물학적 요인을 살펴볼 필요가 있다. 지능과 관련된 정서적 측면에서 영리한 학생과 둔한 학생 간에 차이가 있다. 예를 들면, 느린 학습자는 어린아이 같아서 충동적으로 행동했을 때의 결과를 예측하지 못하고 지금 당장 더 좋은 것만을 추구하는 경향이 있다. 청소년과 성인이 되어서도 정서적 문제와 사회적 문제가 생겼을 때 해결

책을 생각해 내지 못한다. 그러므로 학창 시절에 적극적인 태도를 갖게 하고, 정서를 적절히 조절할 수 있게 하는 것이 매우 중요하다.

모든 아동은 생물학적으로 결정된 행동양식이나 기질을 갖고 태어난다. 타고난 기질은 아동이 양육되는 방식에 따라 변할 수 있다고 보지만, 일부에서는 아동의 까다로운 기질이 정서적 장애를 유발한다고 본다(Thomas & Chess, 1984). 기질을 제외한 다른 생물학적 요인들인 질병, 영양실조, 뇌손상도 아동의 정서적 문제를 유발하는 원인이 될 수 있다(Newcomb & Bentler, 1989). 그러나 드문 경우들을 제외하고, 이 요인들이 문제 행동의 직접적인 원인이라고 단정할 수는 없다. 유전적 요인 때문에 정신분열증이 생긴다는 입증된 증거도 있지만, 극심한 장애가 있어도 특정 생물학적 요인이 어떤 역할을 하는지에 대한 의문은 여전히 미해결된 상태로 남아 있다(Kauffman, 1981; Prior & Werry, 1986).

느린 학습자는 신체적 · 인지적 · 정서적 성장이 균등하지 않다. 어느 부분에서 성장의 차이가 큰지를 알고 이를 고려하는 것이 중요하다. 14세인 느린 학습자가 신체적으로는 또래 소년들과 같은 발달을 하고 사춘기가 될 수도 있지만, 인지적으로는 10세나 11세 정도의 추론능력을 가질 수도 있다.

정서적으로 불만스러울 때의 반응이나 주의력이 유치원 수준일 수도 있다. 이러한 차이가 14세의 느린 학습자는 물론 그를 가르치는 교사에게도 문제가 된다. 이 느린 학습자에게 충동성이 있다는 것은 인지적으로나 정서적으로 조절할 수 없다는 것을 뜻한다. 그 또래의 소년에게 있음직한 책임감이나 협동능력, 행동능력 면에서 느린 학습자가 다를 수 있기 때문에 교사는 눈높이를 달리 해야 한다(Tansley & Gulliford, 1962).

느린 발달에 영향을 미치는 또 다른 잠재된 생물학적 요인이 있다. 느린 학습자의 정서발달이 보다 느리다는 것이다. 보통의 아동은 학령기 초반에 정규 학습과제를 해결할 수 있는 충분한 정서조절 능력을 갖는다. 그러나 느린 학습자가 그 단계에 도달하려면 매우 지지적인 교사와 훨씬 더 오랜 기간 동안의 보완활동이 필요하다. 일반적인 아동이 8세나 9세에 어느 정도 성숙한 면을 보이는 반면, 느린 학습자가 그만큼 정서적으로 성숙하기 위해서는 더 특별한 도움뿐만 아니라 보완학습도 계속적으로 이루어져야 한다.

가족 요인

가정이 아동의 정서발달에 미치는 영향은 매우 크다. 가정과 양육의 특성은 아동의 정서발달에 결정적인 역할을 한다. 학교에 입학하기 전까지의 몇 년 동안 아동에게 영향을 미쳐 왔던 것들—사랑을 받았는지 거부당했었는지, 칭찬이나 벌을 받았는지, 인정받았었는지, 또는 될 수 없는 어떤 것이 되라고 강요받았는지—이 수없이 많기 때문에 이 모두를 알아내는 것은 사실상 불가능하다. 아동의 과거력을 안다 해도 과거에 대해 어느 정도의 내성을 키우는 것 말고는 우리가 해 줄 수 있는 게 없다.

안정감을 느끼는 데는 가정이 가장 중요하다. 부모의 이혼이나 불화, 일시적이나 장기적인 가족해체, 만성 질환이나 실업과 같이 가정을 불안정하게 하는 원인들이 많다. 가족관계에 대한 경험적 연구에 따르면 자녀에 대한 부모의 영향은 단순한 문제가 아니며, 부모가 자녀에게 영향을 주는 것처럼 일탈적인 자녀 역시 부모에게 큰 영향을 준다고 한다. 가족 내에서 부모와 자녀가 상호 간에 영향을 주고받는다는 견해가 점차 늘어나고 있다(Patterson, DeBaryshe, & Ramsey, 1989). 가족 내에서 표면적으로는 안정돼 보이는 자녀도 애정이 충분치 않다고 여기거나 행동이나 성취 면에서 부모의 기대치를 만족시킬 수 없기 때문에 부모에게 실망스러운 자식이라 생각하고는 불안정감을 느낄 수 있다. 더 잘하는 형제자매가 있어서 비교될 수도 있다. 학교 경험이 그런 아동에게 성취감을 느끼게 하는 방법이 될 수 있다. 부모의 태도가 절대적이라면 현재에도 그에게 영향을 미치고 있다는 것이다. 아동은 그 자체로 사랑받아야 하며 능력에 한계가 있더라도 인정과 지지를 받을 수 있어야 한다. 작은 성공에도 칭찬을 받아야 한다. 이런 것들이 이루어졌을 때 개인적인 어려움이나 주변에서 놀림을 받는 등의 불가피한 좌절을 겪게 돼도 잘 대응할 수 있게 된다.

느린 학습자 중 높은 비율이 불우한 가정 출신이다. 생활 여건이 매우 열악한 경우도 있다. 그런 가정이 좋지 않다고 낙인찍기보다는 어떤 방식이 그들을 좋지 않게 하는 것인지 자세히 바라볼 필요가 있다. 위생적으로는 만족스럽지 않더라도 정신건강적 측면에서 볼 때 항상 부족한 것만은 아닐 수 있다. 이런 환경에서도 안정감과 애정을 줄 수도 있으므로 이에 대한 지나친 일반화를 경계해야 할 것이다. 맞벌이 가정의 아동이 하교했을 때 아동을 위해 준비된 것들이 있는지, 집에 있는 엄마가 아동에게 관심이 있는지 그것이 문제다. 자녀를 대하는 방법이나 자녀에 대한 생각, 아버지의 태도도 아동의 정서발달에 중요하다.

문화적 요인

사회적 · 문화적 여건이나 변화는 아동의 행동에 크게 영향을 미친다. 아동과 그의 가족은 특정 문화에 속해 있으며, 이것이 행동에도 영향을 미친다(Rogoff & Morelli, 1989). 학교나 가정과는 별개로 환경적 조건은 아동에 대한 어른의 기대치와 아동이 자신과 또래에 대해 갖는 기대치에 영향을 미친다. 다양한 문화 여건에 따라 사회적인 요구나 금지되는 행동이 있으며, 모델링을 통해 가치와 행동 기준이 아동에게 전달된다. 강제의 수단으로 테러를 사용한다든지, 오락성 마약을 쉽게 구한다거나, 약물남용의 정도, 성별에 적합한 행동의 기준을 바꾼다든지, 종교적 요구와 제한에 따라 행동한다든지, 핵 사고나 전쟁의 위협과 같이 TV나 영화 같은 매체에서 비쳐지는 폭력성 정도가 문화적 영향을 급증시키기도 한다.

아동의 정서적 · 사회적 · 행동적 발달은 아동이 양육되는 문화의 영향을 받는다. 급변하는 문화에 대한 사례 연구들이 이를 증명하고 있다. 어떤 연구에서는 문화적 영향이 불안, 우울, 공격성에 영향을 미친다고 주장한다(Chivian et al., 1985; Goldstein, 1983; Hawton, 1986). TV와 영화에서 묘사되는 폭력성이 우리 사회에서의 폭력 수준을 상승시키는 요인일 수 있다. 특히 비장애아동보다 장애아동이 TV의 폭력 장면을 더 실제처럼 본다는 것이 문제다. 장애가 있는 아동이 TV에서 공격적인 장면을 보고 난 후에 공격적인 행동을 감행할 확률이 더 크다는 것이다(Sprafkin, Gadow, & Dussault, 1986).

앞에서 언급한 연구들을 살펴보면 아동의 정서발달에서 문화와 미디어가 얼마나 중요한 역할을 하는지 알 수 있다. 아동에 대한 어른의 기대치는 아동의 수준과 단계에 적합해서 아동이 도달하는 단계보다 앞서지 않아야 한다. 지나친 기대는 아동에게 좋지 않은 스트레스를 주고 부담을 줘서 정서적인 문제나 장애를 유발할 수도 있다. 미디어의 영향도 간과할 수 없다. 일부 개발도상국에서는 TV와 영화가 사회의 문화적 양상을 변화시켰고, 가치충돌을 일으켜서 정서적 · 사회적 장애가 발생할 수 있는 여건을 만들었다.

학교 요인

지능이 낮아서 생기는 교육적 · 사회적 결과들이 문제시되는 데 비해, 느린 학습자가 가진 많은 정서적 문제는 지능 수준과 직접적인 관련이 없다. 느린 학습자는 정상적인 또래만큼 수행할 수 없기 때문에 쉽게 모둠에서 소외되고, 사회적 · 정서적 발달이 정상인 사람들에게 거부당하기도 한다. 느린 학습자는 학교에서의 초기 경험이 만족스럽지 못해서 열등감을 느끼거나 자신감이 부족하다. 학령기에 행동 문제나 정서 문제를 일으키는 아동이 있는 반면에 어떤 아동은 학교에 들어갈 때부터 정서적 문제를 갖기도 한다. 학교에 들어갈 때 정서적 문제를 보이는 아동이 학급에서 어떻게 관리되느냐에 따라 더 좋아지거나 나빠질 수 있다. 아동의 기질과 사회성이 급우나 교사의 행동과 맞부딪히면서 정서 문제의 원인으로 작용할 수 있다. 아동이 학업 기술과 사회적 성공 경험이 부족한 상태로 학교에 들어가면 또래와 교사로부터 부정적인 반응을 받을 수 있다.

학교에서의 특정 상황들이 정서 문제를 발생시키는 원인이 될 수 있다. 교사는 아동 개개인에게 민감해져야 함에도 불구하고, 학생들에게 규칙과 일상적인 것들에 무조건 순종할 것을 강요한다. 또한 학교 훈육이 지나치게 느슨하거나 빠르거나 비일관적일 수 있다. 교육은 실재(實在)하지 않는 가상의 기술들을 얻고자 하는 것이다. 학교 환경은 행동을 잘 못하는 아동을 변별해서 나름의 특별한 관심(관심이 비난이나 벌이더라도)을 쏟는 반면에, 잘하는 아동은 오히려 경시한다. 마지막으로, 교사와 또래가 비행의 본보기가 될 수 있는데, 아동이 교사나 또래를 모방하면서 잘못된 행동을 할 수도 있다(Kauffman, 1981).

평가와 측정

정서장애를 정의해서 유형과 원인에 따라 분류하는 것보다 정서적 문제를 알아차리는 것이 더 쉽다. 정서 문제를 가진 대부분의 아동은 교사의 주목을 받기 때문이다. 정서 문제의 가장 흔한 형태인 품행장애는 즉각적인 관심을 끌기 때문에 알아차리는데 별 어려움이 없다. 미성숙하거나 성격에 문제를 가진 아동을 구별해 내는 것은 이보다 덜 하긴 하지만 크게 어렵지 않다. 관찰은 직접적인 방법이라서 교사 입장에서 최소한의 판단이 요구된다(Taylor, 1984). 문제 행동을 입증하는 데 관찰이 유용하긴 하지만, '이상' 정도인지 아니면 '장애' 수준인지를 파악하기 위해서는 어느 정도와 빈도로 그 행동이 나타나는지에 대한 숙련된 전문가의 판단이 필요하다. 정서적인 이상(異常)과 성격 점수는 관련이 있다(Kneedler, 1984). 행동 문제가 얼마나 발생하는지가 중요하다. 정서적 문제를 정확히 평가하고 측정해야 정서발달을 개선할 수 있는 적절한 교정 치료가 제공될 수 있다.

형식적인 평가가 특수교육을 필요로 하는 아동을 변별하는 데 주요 기반을 제공하긴 하지만 비형식적인 평가도 초기 교육 개입의 바탕이 될 수 있다. Guerin과 Maier(1983)에 따르면, 일상적인 학생의 행동관찰, 지필고사와 과제물 같은 결과물, 학생들 간의 토의에서 보이는 모습들에 관해 수집한 정보들이 비형식적 평가에 해당한다. 비형식적인 평가는 문제가 발생하는지를 평가하는 데 유용하고, 형식적인 평가는 발생하는 정도를 측정할 때 필요하다. 형식적 평가와 방법은 다음과 같이 체계화된 방법들로 행해진다.

- 주간 일지 작성
- 사례 회의
- 사회성숙도 검사
- 사회적응 지도
- 사회적 관계 측정

주간 일지 작성

교사는 주간 일지에 아동의 행동을 관찰해서 기록한다. 교사가 짧게라도 일지를 기록하면 아동에 대해 더 주의 깊게 관찰하고 생각할 수 있기 때문에 그만한 가치가 있다. 각기 다른 시간에 이루어진 관찰들이 어떻게 연관되는지를 살펴보면 흥미롭다. 본질적으로 사례 연구는 아동의 신체적 · 심리적 성장과 학교 · 가정 · 지역사회의 사회적 배경에 대한 유용한 증거들을 수집하는 것이다. 사실들을 수집하는 데 그치는 것이 아니라 아동을 행동하게 만드는 힘의 측면에서 수집한 내용을 살펴보면 아동을 도울 수 있는 방법을 찾는 데 적절한 토대가 된다.

사례 회의

학교에서 한두 아동에 대해 토의할 수 있는 시간을 정기적으로 배정하는 사례 회의를 활용할 수 있다. 이때는 의학적 · 심리학적 기록들을 참고한다. 담임교사는 아동의 특이한 문제들과 이것의 경과를 보고한다. 그 아동을 가르치는 다른 교사도 자신이 관찰한 내용을 덧붙인 후 일반적인 토의를 진행한다. 사례 회의는 여러 가지로 유익하다. 동료 교사들의 의견과 질문은 담임교사가 새로운 시각으로 아동을 보게 하는 데도 도움이 되며, 교수나 훈육에서 대안적인 방법을 제시하기도 한다. 모든 교사가 회의에서 논의되는 학생에 관해 알게 됨으로써 이 학생의 사례에 적합한 더 일관성 있는 접근을 할 수 있다. 해당 학생을 또 다른 교사가 담당하게 됐을 때도 개입이 지속적으로 이루어질 수 있게 된다. 토의방법은 모든 교사가 다른 교사의 관찰과 교육적 신념을 알 수 있게 한다는 점에서도 매우 중요하다.

사회성숙도 검사

모든 연령에서 눈여겨 보아야 하는 한 가지 측면이 있다면 사회적 성숙도다. 아동은 스스로 신변을 돌볼 수 있는 능력과 성인으로서 완전히 독립해 나갈 수 있게 하는 활동에 참여하는 능력을 점차 발달시켜야 한다. 바인랜드 사회성숙도(Vineland Social Maturity) 검사는 사회적 성숙도를 평가하는 데 유용하다. 이 검사는 대인관계와 사회성의 발달을 평가하는 방법이다. 행동에 대한 117항목으로 구성되어 있으며, 연령 수준에 따라 분류된다. 자조, 이행능력, 직업, 의사소통, 자기지시, 사회화가 항목들의 내용이다. 아동에게서 보여지는 정서 문제를 평가하기 위해 더 간단한 체크리스트를 활용할 수도 있다. 이를 통해 아동의 사회적 성숙도뿐만 아니라 정서 문제도 밝혀진다.

사회적응 지도

Stott의 브리스톨 사회적응 지도(Bristol Social Adjustment Guides)는 학급 내에서의 행동과 관계들을 체계적으로 관찰하는 데 효율적인 방법이다. 이 평가 도구는 한 집단 내에서 아동이 보이는 행동이 불안하다거나 부적응적이라는 특성으로 인정할 만큼 심각하다는 것을 평가하기 위해 설계되었다. 이 도구는 아동의 다양한 상황에 대해 교사가 매일 관찰한 것을 기반으로 평가한다는 장점이 있다. 평가의 첫 단계는 4쪽 형식으로 구성되는데, 교사 지시에 따르는 아동 행동에 대한 묘사, 학교 과제에 대한 태도, 게임과 놀이, 다른 아동을 대하는 태도, 열정, 체력을 포함한다. 각 부분에서 질문할 때 교사는 아동에게 적절한 표현들을 사용해야 한다. 완성된 서식은 진단 서식에 기재되는 불안이나 부적응을 나타내는 요소와 항목으로 점수화된다. 잘 알려진 것처럼 항목 수는 문제의 심각성을 뜻한다. 또한 증상은 유형, 즉 우울, 성인이나 다른 아동에 대한 적대감, 성인의 관심과 애정에 대한 불안 등에 따라 분류된다. 이러한 분류는 불안하게 만드는 행동이 어떤 면에 영향을 미치고, 불안의 정도가 얼마나 심각한지를 이해하는 데 도움이 된다. 평가를 바탕으로 만들어진 적절한 교정 방법은 교사가 문제를 해결할 수 있게 할 것이다.

사회적 관계 측정

보완적으로 비정기적인 관찰을 도와주는 또 다른 기술은 사회적 관계 측정인데, 학급에서 활용하기에 매우 간단하다. 이 방법은 교우관계와 학급 내에서의 사회적 선호도를 알아내기 위한 것이다. 사회적 관계 측정 연구는 교사가 학급 내의 관계들에 대해 앎으로써 사회성 발달을 증진시키고자 계획한 작업과 비형식적인 활동들을 할 때 모둠을 더 잘 정할 수 있다는 점에서 가치가 있다. 이것은 항상 주변을 겉도는 아동의 경우에 특히 중요하다.

단지 재미있게 들린다거나 인상적으로 보인다는 점 때문에 무심코 어떤 방법을 사용하지는 말아야 한다는 것을 명심해야 한다. 반에 있는 아동을 이해하기 위한 노력의 일부로서 이들에게 더 효율적인 방법을 계획한다는 관점에서 사용되어야만 한다. 그러한 기술들은 책과 유용한 자원들을 통한 아동 발달에 대한 교사의 연구에 의해 뒷받침되고 강화되어야 한다. 어떠한 평가 방법도 아동을 더 많이 이해하고 적절한 대처를 위한 첫 단계로 봐야 하며, 아동에게 꼬

리표를 달게 하는 것으로 끝내지는 말아야 한다.

정서불안을 가진 학생의 특성

모든 평가와 측정의 목표는 아동이 보여 주는 표면적인 느낌을 간파하고, 태도와 행동의 원인을 이해하는 데 있다. 느릿느릿함, 부주의, 자기과시, 공격성과 같은 느린 학습자의 일반적인 특성이 다른 아동에게서는 다른 이유들 때문에 일어날 수도 있다. 근본적인 원인에 대한 통찰 없이 아동의 개별적인 문제들을 다룰 수 있는 최선책은 없다. 앞서 언급한 것처럼 성격 점수는 정서불안의 영역과도 연관된다(Kneedler, 1984). 중요한 것은 행동 문제의 정도다. 사실상 장기간 동안 과도하게 보였던 어떤 행동도 정서 문제의 조짐으로 여겨질 수 있다.

Quay(1979)는 정서불안에 대해 알려진 특성들을 문헌조사하여 품행장애, 불안 위축, 미성숙, 사회적 공격성 장애의 네 가지로 분류했다.

'품행장애' 범주에 속하는 아동은 자주 반항적이고, 괴롭히며, 이기적이고, 시샘하며, 파괴적이고, 무례하며, 가만히 있지 못하고, 방해한다는 특성을 가진다. 과잉활동 자체가 특정 학생을 묘사하는 데 사용되기도 하지만 이 요소도 관련이 있다. '불안 위축' 범주는 두려워하고, 긴장하여 틀어박히기를 좋아하며, 우울하고, 예민하며, 소심하고, 열등감을 느끼는 것으로 볼 수 있는 행동들을 포함한다. '미성숙' 범주는 주의폭이 짧고, 집착하며, 부주의하고, 수동적이며, 협응력이 떨어진다는 특성을 갖는다. Quay는 이 세 개의 범주 각각이 부적응이나 개인적인 괴로움에 바탕을 둔 행동으로 나타난다고 했다. 네 번째 범주인 '사회적 공격성 장애'는 공격적인 행동을 보여 주거나 그러한 행동을 오히려 보상하는 가정 환경이라는 조건이 달려 있다. 이러한 특성들을 바탕으로 정서적으로 불안한 느린 학습자의 특정 행동유형을 밝혀낸다. 행동유형에 대한 통찰과 원인을 알면 교사가 느린 학습자에게 더욱 관심을 기울일 뿐만 아니라 교육을 수정하고 고안해서 느린 학습자의 학습속도와 학습률을 맞춰 갈 수 있다.

빈번한 행동유형과 그 원인

대부분의 느린 학습자는 집에서는 물론 학교에서도 특정 행동유형을 빈번하게 보인다. 이러한 행동유형들은 정상적인 학생의 그것과는 매우 다르다. 상당한 시간 동안 느린 학습자는 담당하는 교사가 예리하게 관찰하면 이러한 행동유형을 쉽게 볼 수 있다. 그러나 그 행동유형의 근본적인 원인을 평가하고 연구하려면 일정 정도의 고통과 부담감을 갖게 된다. 기여 원인에 대해 적절히 이해하면 교사가 더 효과적으로 교육할 수 있으며, 행동 문제를 효율적으로 해결할 수도 있다. 빈번한 행동유형은 다음과 같다.

- 느릿느릿함
- 부주의

• 공격성
• 미성숙과 내향성
• 부적응

느릿느릿함

느린 학습자에게 보이는 명확한 행동유형은 느릿느릿함이다. 어떤 느린 학습자는 느릿느릿함이 타고난 기질로 보이기도 한다. 모든 활동에서 느린 기질의 특성이 나타난다. 어떤 느린 학습자의 느릿느릿함은 생물학적 요인들, 즉 타고난 기능장애, 좋지 못한 건강, 수면장애와 영양 부족으로 인한 결과일 수도 있다.

일부 느린 학습자의 느릿느릿함은 아동의 에너지와 주의를 빼앗는 불안, 갈등, 몽상과 같은 정서 여건 때문일 수도 있다. 또 뿌리깊이 박힌 실패에 대한 느낌 때문에 느릿느릿한 경우도 있다. 자신이 맡은 어떤 과제에서도 유쾌하고 흥미진진한 성공을 기대하지 못한다. 느릿느릿함의 발현으로 인해 특정 활동에서 아동이 만족할 만한 동기 부여의 방법을 찾지 못하게 될 수 있다. 정규 학급 상황에서 수공예나 게임을 할 때 열심히 도망다니는 느릿느릿한 느린 학습자를 관찰할 수 있다. 이러한 경우 교사는 먼저 어떤 원인이 느린 학습자를 조종하는지 알아내서 특정 행동 문제에 맞서야 한다.

부주의

느린 학습자가 보여 주는 또 하나의 특정 행동유형은 부주의다.

의심할 바 없이 느린 학습자는 정상 아동에 비해 매우 짧은 주의폭을 가졌지만, 이들의 대부분은 재미있고 성공 가능한 작업에 꽤 오랜 시간 동안 집중할 수 있다. 따라서 작업이 아동의 능력에 맞으며 흥미로운지가 중요하다. 정서적으로 불안한 느린 학습자는 당연히 종종 가만히 있지 못하고 산만하다. 안정과 애정에 대한 기본적인 욕구가 충분히 채워지지 않아서 3R(실질적[practical], 개별적[personal], 사회적인[social]) 발달의 작업에 집중하는 것이 어려울 수 있다. 게다가 집중력은 어느 정도는 경험과 훈련의 산물이다. 개별적인 놀이와 사회적 놀이에 몰입할 수 있는 적절한 기회를 가졌었던 아동은 끈기있게 계속할 수 있는 능력을 더 발달시킬 수 있어서 학급의 틀에 대한 요구를 받아들일 수 있다. 창의적이고 생산적인 활동은 높은 주의력을 발달시키고, 좋은 학습 습관을 고취시키는 것으로 보인다.

공격성

공격성은 매우 다양한 관점에서 분석된다. 가장 큰 지지를 받고 있는 분석은 Bandura(1973)와 같은 사회학습이론가와 Patterson (Patterson, DeBaryshe, & Ramsey, 1989)과 같은 행동심리학자들의 경험 연구다. 이들의 연구에서는 공격성에 대한 예측 결과를 근거로 아동의 경험과 동기 부여를 고찰한다. 간단히 말해서, 그들은 공격성을 '학습된' 행동으로 보기 때문에 그 행동이 학습된 조건들을 확인할 수 있을 것이라 추정한다.

아동은 부모, 형제, 친구, TV와 영화에 나오는 사람들을 관찰함으로써 많은 공격적 행동을 학습한다. 공격성을 모델링한 아동이 사회적 상황에 처해서 공격성에 대해 특히, 불쾌한 결과를 경험하지 않거나 피해자들을 이기는 보상을 받고 공격성에 대한 처벌을 피하는 것을 보게 되면 더 잘 모방한다. 아동이 불쾌한 상황에 놓이게 됐는데 불쾌함에서 벗어나지 못하거나 공격성으로 인한 보상을 얻지 못하면, 특히 공격적인 행동이 허용되거나 다른 사람에 의해 부추겨지면 이들은 더 공격적이 된다. 모든 느린 학습자가 공격적인 행동을 보이는 것은 아니다. 그러나 고도의 정서 문제를 갖고 있으면서 사랑과 관심이 부족한 가정 출신의 일부 느린 학습자가 있다. 이 학생들을 위해 교사가 부모를 대신해 더 잘해 준다면 공격성을 쉽게 해결해서 적절한 정서발달을 촉진할 수 있다.

공격적인 아동을 덜 불쾌하게 하면서 가르치는 것은 쉬운 일이 아니다. 그러나 사회학습이론과 행동 연구는 일반적인 지침을 제공한다. 일반적으로 아동이 공격성을 자유롭게 표출하도록 내버려두는 것은 옳지 않다고 본다. 가장 유용한 기술은 공격성을 제공하는 환경에서 비공격적인 반응의 본보기를 보여 주는 것, 아동이 비공격적 행동의 시연이나 역할극을 해 보게 하는 것, 공격성에 대한 긍정적인 결과를 아동이 얻지 못하게 하는 것, 가능한 한 공격적이지 않은 방법으로 공격성을 처벌하는 것이다.

미성숙과 내향성

모든 아동이 이따금씩 미성숙한 행동을 보이거나 내향적으로 행동한다. 미성숙하고 내향적인 아동은 전형적으로 방식이 유치하고 다른 사람과 상호작용하는 것을 꺼린다. 이들은 친구가 적어서 사회적으로 소외된다. 또래와 노는 경우도 드물다. 또한 다른 사람을 즐겁게 하는 데 필요한 사회적 기술이 부족하다. 일부는 환상이나 몽상에 의존한다. 어떤 이들은 상황에 전혀 적합치 않은 공포감을 느낀다거나, 행동하지 않으면서 끊임없이 불평하거나, 괴로워하면서 정상적인 활동에 참여하지 않으려고 아프다고 하거나, 발달의 이전 단계로 퇴행해서 계속적인 도움과 관심을 요구하거나, 뚜렷한 이유 없이 우울해하기도 한다(Klein & Last, 1989; Kovacs, 1989).

미성숙에서 특히 중요한 측면인 내향적 행동은 우울함이다. 최근에 정신건강 종사자들과 특수교육가들은 아동과 청소년 사이에서 우울이 광범위하면서도 심각한 문제라는 것에 주목하기 시작했다(Forness, 1988; Klein & Last, 1989; Kovacs, 1989). 아동기와 청소년기 우울의 본질이 성인의 우울과 매우 유사하다는 것이 최근 심리학자들의 일반적인 견해다. 우울의 징후는 기분이나 감정 교란, 사고력이나 집중력 저하, 동기 결여와 신체적 안녕감의 감소를 포함한다. 생물학적 원인으로 인해 종종 항우울성 약물치료가 우울한 아동과 청소년이 자신의 문제를 극복하는 데 도움이 되기도 한다. 그러나 생물학적 원인이 많은 사례에서 발견되는 것은 아니다. 또한 우울은 사랑했던 사람의 죽음, 부모와의 분리, 학업 실패, 또래에게 거부당하거나 혼란스럽거나 가혹한 가정환경과 같은 환경적 · 심리학적 요인에 의해 유발될 수 있다. 사회학습이론을 바탕으로 하는 개입—사회적 상호작용 기술과 자기조절 기술을 교육하고 스스로를 더 긍정적으로 바라볼 수 있게 가르치는—이 그러한 사례에서 성공하곤 했다. 이 개입 전략들 대부분이 미성숙하고 자신의 문제를 극복하는 데 소극적인 느린 학습자에게 매우 유용할 것이다.

부적응

부적응 아동에 대한 언더우드 위원회(Underwood Committee)의 보고에서는 부적응을 다음과 같이 정의한다. "자신과 친구들에게 부정적인 영향을 미치고, 별도의 도움 없이는 부모나 교사, 그리고 아동과 일상적으로 접하는 다른 성인들이 해결할 수 없는 방식으로 발달하는 아동을 부적응적인 아동으로 간주한다." 부적응 아동은 불안정하고, 불행하며, 대인관계에 실패한다는 특성을 갖는다. 주는 것은 물론 받는 것도 어려워해서 애정, 위로와 안도감에 대한 간단한 조치들에도 반응할 수 없는 것으로 보인다. 뿐만 아니라 일상적인 훈육으로는 쉽게 개선될 수 없다.

학교에서 다른 아동을 괴롭히고 학교생활에 적응할 수 없어서 끊임없이 말썽을 일으키는 아동을 부적응적이라고 한다. 느린 학습자 중 소수가 느린 학습 문제에 추가적으로 부적응 문제를 갖는다. 높은 정도의 정서적 문제를 가진 느린 학습자가 부적응적이라는 것이 밝혀졌다. 부적응의 주된 특성은 아동 행동의 다양한 영역에 퍼져 있다. 충분한 가족관계의 부족으로 인해 관심을 끄는 행동이나 다른 아동이 싫어하는 행동을 한다. 아동은 거부당한다는 느낌이나 소외감을 갖게 돼서 괴롭히는 행동을 하고 이로 인해 더 소외된다. 이와 동시에 학교에서는 불안해서 산만해진다. 월등히 앞서 가는 데 실패하여 불안해하고, 이러한 불안과 좌절감은 학습을 더욱 어렵게 만든다. 그리고 이러한 과정은 악순환된다. 이 모든 실패의 영향이 누적되어 정서발달과 교육적인 성장을 방해한다.

부적응에 도움을 주는 방법

부적응에 대처하기 위해 단계적으로 설명할 수 있는 구제책은 없다. 그러나 교사가 부적응 문제를 최대한으로 해결하기 위해 다음의 일반적인 원리들을 적용할 수는 있다.

- 사례 연구
- 교사와 아동의 좋은 관계
- 긍정적인 훈육
- 폭넓은 교육과정

사례 연구

사례 연구는 부적응의 원인을 찾기 위해 행해질 수 있다. 많은 사례를 통해 원인을 앎으로써 필요한 접근법을 찾을 수 있으며, 아동을 억누르는 대신 격려하여 안도감을 느끼게 할 수 있음을 볼 수 있다. 아동이 행동하는 이유를 적어도 몇 가지라도 알게 되면 아동에게 더 호의적이고 관대할 수 있다.

교사와 아동의 좋은 관계

교사가 아동을 이해하면 아동이 이해받고 있다는 것을 알아차리게 해야 한다. 부적응 아동에게 필요한 만큼의 많은 관심을 주는 것은 흔치 않다. 그러나 어른인 내가 너를 정말로 돕고 싶다거나 격려해 주는 말을 덧붙이거나, 학습에서 추가적인 도움을 준다거나, 교사가 기꺼이 그의 문제에 대해 상담해 주거나, 아동을 신뢰하고 어떤 책임을 지어 주는 등 많은 세심한 방법이 있다. 부적응 아동의 특성 중 하나는 관계에서의 어려움이므로 교사와 맺는 관계가 가장 효과적인 치유 방법이 될 수 있다. 그러나 늘 쉽지는 않다. 내성적인 아동은 반응하는 데 긴 시간이 걸린다. 문제를 자주 일으키는 과잉 활동 아동에게는 잔소리를 피하기가 어렵다. 그러나 교사의 유머감각이 여기서 중요한 가치를 발휘할 수 있다. 교사의 유머 감각으로 인해 아동은 쾌활해질 수 있고, 교실에서는 웃음소리가 나며, 다른 아동들이 놀리지 않는 한 긴장과 불만의 감정을 떨쳐 버릴 수 있다. 교사와 아동의 좋은 관계는 아동이 스스로의 문제를 극복하여 점진적으로 정서를 발달시켜 가도록 호의적인 환경을 조성해 줄 것이다.

긍정적인 훈육

Underwood(1955)는 일상적인 훈육으로 부적응 아동을 개선하는 것이 불가능하다고 했다. 융통성 없는 엄격한 교실 훈육이 학급에서는 명확히 개선을 유도하지만, 부적응 아동에게는 다른 장소에서, 예를 들어 운동장에서의 약자 괴롭히기, 가정에서의 분노 폭발, 지역사회에서의 비행과 같은 어려운 행동유형을 유발할 수도 있다. 이들은 언제나 권위에 대항하거나 이해하지 못한 규칙을 깨서 따르지 않기 때문에 더욱 관대한 훈육이 필요하다. 내성적인 아동에게는 그를 '껍질 밖으로 나올 수 있도록' 격려하는 허용적 분위기가 필요하다. 이러한 방식으로 긍정적인 훈육을 실시하면 특정 부적응 문제를 해결할 수 있고, 우호적인 학교 환경이 부적응 아동의 정서적 발달을 불러일으킬 수 있다.

폭넓은 교육과정

활동과 정서 표현을 위해 많은 대안을 가지고 있으면 허용적인 분위기를 유지하기가 더 쉽다. 미술과 공예, 신체활동, 고학년을 위한 운동과 연극놀이와 같은 자율성과 더 어린 아동을 위한 놀이의 다양성은 강한 정서적 에너지를 분출하게 하고, 성공을 달성하는 수단이 된다. 정서 표현은 치료의 어떤 형태에서도 효율적인 특징이다.

느린 학습자의 정서발달: 공동의 책임

공동의 책임

느린 학습자의 정서발달은 부모와 교사의 공동 책임이다. 부모와 교사 중 어느 누구라도 소홀하거나 무관심하면 느린 학습자는 적절한 정서발달을 할 수 없다. 아동은 학교에 입학하기 전에 이미 많은 정서가 발달하므로 가정에서의 초기 경험이 정서발달에 매우 큰 영향을 미친다. 이 때문에 부모의 책임이 더 중요하다. 그러나 교사의 역할이 덜 중요하다는 것은 아니다. 부모와 교사 둘 다 동일하게 아동의 정서발달에 책임이 있다.

부모의 역할

매우 안정된 가족이나 좋은 가정이 정서발달의 기본적인 요건이다. 안전에 대한 욕구, 애정을 주고받고자 하는 욕구, 다른 사람에게 수용되고 싶은 욕구, 인정과 자아존중감에 대한 욕구, 주도성과 책임감에 대한 욕구와 같이 아동의 기본적인 정서적 욕구를 부모가 충분히 채워 줘야 함을 명심해야 한다. 가정에서 즐거운 경험을 제공해야 한다는 것은 중요한 의무이며, 아동의 정서발달에 큰 영향을 미친다. 부모는 자녀들이 따라 할 수 있도록 좋은 행동의 본보기가 되어야 한다. 부모 자신이 정서적 문제를 가지고 있다면 자녀에게 정서적 문제를 유발하는 민감한 여건이 될 수 있다. 아버지와 어머니가 같은 집에서 살더라도 별거 중이라면 가정에서의 지속적인 긴장감으로 속상해하거나 늘 싸우는 부부 때문에 마음 상해할 수 있다. 결국 이 때문에 아동에게 정서 문제가 생길 것이다. 또한 부모는 느린 학습자의 한계에도 불구하고 수용하는 태도를 표현하는 것이 바람직하다. 부모는 느린 학습자에게 바람직한 방법으로 사랑과 애정을 표현해야 한다. 심각한 정서적 문제가 없는 느린 학습자에게도 추가적으로 특수교육이나 교정 교육을 받게 하면 적절한 성공을 달성할 수 있다. 부모는 자녀의 정서발달에서 자신이 해야 하는 역할을 깨닫고 그에 맞춰 행동해야 한다.

교사의 역할

아동이 등교할 때 그의 정서적 세계도 따라온다. 정서적 요인들은 아동의 느린 학습에 크게 기여한다. 느린 학습자의 정서발달에서 교사의 역할은 매우 중요하다. 가정에서의 불쾌한 경험들 때문에 정서 문제를 가진 느린 학습자는 부모를 대신하기 위해 교사를 원하는데, 교사는 부모보다 더 잘할 수 있다. 어떤 사례에서는 정서적 요인이 느린 학습의 중요한 원인으로 작용하기 때문에 학생들이 자신의 정서적 문제를 해결해서 학습할 수 있게 하는 것은 교사의 의무다. 처음에 교사는 느린 학습자의 느릿느릿함과 주의력 같은 정서적 결함의 두 가지 흔한 행동유형을 해결해야만 한다. 이를 위해 교사는 학습과정에서 느린 학습자가 주의를 기울이고 유지할 수 있도록 적극적으로 참여할 수 있게 해야 한다. 심지어 교사가 가장 공들인 수업이라도 재미없게 진행된다면 학생들은 지루해하며, 지루해진 학생은 금세 주의를 기울이지 않는다. 이러한 이유 때문에 수업을 재미있게 하기 위한 다양성, 활동성 또는 유머를 도입해서 학생의 주의를 끄는 것이 중요하다. 예를 들어, 유머를 사용하면 학생의 수행이 증가하는 것을 알 수 있으며(Kaplan & Pascoe, 1977), 쉽게 이해되는 그래프를 보여 주는 수업은 학생의 주의를 끄는 데 유용할 수 있다. 그러나 제시 방법에서 너무 많은 변화를 주면 학생들이 강의 내용에 주의를 기울일 수 없어서 오히려 수행에 방해가 될 수 있다(Wyckoff, 1973).

학생들이 재미없는 수업에서보다 열성적이면서도 표현력 있게 제시되는 수업에서 더 많은 것을 배운다는 몇몇 연구가 있다(Abrami et al., 1982; Coats & Smidchens, 1966; Crocker & Brooker, 1986). 질문의 유형, 수업시간과 제시 방법을 다양하게 하는 것이 학생의 흥미와 수행에 분명히 도움이 된다(Rosenshine, 1971). 다시 말해서, 학생이 주의와 관심을 기울이게 하는 것은 유머, 열정과 다양성을 이용함에 달려 있다. 어떤 의미에서 가르치는 것은 연주와 같아서 우리가 연주에서 보는 질적인 어떤 것들이 교사의 효율성을 증가시키는 것들과 같다(Timpson & Tobin, 1982).

Catherine(1984)은 공격적이고 미성숙하며 내향적이고 부적응적인 행동을 해결하기 위한 제안을 했는데, 이것은 정서발달을 개선하는 방법으로 교사가 사용할 수 있다. 이러한 특성들 중 어떠한 것이라도 느린 학습자에게 발견될 때 교사는 적절한 제안이나 필요한 제안들을 혼합 형태로 사용할 수 있다. 이렇게 하면 머지않아 정서발달을 하게 될 것이다. 짧은 기간 안에 정서발달을 기대하는 것은 기적이나 마찬가지이고 불가능하다. 그러나 교사가 Catherine의 제안을 정확하게 실천한다면 정서발달이라는 목표는 곧 성취될 수 있다. Catherine의 중요한 제안은 다음과 같다.

- 당신을 불편하게 하는 행동에 대해 생각해 보고 그 출현 빈도를 최소화한다.
- 행동에 대한 기대치를 명확하게 즉시 서술한다.
- 학생들에게 행동이 적절하다는 긍정적인 피드백을 하고, 부적절한 행동에는 특별히 교정을 한다.
- 개인차를 수용하는 모습을 보이고, 친절하고 배려하는 모습을 보이며, 부적절한 행동의 차이에 대해서는 일관되게 반응한다.
- 야비하게 구는 것을 참지 않는다. 그러나 다른 학생들이 적당히 놀린다고 생각하고, 학생이 서로 놀리는 것을 참아 낼 수 있게 도와준다.

- 교실을 '즐겁지만 학생들이 학습할 수 있는 공간'으로 만든다.
- 학생의 행동이 적절할 때 강화할 수 있는 점수나 체계를 세운다.
- 위험하거나 다른 학생을 방해하지 않는다면 부적절하게 행동하는 학생을 못 본 척한다. 적절한 행동을 할 때는 칭찬한다.
- 성질을 부리거나 다른 사람을 방해하는 다른 행동을 보이는 학생에게는 '타임 아웃'을 준다.
- 학생들에게 점차적으로 더 힘든 일련의 단계들을 거치게 해서 (예를 들어, 집단활동에 참여하는 것) 스트레스가 많은 상황에 '둔감하게 만든다.'
- 매우 불안해하는 학생이 스스로를 조절할 수 없을 때에는 교사가 도와줄 것이라는 사실을 알려 준다. 그러한 방식으로 해내면 처벌하기보다는 염려와 배려가 발휘된다.

교사를 위한 이러한 제안들이 모두 적절히 실행된다면 학생의 정서적 문제를 해결하는 데 도움이 될 수 있다. 무엇보다 교사는 학생, 특히 느린 학습자와는 다정한 관계를 유지해야 한다. 교사가 부모를 대신해 줄 수 있다는 것을 보여 줘야 한다. 교사는 가정 밖에서 부모의 본보기가 되어야 한다. 교사가 특별하게 접근해서 학생들의 정서적 문제를 해결하면 결국 정서발달의 실현 단계를 정립할 수 있을 것이다.

요 약

타인과의 관계가 유쾌하고 즐거운지, 아니면 슬프고 고통스러운지를 판단할 때 정서가 중요한 역할을 한다. 정서는 대인관계에서의 판단이나 사회적인 판단은 물론 건강에도 영향을 미친다. 느린 학습자가 인지적으로 제한된 능력을 가지고 있기 때문에 그들의 정서적 삶에도 한계가 있을 것이라는 추측은 적절치 않다.

느린 학습자를 가르치게 된 교사가 느린 학습자의 정서발달을 개선하기 위해서는 기본적인 정서적 욕구와 정서발달에 영향을 주는 요인들에 대한 심리적 통찰이 반드시 필요하다. 안전에 대한 욕구, 애정을 주고받고자 하는 욕구, 다른 사람에게 수용되고 싶은 욕구, 인정과 자아존중감에 대한 욕구, 주도성과 책임감에 대한 욕구, 새로운 경험과 활동에 대한 욕구가 기본적인 정서적 욕구다. 이러한 기본적인 정서적 욕구를 적절히 채우는 것이 정서발달에 중요하다.

정서적 문제의 원인은 네 가지 주요인 때문이다. 신체적 장애와 질병, 병적인 가족관계, 부정적 문화의 영향, 그리고 학교에서의 바람직하지 못한 경험이 그것들이다. 대다수의 사례에서 이 요인들 중의 어떤 것도 문제 행동을 일으키는 직접적인 요인이라는 확실한 경험적 증거는 없지만, 어떤 요인들은 아동에게 문제 행동을 일으키는 소인이 될 수 있으며, 또 어떤 요인들은 문제 행동으로 치닫게 하거나 촉발시키기도 한다.

정서 문제의 평가와 측정은 주간 일지, 바인랜드 사회성숙도 검사를 적용한 사례 회의 배정, Stott의 브리스톨 사회적응 지도와 사회적 관계 측정과 같은 체계적인 방법으로 행해질 수 있다.

느린 학습자의 대부분은 가정은 물론 학교에서도 특정 행동유형이 빈번하게 나타난다. 이 행동유형들은 일반적인 아동과 매우 다르다. 느릿느릿함, 부주의, 공격성, 미성숙, 내향성, 부적응이 정서적 문제를 가진 느린 학습자에게 흔히 볼 수 있는 행동유형이다.

느린 학습자의 정서발달은 부모와 교사의 공동책임이다. 부모와 교사 중 어느 하나라도 소홀하거나 무관심하면 느린 학습자는 적절한 정서발달을 할 수 없다. 자녀의 기본적인 정서적 욕구를 부모가 충분히 채워 줘야 한다는 것을 명심해야 한다. 가정에서 자녀에게 즐거운 경험을 제공해서 자녀의 정서발달을 극대화할 수 있게 하는 것이 부모의 주된 의무다. 교사는 각각의 행동유형에 대한 근본적인 원인을 분석해서 원인에 대한 특별한 공략을 시작해야 한다. 느린 학습자의 정서발달을 개선하기 위해 Catherine이 만든 제안들은 교사에게 매우 유용할 것이다.

참고문헌

Abrami et al. (1982). Educational seduction. *Review of Education Research, 52*, 446-462.

Bandura, A. (1973). *Aggression: A Social Learning Analysis*. Englewood Cliffs, NJ: Prentice Hall, Inc.

Catherine, V. M. (1984). *Teaching Special Needs Students in Regular Classrooms*. Boston: Scott Foresman & Co.

Chivian et al. (1985). Soviet children and the threat of nuclear war. *American Journal of Orthopsychiatry, 55*, 484-502.

Coats, W. D., & Smidchens, U. (1966). Audience recall as a function of speaker dynamism. *Journal Educational Psychology, 57*, 189-191.

Crocker, R. K., & Brooker, G. M. (1986). Classroom control and students outcomes in grades 2 and 5. *America Educational Research Journal, 23*, 1-11

Doll, E. A. (1935). *The Vineland Social Maturity Scale*. Vineland Training School.

Forness, S. R. (1988). School characteristics of children and adolescents with depression. In R. B. Ruthorford, C. M. Nelson, & S. R. Forness (Eds.), *Bases of Severe Behavioral Disorders of Children and Youth*. Boston: Little, Brown and Company.

Goldstein, A. P. (1983). United States: Causes, controls and alternatives to aggression. In A. P. Goldstein & M. H. Segall (Eds.), *Aggression in Global Perspective*. New York: Pergamon Press.

Guerin, G., & Maier, A. (1983). *Informal Assessment in Education*. Palo Alto, CA: Mayfield.

Hallahan, D. P., & Kauffman, J. M. (1991). *Exceptional Children*. Englewood Cliffs, NJ: Prentice Hall, Inc.

Hawton, K. (1986). *Suicide and Attempted Suicide Among Children and Adolescents*. Newbury Park, CA: Sage Publications.

Kaplan, R. M., & Pascoe, G. E. (1977). Humorous lectures and humorous examples: some effects upon comprehension and retention. *Journal of Educational Psychology, 69*, 61-65.

Kauffman, J. M. (1981). *Characteristics of Children's Behaviour Disorders* (2th ed.). Columbus, OH: Chas E. Merrill.

Kazdin A. E. (1989). Developmental psycho-pathology: Current research, issues, and directions. *American Psychologist, 44*, 180-187.

Klein, R. G., & Last, C. G. (1989). *Anxiety Disorders in Children*. Newbury Park, CA: Sage Publication.

Kneedler, R. (1984). *Special Education For Today*. Englewood Cliffs, NJ: Prentice Hall, Inc.

Kovacs, M. (1989). Affective disorders in children and adolescents. *American Psychologist, 44*, 209-215.

Morsink, C. D. (1984). *Teaching Special Needs Children in Regular Classrooms*. Boston: Little, Brown and Company.

Newcomb, M. D., & Bentler, B. M. (1989). Substance use and abuse among children and teenagers. *American Psychologist, 44*, 242-248.

Northway, M. C. (1952). *Prime of Sociometry*. University of Toronto Press.

Patterson, G. R., DeBaryshe, H. D., & Ramsey, E. (1989). A Developmental perspective on antisocial behaviour. *American Psycho-*

logist, 44, 329-335.

Plomin, R. (1989). Environment and genes: Determinants of behaviour. *American Psychologist, 44*, 105-111.

Prior, M., & Werry, J. S. (1986). Autism, schizophrenia and allied disorders. In H. C. Quay & J. S. Werry (Eds.), *Psycho-pathological Disorders of Childhood* (2nd ed.). New York: Wiley.

Quay, M. (1979). Classification. In H. Quay & J. Werry (Eds.), *Psycho-pathological Disorders of Childhood* (2nd ed.). New York: Wiley.

Rogoff, B., & Morelli, G. (1989). Perspectives on children's development from cultural psychology. *America Psychologist, 44*, 343-348.

Rosenshine, B. (1971). Objectively measured behavioural predictors of effectiveness in explaining. In I. D. Westbury & A. A. Bellack (Eds.), *Research in Classroom Processes*. New York: Teachers College Press.

Slavin, R. E. (1986). *Educational Psychology-Theory into Practice*. New Delhi: Prentice Hall of India.

Sprafkin, J., Gadow, K. D., & Dussault, M. (1986). Reality perceptions of television: A preliminary comparison of emotionally disturbed and non-handicapped children. *America Journal of Orthopsy-chiatry, 56*, 147-152.

Stott, D. H. (1958). The social adjustment of children. *Manual to the Briston Social Adjustment Guides*. U. L. P.

Tansley, A. E., & Gulliford, R. (1962). *The Education of Slow Learning Children*. London: Routhledge Kegan Paul Ltd.

Taylor, R. (1984). *Assessment of Exceptional Children: Educational and Psychological Procedures*. Englewood Cliffs, NJ: Prentice

Hall, Inc.

Thomas, A., & Chess, S. (1984). Genesis and evolution of behavioural disorders: From infancy to early adult life. *American Journal of Psychiatry, 141*, 1-9.

Timpson, W. M., & Tobin, D. N. (1982). Teaching as performing. *A Guide to Energizing Your Public Presentation.* Englewood Cliffs, NJ: Prentice Hall, Inc.

Underwood Report (1955). Report of the Committee on Maladjusted Children. London: Her Majesty's stationery office.

Wyckoff, W. L. (1973). The effect of stimulus variation on learning from lecture. *Journal of Experimental Education, 41*, 85-90.

05

느린 학습자를 위한 교육 프로그램

이 장의 개요

이 장은 느린 학습자를 위한 특수교육 프로그램에 대해 자세히 설명하고 있다.

- 느린 학습자를 위한 특수교육 프로그램
- 적정 수준의 교육 제공을 위한 교육의 변형
- 특수 교수 방법 적용
- 수행 향상을 위한 다양한 교육 방법

SLOW
LEARNERS

교사가 성공하기 위해 필요한 모든 요소 중에서 가장 중요한 것은 효율적인 교수다. 효율적인 교수는 욕구 · 흥미와 학생 개개인의 능력과 연관되어 있어서, 학생이 살고 있는 환경, 당면한 발달 문제, 정신적 능력에 대한 정보를 필요로 한다. 교사가 느린 학습자를 만날 때 더욱 그렇다. 학습이 일어나는 환경을 조성하고, 모든 학생에게 학습동기를 유발할 수 있는 교육이 필요하다. 효율적인 교수를 위해서는 학생들이 비판적이고, 독립적이며, 창의적으로 사고하도록 자극하는 것이 중요하다.

풍부한 인적 자원을 보유하고 있는 인도와 같은 개발도상국에서 인적 자원 개발은 어떤 교육자라도 중시해야 하는 부분이다. 인도의 교육체계에서 교사와 학습자라는 인적 자원들은 본래의 역량에 비해 덜 발휘되고 있는 저개발 상태다. 저개발 상태의 학습자란 자신의 역량에 걸맞지 않는 수행을 하고 있다는 것이다. 심지어 가장 유능한 교사들조차도 최적의 수준에 도달하기 어려운 느린 학습자와 같이 뒤처진 학생을 선별해서 지도할 능력을 적절히 갖추지 못하고 있다. 결국 교육을 통해 완전히 발달된 학습자들을 사회로 배출할 수 없다는 것이다. 이를 극복하기 위해 느린 학습자와 같이 뒤처진 아동을 위한 특수교육 프로그램이 필요하다.

교육의 이러한 부분에 있어서 많은 것이 이미 성취되었다 할지라도 실험과 연구를 위한 가능성이 여전히 많이 남아 있다. 느리게 학습하는 아동의 학습, 사고, 적응에 대한 더 많은 연구를 통해 이의 필요성을 지속적으로 인식해야 그들의 욕구에 적합한 교수 방법을 면밀히 계획할 수 있을 것이다(Tansley & Gulliford, 1962).

느린 학습자가 일반학교의 일상적인 교육 기준을 만족스럽게 수행하지 못한다 하더라도 적절한 지도와 보살핌이 있다면 교육이 가능하다. 그들은 성인기에야 비로소 자조가 가능하며, 독립적이고 사회적으로 적응하게 된다. 눈여겨봐야 할 하나의 문제는 느린 학습자의 대부분이 적절한 때와 단계에서 선별되지 못한다는 것이다. 심리학자와 교육자들은 느린 학습자가 타고난 것이어서 그렇게 된 원인의 범위 안에서 교정이 이루어져야 한다고 명시한다. 물론 각 사례별로 다르고, 특별한 교정 방법이 필요하다. 심리학자와 교육자들이 느린 학습자에게 효율적이며 도움이 되는 다음의 교정 방법들을 규정했다. 교사가 교정 방법에 대해 자세히 알면 느린 학습자에게 적절한 수준의 교육과 적합한 교육 프로그램을 제공하는 데 매우 도움이 될 것이다.

느린 학습자를 위한 교육 프로그램

심리학자와 교육자들은 통합교육 내에서 느린 학습자의 문제를 해결하기 위해 다양한 교육 프로그램을 제안해 왔다. 이 방법들 대부분은 교사의 권한 내에 있다. 특정 방법들의 효율성은 이미 연구자들에 의해 입증되었다. 느린 학습자에게 의미가 있는 교육 프로그램에 대해 잘 알면 교사가 효율적인 방법으로 느린 학습을 해결할 수 있을 것이다. 다음은 느린 학습자의 교육 프로그램을 구성하는 교정 방법들이다.

• 동기화
• 개별적 관심
• 자신감의 회복과 발달
• 좋은 학습 습관의 발달
• 융통성 있는 교육과정
• 교정 교육
• 건강한 환경
• 정기적인 건강검진
• 특수한 교수 방법
• 학습 계약과 또래 교수

동기화

동기화라는 말은 어떤 것을 하고자 하는 욕구, 필요성 또는 바람을 표현하는 데 쓰인다. 동기화는 광범위한 상황에서의 행동에 적용될 수 있다. 동기화 개념의 사용은 목표의 특정 유형들에 도달해 가는 일반적인 경향성을 말한다. 교사가 학생들에게 배우고자 하는 동기를 얼마나 효율적으로 일으킬 수 있느냐에 교사의 성공이 달려 있다.

동기화의 부진으로 인해 학습에서 자주 실패한다는 것을 경험으로 알고 있다. 잘못된 방법일지라도 실용적이면서도 개별화된 방법으로 동기화를 이용하는 교사들이 가르친 학생들은 항상 더 빨리, 더 잘 학습할 것이다. 느린 학습자는 일반적으로 싫어하는 대상이나 실패한 이전 경험들을 회피하려는 태도를 보인다. 이들은 종종 단어를 면밀히 관찰한다기보다는 대충 훑어봐서 실수하게 되는데, 이러한 실수는 표면적인 유사성이나 머리글자들과 같이 매우 적은 단서들로 추측한 결과다. 실패에 대한 두려움과 무관심은 일상적인 학교 활동에서도 보여진다. 이러한 점은 학업 상태를 개선시키기 위해 적절한 방법을 취해야 할 필요가 있음을 강조한다. 그러나 일상적인 학급 상황에서 대부분의 교사는 틀에 박힌 방법으로 일반 아동과 뒤처진 아동을 적절히 보살피지 못한 채로 수업을 진행하기 때문에 뒤처진 아동은 학급에서의 활동들을 무신경하게 해내고 수행을 거의 하지 못한다. 이것은 인간 잠재성의 개념에서 볼 때 인적 자원의 큰 낭비라고 할 수 있다.

이러한 상태를 피하는 열쇠는 동기화에 있다. 이것이 동기화가 성공의 왕도라고 일컬어지는 이유다. 용기를 북돋는 교사의 미소가 언어적 교수보다 더 좋을 수 있다. 교사가 학생들을 지속적으로 동기화할 때 교육은 효율적이 될 것이며, 교육적 목표도 달성될 수 있다. 교사는 느린 학습자가 좌절하지 않도록 조심해야 한다. 교사는 그들이 무시당하는 학생이 되지 않도록 '다른 학생들처럼 자신도 소중하다'는 것을 이해할 수 있게 해야 한다. 교사가 긍정적인 태도를 명확히 할 때 비로소 교사가 사용하는 모든 동기화 기술이 성공적으로 작용하게 된다. 동기화는 느린 학습자의 행동을 유발할 뿐만 아니라 진행 중인 행동을 강화할 수도 있다. 학급 상황에서 동기화는 느린 학습자가 학습을 지속할 수 있게 한다. 또한 동기화는 느린 학습자가 과제에 스스로 몰두하게 만든다. 교사는 용기를 북돋는 미소와 친절한 언어적 동기화뿐만 아니라 적절한 삽화, 학급 내에 동기화적인 공기를 불어넣을 수 있는 예시와 도움들을 이용해야 한다.

개별적 관심

개별적 관심이란 교사가 특정 학생에게 주는 관심을 말한다. 모든 학생 중에서 교사로부터 개별적인 관심을 특히 필요로 하는 학생은 느린 학습자다. 교사는 아동의 개인차에 대해 잘 파악하고 있어야 하며, 아동의 개인차를 존중해야 한다. 교사는 느린 학습자의 특수한 결함을 확인하기 위해 적극적인 노력을 해야 하며, 여기에 맞춰 교정적인 교수 책략을 고안해서 느린 학습자의 욕구에 부응해야 한다. 교사들은 느린 학습자를 다룰 때 친절하고 공감적이여야 한다.

Bloom(1976)은 뒤처진 학생들이 학습 책략을 숙달하는 시간은 서로 다를 수 있다고 이야기한다. 학교에서 이루어지는 공식적인 특수학급은 주(州)에 배정된 예산으로 정해진 계층과 집단을 대상으로 할 수 있기 때문에 느린 학습자를 위해 방과후 수업같이 특수학급과 유사한 형태를 만들어서 그들에게 개별적 관심은 물론 더 많은 시간을 제공할 수 있어야 한다. 정부가 SC/ST(뒤처진 학급-역자 주) 학생들을 대상으로 하는 특수지도 수업을 담당하고 있는 교사들을 위한 장려책을 제공하는 방법처럼 느린 학습자를 교육하는 일을 맡은 교사들에게도 어떤 장려책이 제공되어야 할 것이다. 이러한 교정 방법들을 강화하면 느린 학습자에게 좀 더 나은 개별적 관심을 갖게 할 수 있어서 궁극적으로 더 나은 인적 자원 개발을 촉진할 수 있을 것이다.

자신감의 회복과 발달

느린 학습자는 심지어 학교에 입학하기 전부터 자신감이 심하게 손상된 채로 실패와 좌절의 세월을 경험해 온 뒤처진 아동들이다. 학업적 성공의 지속적인 결함, 다른 아이들로부터의 거부, 가정에서의 잘못된 가르침과 부모의 미숙한 관리로 인해 이들은 정서장애, 부적절감, 성격장애, 품행장애로 이어지게 된다. 느린 학습자는 결국 악순환 속에 있는 자신을 발견한다. 원인과 증상 간의 상호작용은 점점 더 복잡해지고 구분하기 어려워진다. 이와 같은 악순환을 끊는 것이야말로 교정을 위한 개입에서 가장 중요한 목표 중의 하나다. 학교가 느린 학습자를 위한 특수교육 프로그램을 마련하지 않고서는 이러한 악순환의 고리를 끊을 수 없다.

교사는 느린 학습자의 마음에 자신감을 심어 줘야 한다. 그것을 위해 느린 학습자가 저지른 실수의 과잉확대를 피해야 한다. 비꼬는 듯한 질책의 모든 유형을 멀리 해야 한다. 느린 학습자에게 공감적인 태도를 보여야 한다. 느린 학습자가 어떤 어려움에 처했다고 느낄 때 교사는 그들을 적절히 이끌어야 한다. 그들이 잘했거나 맞는 답을 했을 때 교사는 맞는 답인지 걱정하고 있을 느린 학습자에게 칭찬할 기회를 효과적으로 사용해야 한다. 지지와 마찬가지로 칭찬의 유형은 느린 학습자에게 자신감을 갖게 하며, 그들을 놀랍게 성장시켜서 머지않아 학습능력을 상승시킬 수 있다. 교사는 가능한 한 모든 노력을 기울여야 하고, 그들이 더 많은 성취를 하도록 이끌어서 자신감을 개발하고 재건할 수 있는 모든 기회를 이용해야 할 것이다. 어떤 것도 성공처럼 지속적이지는 않아서 성공이 성공을 이끈다.

좋은 학습 습관의 발달

느린 학습을 하는 아동의 뒤처짐은 학업에 대한 좋지 못한 태도 발달의 결과일 수 있다. 느린 학습자는 학습이 너무 어렵거나 출발점 행동에서 뒤처짐으로 인해 지루해하거나 주의집중에 어려움을 겪는다. 이들은 빈번한 실패와 좌절 때문에 어떤 일을 시도하거나 시작할 때 망설이게 되어 행동하기 어려울 수 있다. 주의 깊은 관심을 갖고 대처 방안, 교육과정 내용, 균형을 개별화한다면 느린 학습자도 어려움을 극복할 수 있는 힘을 길러서 학습에 자발적으로 임할 수 있다. 느린 학습자는 공부의 중요성을 가늠하는 능력이 부족하다. 공부하는 방법을 모를 뿐만 아니라 언제 해야 하고, 무엇을 해야 할지도 모른다. 느린 학습자는 부적절한 때에 학습을 해서 결과적으로 학습에 뒤처진다.

그래서 느린 학습자에게 맞는 학습 습관을 개발하는 것은 교사에게 중요한 의무다. 각 과목을 공부하는 방법, 과목과 관련된 문제를 깊이 생각하는 방법, 질문에 답하는 방법, 과제 또는 강화 활동을 수행하는 방법에 대해 느린 학습자에게 잘 설명해야 하며, 공부할 때 교사가 제시한 지침을 잘 따르는지 지켜봐야 한다. 느린 학습자에게 과목별로 접근법과 교육적 책략이 다르다는 것을 알려 주고, 각 과목을 어떻게 다뤄야 하는지를 분명히 밝혀야 한다. 느린 학습자가 집에서도 체계적인 학습 습관을 적용하도록 교육해야 한다. 느린 학습자의 학습 습관들이 앞에 기술한 대로 발전된다면 머지않아 어느 정도의 성공에 도달할 수 있을 것이다.

융통성 있는 교육과정

Pratt(1980)은 모든 교육과정의 바탕을 이루는 두 가지 기본 가정을 제시했다. ① 지식은 그 자체를 추구해야 한다. ② 학생들의 즉각적이고 장기적인 욕구에 부합하는 교육과정들을 설계해야 한다. 지식중심 교육과정은 과목 영역의 내용을 중시하는 반면에, 욕구중심 교육과정은 교육과정의 바탕으로 인간의 욕구를 중시한다. 가장 극단적인 예로, 과목중심 교육과정은 학습자의 특성과 상관없이 학생들이 내용에 대해 공부할 것을 요구한다. 욕구중심 교육과정은 학생들이 원하는 것에만 주목해서 '관련성'에 대한 내용이 배제된다.

일반적으로 구체적이고 지각적인 경험에 관심을 갖는 느린 학습자의 요건과 욕구에 맞게 가능한 한 융통성 있는 교육과정을 준비하도록 극도의 주의를 기울여야 한다. 따라서 학습의 구체적인 측면에 대해 더 큰 관심을 기울여야 한다. 느린 학습자는 추상적인 개념을 쉽게 이해할 수 없기 때문에 교사는 추상적이고 이론적인 학습을 강조하지 않아야 한다. 추상적인 개념이 나올 때마다 교사는 가능한 한 관련성을 밝히려고 노력해야 하며, 느린 학습자가 추상적 개념을 이해할 수 있는 연관성에 대해 알려 줘야 한다. 시청각 보조도구들을 많이 활용하고, 과목 내용을 구체적으로 제시해야 한다. 교육 내용을 구체적으로 제시했을 때 느린 학습자가 더 나은 방법으로 이해할 수 있으며, 이것이 느린 학습자의 학습능력과 학습속도를 상당 부분 향상시킨다.

느린 학습자의 교육과정에는 실용적인 학습이 중시되어야 한다. 통합교육에서의 실용적인 학습과 학습 경험을 줄 수 있는 공예, 미술 등이 있다. 교육과정에 실용적인 학습과 학습 경험을 적절하게 포함시킴으로써 느린 학습자에게 자기실현, 인간관계, 경제적 효율성, 시민의식 같은 네 가지 교육 목표를 발달시킬 수 있다. 실용적인 학습은 느린 학습자가 가장 쉽게 성공에 도달하거나 숙달할 수 있는 몇 개 분야들 중의 하나다. 그 학습은 개별 아동의 능력에 적합해야 한다. 좋아 보이거나 유용함으로써 성공에 대한 확신을 보여 줄 수 있는 어떤 것이어야 한다. 적어도 초기 단계에서는 느린 학습자에게 빠른 성공이 필요하다. 느린 학습자에게 체감할 수 있는 결과 없이 지나치게 오랫동안 계속하기를 기대하기는 어렵다. 성공이 성공으로 이어지는 것처럼 학습이 학습으로 이어진다는 것을 기억해야 한다.

느린 학습자에게 도움이 되는 것으로 밝혀진 실용적인 학습에는 금속공예, 목공예, 가죽공예, 등공예, 뜨개질, 재봉과 가정경제에 대한 다른 과목들이 포함된다. 다른 목재들, 재료, 도구와 과정의 이름과 사용법 같은 실용적인 학습을 통해 얻을 수 있는 매우 유용한 지식들이 있다. 물건이 어떻게 만들어지는지, 재료가 어디에서 오는지, 재료와 도구가 얼마인지, 크기와 수량의 측정과 평가에 대해 학습하는 것이다. 가능한 곳이라면 어디서라도 공예에 대한 흥미가 더 많은 지식을 우연적으로 발견하고, 주변 세계를 이해하기 위한 시작점의 기회로 이용될 수 있게 해야 한다.

신체 교육은 힘과 신체적 기술의 발달이나 신체적 발달에만 치중하지 않아야 한다. 성격발달을 위한 전체 프로그램의 통합된 일부로서 봐야 한다. 모든 단계에 개인 위생과 일반적인 신체 단련을 위한 훈련, 협응의 발달, 용기와 자신감, 인내와 독립심이 포함돼야 한다.

신체활동, 학습과 놀이에서 기술과 체력을 이용할 때는 탐색과 실험을 해 볼 수 있는 기회를 제공해야 한다. 불우한 가정환경이나 거부당함으로 인해 느린 학습자는 놀이에서 자연적으로 얻을 수 있는 기술학습의 기회를 갖지 못한다. 이러한 기회를 갖지 못함으로 인한 부정적인 효과들이 축적된다는 점에 주목해야 한다. 기본적인 기술이 발달하지 못해서 결과적으로 더 성숙한 기술을 배우는 것이 어려워진다. 이것은 거부와 소외로 이어질 수도 있다. 신체 교육을 중시하면 느린 학습자에게서 가장 빈번하게 일어나는 바르지 않은 자세와 근육의 불균형, 활력 부족, 특정 신체적 결함과 같은 신체적 한계를 최소화할 수 있도록 도움을 줄 수 있다. 마지막으로 신체 교육은 다른 한계점을 상쇄시켜서 성취와 성공의 느낌을 가질 수 있는 많은 기회를 얻게 한다는 이점이 있다. 따라서 각 과목 교사들은 해당 과목에 신체 교육 시간을 배정해야 한다.

교정 교육

Rastogi(1978)와 Narayana Rao(1987)는 교정 교수학급이나 특수학급이 다음의 지침들을 바탕으로 체계적으로 운영되어야 한다고 주장했다. 명확히 뒤처진 아동의 사례 연구에서 특정 과목 영역에 대한 교정학급의 효율성이 입증됐다. 첫째로 전문가들은 느린 학습자에게 어떤 진단적인 검사를 시행해서 결함을 알아내고 확인해야 한다. 명확한 뒤처짐을 다루는 데 전문가들의 지식이 활용되어야 한다. 다음은 교정적인 프로그램의 원활한 운영을 위한 지침들이다.

- 학생의 능력, 필요성, 교육적인 경험 수준을 염두에 두고 매우 주의 깊게 교육 내용을 등급으로 나눠야 한다. 교수매체들의 단계적 변화는 쉬운 단계에서 어려운 단계로 나아가고, 단순한 것에서 복잡한 것으로 진행된다는 원리를 주의 깊게 따라야 한다.
- 긴 수업 대신 짧고 자주 하는 수업을 해야 한다. 이것이 느린 학습자의 짧은 주의폭에 적합하다. 나아가 느린 학습자가 쉽게 예민해져서 느끼는 피로와 지루함을 피하게 할 것이다.
- 느린 학습자는 추상적인 생각보다는 구체적인 생각을 이해할 수 있다. 그러므로 교육과정에서 내용을 제시할 때 느린 학습자에게 독특한 경험을 제공할 수 있는 시청각 자료를 충분히 이용해야 한다. 교육과정에 적합한 매체를 활용함으로써 교육 내용을 구체적으로 제시할 수 있다.
- 교정 교수에서 교사가 우호적으로 접근하는 것이 매우 촉진적이라는 사실을 알아야 한다. 친근한 미소, 약간의 북돋는 말, 적절한 칭찬이 느린 학습자의 학습능력에 매우 큰 영향을 미칠 것이다. 이 방법의 점진적인 효과는 효율적인 교육보다도 느린 학습자의 성취에 더 큰 영향을 미친다.
- 느린 학습자에게서 흥미, 사회적 기술과 자신감을 유발하기 위해서 미술, 음악과 연극놀이를 효과적으로 이용해야 한다. 이것들은 느린 학습자에게 적절한 성공을 하게 해서 자신감을 불어넣을 수 있다. 성공하는 경험만큼 효과적인 것은 없으며, 성공이 또 다른 성공을 낳는다.
- 느린 학습자를 담당하는 교사는 느린 학습자의 이해와 기억을 촉진하는 연습, 반복연습과 복습을 중시해야 한다. 반복과 감독

도 중시해야 한다. 종합적인 연습, 반복연습, 복습, 검토와 반복을 효율적으로 통합시키는 교육 책략인 교육용 컴퓨터와 모듈식 교육을 사용할 수 있다.

- 최적의 인적 자원 개발을 위해서는 느린 학습자를 특수 교정학급에 배정해야 한다. 1968년 Bloom은 모든 학생에게 같은 양의 교육시간을 제공해서 각기 다른 학습을 하게 하는 것보다 학생들에게 각기 다른 시간을 허용해 줌으로써 거의 모든 학생이 특정 성취수준에 도달하게 해야 한다고 주장했다. 말하자면, Bloom은 우리가 학습의 적당한 수준까지 그들에게 필요한 충분한 시간과 교육을 제공해야 한다고 주장한다. 어떤 학생이 학습이 되지 않는 위험에 처한다면 학습할 때까지 추가적인 교육이 주어져야 한다. Bloom(1976)은 제시간에 자신의 학습량을 달성치 못한 학생에게 추가적인 교육시간을 허용하면 대부분의 학생은 획득해야 하는 성취수준에 도달할 것이라고 주장한다.

그러나 학습 책략의 숙달에서 당면한 문제는 필요한 학생에게 추가적인 교육시간을 제공하는 방식이다. 학습 숙달에 대한 많은 연구에서 이 추가적인 교육은 정규 수업시간 이외에 방과 후나 휴식시간과 같은 시간에 제공된다. 수업을 마친 후 미리 설정된 숙달 기준에 도달하지 못하는 학생에게는 유사한 퀴즈에서 90%의 점수를 얻을 수 있을 때까지 이러한 추가적인 '교정 교육'이 주어진다. 정규 수업시간에 추가적으로 교정 교육을 제공하는 학습 숙달 프로그램에 대한 연구는 일반적으로 성과가 있었으며, 특히 부진아에게 효과가 있었다(Block & Burns, 1976; Bloom, 1976, 1984).

유사하게 우리가 느린 학습자에게 교정 교육을 위한 추가 시간을 제공했을 때, 그들 역시 숙달 단계에 도달할 수 있다. 저녁 시간에 SC/ST를 특수지도하는 사례에서처럼 느린 학습자를 위한 교정 수업을 할 수 있다. SC/ST 특수지도 학급의 사례에서 기준 Ⅷ에서 기준 X까지의 소년들을 맡는 데는 4명의 교사가, 기준 XI와 XII의 학생들을 다루는 데는 8명의 교사가 정부에 의해 고용됐다. 유사한 방법으로 느린 학습자를 위한 교정 지도의 업무를 맡는 교사도 인적 자원 개발을 최적화한다는 관점에서 정부에 고용될 수 있다.

건강한 환경

느린 학습자의 교정 방법 중에서 중요한 한 가지 측면은 건강한 환경을 제공하는 것이다. 학교 환경이 건강해야 하고, 느린 학습자가 상당히 자유로워야 한다. 열악한 환경적 요인들이 반복되다 보면 뒤처지게 된다. 열악한 환경 요인들은 적절히 극복되거나 초기에 제거돼야 느린 학습자가 효율적인 학습을 할 수 있는 적절한 분위기를 조성할 수 있다. 또한 교사들이 다양한 과목을 가르치는 교육적 제시에서는 다채로운 접근법을 시도해야 한다. 느린 학습자의 대부분은 정서적인 문제를 겪곤 한다. 그래서 느린 학습자를 보호받는 환경 내에 둘 수 있도록 최대한의 주의를 기울여야 한다. 이를 보장하기 위해서 교사 자신이 느린 학습자를 비난하지 않아야 하며, 다른 학생들이 느린 학습자를 얕보거나 놀리지 않게 해야 한다. 정서적 문제가 없을 때 느린 학습자의 학습이 최적화될 것이다.

정기적인 건강검진

신체적 이상이 느린 학습에 치명적인 기여요소로 작용하곤 한다. 좋지 못한 건강과 다른 기능의 이상은 느린 학습자의 학습에 부정적인 영향을 끼친다. 특정 부분의 이상이 감지돼서 정확하게 진단된다면 느린 학습자도 구제적인 처치 후에 정상적인 학습자가 될 수 있다. 정기적인 건강검진이 없다면 교사가 느린 학습의 원인을 진단해서 가능한 의학적 처치를 받게 할 수 있는 기회도 없을 것이다. 신체적인 질병마다 치료할 수 있는 의학적 처치가 있는 것처럼 느린 학습도 치료할 수 있다. 그러므로 느린 학습자를 위한 특수한 건강검진이 정기적으로 마련돼야 한다.

특수한 교수 방법

교육자와 심리학자들이 느린 학습자를 대상으로 하는 특수교육 방법에 대한 많은 실험을 했다. George Gropper와 Lumsdaine(1961)은 부진한 학생들의 성취에 대한 교육적 TV의 효율성을 규명했다. Leitner(1992)는 비디오 교육이 부진한 학생들에게 매우 효율적이라는 것을 입증했다. Block과 Burns(1976), 그리고 Bloom(1976)은 숙달 학습 책략(mastery learning strategy)의 효율성을 연구해서 성취수준이 낮은 아동들에게 매우 효율적이라는 것을 발견했다. Rajaguru(1994)는 느린 학습자에 관한 비디오 교육의 효율성을 입증했다. Ramar(1994), Reddy와 Ramar(1994, 1995, 1996)는 성취수준이 낮은 아동들에게 성취에 대한 모듈식 접근을 기반으로 하는 멀티미디어의 영향을 알아냈다. Clark(1985)은 컴퓨터 지원 교육(Computer Assisted Instruction: CAI)이 초등학생들에게 가장 큰 긍정적인 영향을 주고, 고등학생들에게는 중간 정도로 영향을 미치며, 대학생들에게는 가장 낮은 효과를 주는 것으로 보인다고 지적한다. 성취수준이 낮은 아동들에게 CAI의 효과는 가장 강력하다. 앞서 말한 전략들이 강조하는 공통된 특징은 교육의 개별화에 있다. 연구 결과에 따르면 다음의 특수한 방법들이 느린 학습자에게 매우 효과적이다.

- 시청각 교육
- 추가적인 교정 교육을 포함하는 숙달 학습 책략
- 모듈식 교육
- 컴퓨터 지원 교육

이러한 교육 책략들 각각을 여기서 자세하고 깊이 있게 논하기는 어렵다. 그러나 이러한 책략 각각이 느린 학습자에게 어떻게 효과적인지와 느린 학습자가 그들의 문제를 극복하는 데 얼마만큼 도움이 될 수 있는지에 관해서는 알아야 할 필요가 있다. 느린 학습자를 가르치는 교사들은 숙달수준이나 미리 결정된 행동 목표에 도달하기 위해 어떤 단일한 방법을 사용하거나 어떤 형태로든 방법을 조합해서 사용할 수 있다.

시청각 교육 느린 학습자에게는 활동을 보충하고 확장하는 데 추가적인 시간이 필요하다. 일상적인 상태에서는 필요치 않은 전문적인 서비스인 녹음 교육이 필요하다. 느린 학습자는 저녁시간에 과목 단위를 기반으로 하는 녹음된 교육을 들을 수 있다. 녹음된 것을 집에 가져가서 편리하게 사용할 수 있다. 어떠한 방해 없이 정보를 획득할 수 있다. 또한 느린 학습자의 학습에 긍정적인 영향을 주는 관련 교육용 라디오 프로그램을 들을 수도 있다.

대상과 과정을 시각화하는 데 사용되는 비디오 교육은 개념을 더 잘 지각하게 하는 데 매우 효과적이다. 언어적인 설명으로 제공할 수 없는 영향을 시각적인 제시를 통해 해 줄 수 있다. 급변하는 세상에서 지식 폭발은 전 세계적으로 일어나기 때문에 말이나 글만으로 학습자에게 관련 지식을 제공할 수 있기를 기대하는 것은 적절치 않다. 느린 학습자에게 교육 내용을 제시할 때 비디오 교육은 독특한 경험을 제공한다. 어떤 다른 단일 미디어보다 인간의 특성에 깊게 침투해서 즉각적인 흥미를 유발한다. 비디오 교육을 통해서 교육 내용을 구체적으로 제시하면 느린 학습자가 개념을 더 잘 지각하게 만드는 데 매우 좋다. 시청각 교육의 두 가지 효과는 이해를 강화하고 확장시켜서 개념의 숙달을 촉진한다는 것이다.

비디오 교육 책략은 느린 학습자의 개인차에도 매우 적합하다. 전형적인 학급 상황에서 느린 학습자는 개념을 명확하게 하거나 의문을 해소하기 위해 교사에게 질문하기가 매우 어렵다. 그러나 비디오 교육 책략은 첫 번째 시도에서 개념을 이해하지 못한다 하더라도 그들이 잠깐 멈추기나 정지, 되돌려 보기와 같은 방법을 사용함으로써 개념을 이해할 수 있다. 그뿐만 아니라 집에 비디오테이프를 가져갈 수도 있어서 편리하게 교육 프로그램을 시청할 수 있다. 이것은 느린 학습자가 자신의 속도에 맞춰 더 잘 학습하게 한다. 느린 학습자를 대상으로 하는 교수의 특수한 방법으로서 비디오 교육의 효율성은 다양한 연구 증거에 의해 입증되어 왔다(George Gropper & Lumsdaine, 1961; Leitner, 1992; Rajaguru, 1995).

숙달 학습 책략 다양한 학생의 욕구를 충족시키는 교육에 이용되는 수단들 중의 하나를 숙달 학습이라고 한다(Block & Anderson, 1975; Block & Burns, 1976; Bloom, 1976). 숙달 학습은 모든 학생에게 다양한 학습시간을 허용해서 교육목표에 도달한다는 점을 강조하는 교육체계다. 숙달 학습은 다음 기술로 이동해 가기 전에 모든 또는 거의 모든 학생이 숙달의 예정된 수준까지 특정 기술을 배운다는 것을 보장하는 것이다.

Bloom(1976)은 학생의 80%가 보통 도달하는 수준에서 성취할 수 있고, 나머지 20%도 추가적인 시간이 주어지는 조건하에서는 적성이나 능력과 무관하게 성취할 것이라고 주장한다. 숙달 학습은 저녁시간에 보충 특수학급의 형태로 교정적인 학습을 제안한다. 어떤 추가적인 가르침과 교정 교육을 가하면 느린 학습자도 더 나은 성취를 해낼 수 있다. 교정 교육은 계획된 하나의 목표를 달성하는데, 초기에 실패한 학생들에게 주어지는 교육활동들을 말하며, 교육목표에 도달하는 학생의 수를 늘리기 위해 설계된다.

이 숙달 학습 책략은 어떤 비용도 발생하지 않는다. 우리에게 필요한 것은 단지 느린 학습자와 열정적으로 씨름할 수 있으면서 이해심 많은 헌신적인 교사다. 교정 교육은 저녁시간에 보충 특수학급들에서 담당할 수 있다. 교사에게는 약간의 자율성을 부여하는 동시에 느린 학습자의 성장을 점검하고 지도하게 해야 한다. 또한 어디서나 또래 교수를 효율적으로 사용할 수 있다. 느린 학습자의 보충 특수

학급들에서 특수교육 교사와 부모 자원봉사자들의 도움 서비스들을 이용할 수도 있다. 숙달 학습을 위한 미디어 활용과 개별화된 교육이 느린 학습자를 매우 촉진할 것이다. 일단 느린 학습자가 숙달 학습을 경험해서 이미 예정된 숙달 수준에 도달한다면 학습이 학습을 낳을 것이며, 놀라운 성공이나 성취로 이끌 것이다.

모듈식 교육 모듈은 단일 개념 단위나 과목 문제를 다루는 데 필수적인 사항들이 모두 갖춰진 자동교육 패키지다. 모듈을 통한 교육은 학생의 모든 수준에서 매우 효율적이면서 부진아와 느린 학습자에게 더 효율적임이 밝혀졌다. 다양한 연구가 이를 증명한다 (Dhamija, 1985; Hopper, 1982; Natarajan, 1996; Ramar, 1994; Reddy & Ramar, 1994, 1995, 1996; Sahajahan, 1980). 특수한 교수 방법인 이 모듈식 교육은 느린 학습자가 학습과정에서 자신의 문제를 적절히 극복하게 해 주기 때문에 그들에게 매우 효과적일 수 있다. 모듈식 교육에서는 느린 학습자의 문제가 각각 어떻게 극복될 것인지에 대한 자세한 설명을 체계적으로 목록화할 수 있다.

느린 학습자는 집중력이 부족하다. 그들은 45분 이상 교육적인 설명이 이어진다면 결코 집중할 수 없다. 모듈식 교육에서는 단일 단위가 3~4개의 개념적 하위 단위들로 나뉜다. 한 개의 모듈 발달을 위해 각각의 하위 단위들로 과목 내용이 구성된다. 각 모듈의 지속시간은 20~25분 가량이다. 그래서 느린 학습자는 개념에 집중할 수 있게 된다. 모듈식 교육은 느린 학습자의 짧은 주의폭에 맞춰진다.

학습 모듈은 단일한 개념적 단위나 과목 문제를 다루는 자립적이면서도 자기교육적인 패키지다. 어떤 상황에서도 이용될 수 있으며,

학습자에게 편리해서 학습자가 자신의 속도에 맞춰 모듈을 완성할 수 있다. 개별적으로 또는 적은 학습 집단에서 사용될 수 있다. 이러한 방법의 모듈식 교육은 개인차에도 적용된다. 과목의 숙달에 가장 큰 문제는 무엇일까? 시간이 아니다. 모듈은 학생들에게 매우 적합하며, 느린 학습자에게는 더 효율적이다.

컴퓨터 지원 교육 컴퓨터 지원 교육(CAI)은 컴퓨터에 의해 실행되는 개별화된 교육의 한 종류다. 학생 개개인의 속도에 따라 수업내용 전체를 학생들에게 지도하도록 프로그램화된 컴퓨터가 학생들의 개인차를 상쇄하는 데 도움이 될 것이다. CAI는 학습의 행동이론과 프로그램화된 교육에 뿌리를 둔다. 이 이론에 따르면 학습은 통제된 자극들을 제시하고, 학습자의 반응을 강화함으로써 가속화된다. 많은 CAI 프로그램이 반복 학습과 연습 훈련을 강조하며, 또 어떤 것들은 학생들에게 사실과 개념들을 가르친다. CAI 프로그램은 다음과 같은 이점이 있다.

- 구조화된 교육과정을 이용한다.
- 학생들이 자기 속도에 맞춰 학습하게 한다.
- 학생들에게 세심하고 빈번한 피드백과 강화를 줄 수 있다.
- 수행을 빠르게 평가해서 학생들에게 수행에 대한 정보를 제공할 수 있다.

그러므로 사다리의 맨 아래 칸에 남아 있는 느린 학습자에게 CAI는 최선을 다하도록 동기화할 수 있는 가장 적합한 책략 중의 하나로 간주된다. CAI가 느린 학습자에게 왜, 어떻게 도움이 되는지 다음에서 살펴보자.

CAI는 내용 제시의 측면에서 느린 학습자에게 독특한 경험을 제공한다. 학습자에게 쉽고 효과적으로 교육을 전달한다. 결과를 즉시 알 수 있으며, 즉각적인 피드백을 제공해서 느린 학습자가 학습과정을 개선하는 데 매우 효과적이다.

CAI는 개인차를 효과적으로 맞춘다. 모든 학생이 자신의 속도에 따라 학습할 수 있다. 학생들은 CAI를 통해서 학습할 때 방해받지 않을 것이다. 감독관에 의해 감시되지 않고, 자유롭고 편안하게 자신의 속도에 따라 스스로 학습할 수 있다는 느낌을 갖게 해서 느린 학습자가 더 잘 학습하고 최선을 다하게 한다.

CAI 프로그램을 통한 교수 과학의 사례에서는 중요한 도표의 각 부분을 차례차례로 확대할 수 있어서 느린 학습자가 더 잘 이해할 수 있다. 게다가 CAI 프로그램에서 가능한 시뮬레이션 기술도 느린 학습자의 학습을 촉진할 것이다.

조사 연구들(Atkinson, 1984; Billings, 1983; Chambers & Sprecher, 1983; Kulik et al., 1984; Niemiec & Walberg, 1985; O'Donnal, 1982)은 CAI가 학생들의 수행을 증진하는 데 매우 효율적일 수 있으나 항상 그렇지는 않다는 데 대부분 동의한다. CAI가 정규 교실 수업에 추가적으로 사용될 때는 일관되게 효과적이지만, 전체적으로 교실 수업을 대체할 경우에는 더 적고, 덜 일관적인 수행을 하게 된다. Clark(1985)은 CAI의 긍정적인 효과가 초등학생에게 더 큰 것처럼 보이고, 고등학생에게는 중간 정도이며, 대학생에게는 가장 낮다고 지적한다. CAI의 효과는 부진아에게 가장 강력하다. Delon(1970)은 CAI

프로그램이 저소득층 1학년생들의 수학 성취를 유의미하게 증가시켰다고 밝혔다. Ragosta(1983)는 수학, 읽기, 언어에서의 CAI에 대한 주요 연구에서 매일 10분의 컴퓨터 시간이 저소득층 초등학생들의 성취에 긍정적인 효과를 발휘했다고 밝혔다. Purushotham과 Stella(1990), Stella(1993)는 인도에서 부진아에 대한 특수 참고자료로서 CAI의 효율성에 대해 알아냈다. 교정 교육에서 사용될 수 있다면 느린 학습자들에게 CAI의 효율성은 매우 커질 것이다.

앞서 말한 특수한 방법들이 느린 학습자의 학습능력을 증진시키기 위한 유일한 방법은 아니다. 교사는 상황에 따라, 느린 학습자를 가르치는 데 실행 가능한지에 따라 어떤 다른 방법도 사용할 수 있다. 참고 자료로서 앞의 방법들을 사용했을 때 뒤처진 학생들에게 효율적이었다는 연구 증거들이 확인되었기 때문에 여기서 그것을 강조했다. 그러나 교사가 느린 학습자의 학습능력을 증진하기에 맞고 적합하다고 여겨지는 다른 교수 방법을 선택해도 된다. 여기서는 느린 학습자의 학습률을 얼마나 발달시키느냐가 중요하며, 적용되는 방법은 중요하지 않다. 방법은 미리 설정한 행동 목표들을 달성하기 위한 수단일 뿐이다.

학습 계약과 또래 교수

학습 계약　학습 계약은 특정 주제에 대해 공부하고 정보를 나누기 위한 교사와 학생 간의 합의다. 이는 학급에서 교사가 특수 학생들을 위한 교육 프로그램들을 구성하는 데 도움이 된다. Dunn과

Dunn(1974)은 계약과정을 매우 세부적으로 묘사한다. 그들은 계약의 요소들을 공동으로 계획하는 것이 중요하다고 주장하며, 계약의 행동 목표들이 개인에 맞춰져야 한다고 했다. 계약에는 학생들이 배웠다는 것을 확인하는 데 이용할 방법은 물론 학생들이 사용할 미디어나 자료와 활동 목록을 포함시켜야 한다고 제안한다. 마지막으로 계약은 학생의 수행이 어떻게 평가되는지, 적절하다면 그 프로젝트를 끝내기 위한 일정이 무엇인지를 보여 줘야 한다. 계약 맺기는 영재 또는 부진아, 느린 학습자 등과 같이 뒤처진 학생들이 자신의 교육적 활동들을 계획하는 데 참가함으로써 동기화하는 데 효율적이다.

또래 교수 오래전부터 교육자들은 학생들이 서로가 학습하는 데 도움을 줄 수 있다고 여겼다. 한 학생이 또 다른 학생을 가르칠 때 이를 또래 교수라고 한다. 또래 교수에는 두 개의 중요한 유형이 있다. 또래 교사가 배우는 아이보다 대여섯 살 더 먹은 혼합연령 교수가 그 하나이고, 나머지는 한 학생이 학급 친구를 가르치는 동일연령 또래 교수다. 혼합연령 교수는 동일연령 교수보다 더 자주 연구자들에게 언급된다(Devin-Sheehan et al., 1976). 이는 더 나이 든 학생들이 대상에 대해 더 많이 알고 있다는 명백한 사실 때문이고, 또한 학생들이 더 나이 든 학생에게는 순응하지만 또래 교사로 학급 친구가 지정되는 것을 억울해할 수 있기 때문이다.

또래 교수를 시행할 때 또래 교사에 대한 규칙이 명확해야 한다. 말하자면, 또래 교사는 학생들에게 무엇을 할지 보여 주거나 말해 줘야 하고, 학생들이 수행할 때 지켜봐야 하며, 학생들이 실수를 했을 때 설명이나 교육을 반복하고, 맞는 답을 했을 때는 학생을 칭찬해야 한다. 교사가 또래 교사를 감독하는 것은 이 체계에서 중요한 부분이다. 시간을 낭비하는 것이 아니라 매우 중요한 일이다. 또래 교사들이 다른 학생을 가르치기 전에 기술의 숙달에 대한 설명을 해줘야 하며, 또래 교사와 교사가 앞서 공부했던 방법과 자료들을 사용해야 한다. 또래 교사들에 의해 제시되는 학습과제들은 구조화돼야 한다. 모든 경우에 또래 교사는 학생이 무엇을 배워야 하는지 정확히 알고 있어야 하며, 필요한 교재들도 모두 제공해야 한다. 때때로 교재에는 단계별 교육이 적힌 과제 카드가 포함되며, 과제 완성을 위한 구체적 사물들이 추가된다. 또 학습자들이 페이지를 완성하는 과제로 워크시트나 책 복사물들이 교재가 될 때도 있다.

또래 교수에 대한 연구

Dale(1979)은 또래 교수가 통합교육의 특수 학생들이 "특정 목표를 달성하게 하며, 그 과정에서 또래 교사가 개인별 차이점과 유사점을 더 잘 받아들이게 도울 수 있다."고 주장한다. 몇몇 연구들은 동일연령 또는 혼합연령 또래 교수가 경증의 장애를 가진 학생들에게도 효율적이라고 보고한다. Ehly와 Larsen(1980)은 많은 연구를 정리했는데, 혼합연령 또래 교수 연구가 동일연령 또래 교수에 대한 연구보다 더 많다고 보고했다. 일부 연구에서 연구자들은 교사보다 또래와 함께 공부할 때 학생들이 학습에 더 잘 집중할 수 있으며, 편안해한다는 것을 보여 주기도 했다. Ehly와 Larsen의 정리에 따르면, 정규학급에서의 학습자 성취도가 높아지며, 개별 지도가 자아 개념의 증진을 촉진한다. 이러한 점이 특히 느린 학습자에게 또래 교수를 추천하는 이유 중 하나다.

학생의 성취에 대한 또래 교수의 효과를 평가하는 연구는 점진적으로 이 책략이 또래 교사와 배우는 학생들의 성취 모두를 증가시킨다는 것을 발견했다(Devin-Sheehan et al., 1976). 사실 많은 연구에서 배우는 학생들보다 또래 교사가 더 많은 것을 얻는다고 밝혀졌으며(Cloward, 1967), 또래 교수에게 배우는 학생들을 증진시킨 것은 물론 열등하면서 더 나이 든 학생들의 성취도 증진시켰다. 많은 교사가 동의한 것처럼 학습에 가장 좋은 방법은 다른 누군가를 가르치는 것이다. 또래 교사들을 훈련시키는 것이 또래 교수의 효율성에 비해 중요하고(Ellson, 1976), 가장 성공적인 교수 프로그램들 중의 일부는 매우 구조화되고 '프로그램화된 개인지도' 모델들이었다(Ellson et al., 1968). 이 모델들에서 또래 교사들은 대상을 어떻게 소개하는지에 대한 명확한 교육들을 받는다.

흥미로운 혼합연령 개인지도 프로그램의 세부적인 사항들은 Morsink, Triango와 Janssen(1973)이 제시했다. 이 프로그램들에서 또래 교사들은 읽기장애를 가진 12~14세 학생들이었다. 이들은 특수교육 교사로부터 이동도서관에 보관된 프로그램들로 보충 교육을 받았다. 그러고 나서 일반 교실에서 학급교사의 감독하에 그들이 배웠던 것을 읽기장애를 가진 2학년들에게 가르치면서 배웠다. 그들은 교사와 학교 교장이 그들에게 보여 줬던 감사, 더 어린 아동들에게 받았던 감탄에 의해 계속하도록 동기화되었다. 이 더 나이 든 학생들은 그들이 프로그램에서 보냈던 매달 읽기 성취에서 평균 두 달씩을 앞서갔다(Morsink, Triango, & Janssen, 1973).

또래 교수에 대한 연구에서 주의해야 할 것은 또래 교수의 거의 모든 학생은 일반교육에 추가적인 교수를 사용해서 일반교육 자체만의 결과와 비교한다는 것이다. 적어도 또래 교수의 효율성의 일부분은 또래 교수 그 자체의 가치보다는 추가적인 교육시간 때문일 수도 있다. 그러므로 정규학급 교육에 추가된다는 관점으로 볼 때 학생에게 적절한 교육수준을 제공하는 데 또래 교수가 효과적인 방법이다(Slavin, R. E. 1986). 이것은 추가적인 교육시간을 절실히 필요로 하는 느린 학습자에게 더 명확하다.

참고문헌

Atkinson, M. L. (1984). Computer-assisted instruction: Current state of the art. *Computers in the Schools, 1*, 91-99.

Billings, K. (1983). Research on schoool computing. In M. T. Grady & J. D. Gawronski (Eds.), *Computers in Curriculum and Instruction*, 12-18.

Block, J. H., & Anderson, L. W. (1975). *Mastery Learning in Classroom Instruction*. New York: Macmillan.

Block, J. H., & Burns, R. B. (1976). Mastery learning. In L. S. Shulman (Ed.), *Review of Research in Education, 4*. F.E. Peacock, Itasca 911.

Bloom, B. S. (1976). *Human Characteristics and School Learning*. New York: Mcgraw-Hill.

Bloom, B. S. (1984). The 2 sigma problem: The search for methods of group instruction as effective as one-to-one tutoring. *Education Research, 13*(6), pp. 4-16.

Chambers, A. A., & Sprecher, J. W. (1983). *Computer-Assisted Instruction*. Englewood Cliffs, NJ: Prentice Hall, Inc.

Chaub, S. P. (1983). *Educational Psychology*. Agra: Lakshmi Narain Agarwal.

Chintamani Kar (1992). Exceptional Children. *Their Psychology and Education*. New Delhi: Sterling Publishers Private Ltd.

Clark, R. E. (1985). Evidence for confounding in computer-based instruction studies: Analysing the meta-analyses. *Educational Communication and Technonogy Journal, 33*, 249-262.

Cloward, R. D. (1967). Studies in tutoring. *Journal of Experimental Education, 36,* 14-25.

Dale, M. (1979). Peer tutoring: Children helping children. *The Exceptional Parent, 9,* 26-27.

Delon, F. G. (1970). A field test of computer assisted instruction in first grade mathematics. *Educational Leadership, 28,* 170-180.

Devin-Sheehan et al. (1976). Research on children tutoring children: A critical review. *Review of Educational Research, 46,* 355-385.

Dhamija, N. (1985). Effectiveness of three approaches of instruction-conventional radio-vision and modular approach on achievement of students in social studies. In M. D. Buch (Ed.), *Fourth Survey of Research in Education.* New York: NCERT.

Dunn, R., & Dunn, K. (1974). *Practical Approaches to individualising Instruction.* West Nyack, New York: Parker.

Ehly, S. W., & Larsen, S. C. (1980). *Peer Tutoring for Individualized Instruction.* Boston: Allyn and Bacon.

Ellson, D. G. (1976). Tutoring. In N. C. Cage (Ed.), *The Psychology of Teaching Methods* (pp. 130-165). Chicago: University of Chicago Press.

Ellson, D. G, Harris, P., & Barber, L. (1968). A field test of programmed and directed tutoning. *Reading Research Quarterly,* 313.

Gropper, G. L., & Lumsdaine, A. A. (1961). *The Use of Student Response to Improve Televised Instruction: An Overview.* Pittsbergh, PA: American Institutes for Research.

Hallatian, D. P., & Kauffman, J. M. (1991). *Exceptional Children.* Englewood Cliffs, NJ: Prentice Hall, Inc.

Hopper, W. A. P. (1982). An experimental study in the use of modular approach for teaching biology in Std XI. In M. B. Buch (Ed.), *Third Survey of Research in Education.* New Delhi: NCERT.

Kulik, C., Kulink, J., & Bangert-Drowns, R. L. (1984). Effects of computer-based education of elementary school pupils. Paper presented at the Annual Convention of the American Educational Research Association. San Francisco.

Leitner, R. K. (1992). Comparing the effects on reading comprehension of educational video, direct experience and print. *Dissertation Abstracts International, 53*(3), September 1992.

Morsink, C. V. (1984). *Teaching Special Needs Children in Regular Classrooms.* Boston: Little, Brown and Company.

Morsink, C. V., Triango, J., & Janssen, D. (1973). A supplmentary resource room for inner city children. *Bureau of School Services Bullein, 45*, 63-72.

Narayana Rao, S. (1987). *Educational Psychology.* New Delhi: Wiley Eastern Limited.

Niemiec, R. P., & Walberg, H. J. (1985). Computers and achievement in the elementary schools. *Journal of Educational Computing Research, 1*, 435-440.

O'Donnal, H. (1982). Computer literacy. Classroom applications. *Reading Teacher, 35*, 614-617.

Pratt, D. (1980). *Curriculum Design and Development.* New York: Harcourt Brace Jovanovich.

Ragosta, M. (1983). Computer-assisted instruction and compensatory education: A longitudinal analysis. *Machine-Mediated Learning, 1*,

97-127.

Ramar, R. (1994). Effectiveness of multimedia based modular approach with special reference to low achievers. Unpublished M. Phil. Thesis, Alagappa University, Karaikudi

Rastogi, K. G. (1978). *Educational Psychology*. Meerut: Rastogi Publications.

Reddy, G. L., & Ramar, R. (1994). Effectiveness of multimedia based modular approach in teaching social science to low achievers. *Media and Technology for Human Resource Development, 6*(3), April-June 1994.

Reddy, G. L., & Ramar, R. (1995). Effectiveness of multimedia based modular approach in teaching science to low achievers. *Journal of Research in Educational Media, 2*(2), January 1995.

Reddy, G. L., & Ramar, R. (1995). Effectiveness of multimedia based modular approach in teaching social maths to low achievers. *Journal of Higher Education*, U. G. C, *18*(2), Summer 1995.

Reddy, G. L., & Ramar, R. (1996). Relative effectiveness of video instruction in teaching science and social science to slow learners. Paper Presented in the IIIrd National Conference on Development of Educational Technology. Bharathidasan University, December 27, 1996.

Sahajahan (1980). An experimental study of teaching science in Stds VI and VII through modular. In M. B. Buch (Ed.), *Third Survey of Research in Education*. New Delhi: NCERT.

Slavin, R. E. (1986). *Using Student Team Learning* (3rd ed.). Baltimore, MD: Center for Social Organization of Schools, The Johns Hopkins

University.

Soundararaja Rao & Rajaguru (1995). Effectiveness of video assisted instruction on the achievement of slow learners. *Journal of Educational Research and Extension, 32*(2), Oct. 1955.

Stella, A. (1993). Effectiveness of computer assisted instruction with special reference to under achievers. *Media and Technology for Human Resource Developments,* 5(3), April 1993.

Tansley, A. E., & Gulliford, R. (1962). *The Education of Slow Learning Children.* London: Routledge Kegan Paul Ltd.

06

느린 학습자의 언어 교육

이 장의 개요

이 장에서는 느린 학습자의 언어발달과 교육에 대해 다루고 있다.

- 느린 학습자의 언어발달 부진의 원인
- 읽기 지도의 기본 원리
- 읽기 지도의 다양한 방법
- 철자법에서 느린 학습자가 경험하는 어려움
- 철자법 지도 방법
- 느린 학습자의 읽기 문제
- 말하기와 언어 문제 중재 기술
- 쓰기 언어 문제의 어려움에 대처하는 교정 프로그램

SLOW
LEARNERS

교사는 읽기와 쓰기에서 좋은 점수를 얻게 하는 방법에 대해 상당히 고심한다. 물론 읽기와 쓰기가 중요하긴 하지만 이 두 가지는 언어에서 부차적인 기술이라는 것을 잊지 않아야 한다. 말로 자신을 표현하고, 들은 것을 이해하는 능력이 아동에게 더 중요하다. 학교를 졸업하고 나면 느린 학습자는 읽기와 쓰기는 덜 사용하겠지만, 다른 사람과 소통할 때는 언어를 일상적으로 사용할 것이기 때문이다. 학교에서 언어는 핵심적인 역할을 한다. 이것은 주요 과목에서 더 분명하다. 아동의 읽기 준비도를 발달시키기 위해서는 다양한 어휘와 문장으로 말하는 능력이 필요하다. 읽기와 철자법에서 단어를 기억하고 유창하게 읽는 것은 단어와 자신의 의미 있는 경험을 연관 짓거나 사용했던 적이 있어서 해당 단어를 이해하면 개선된다 (Tansley & Gulliford, 1962). 아동은 물론 대부분의 성인들도 말하는 대로 쓰기 때문에 문어체 언어는 전적으로 말하기 언어에 달려 있다. 마지막으로 사고와 언어 사이에는 본질적으로 연관이 있음을 기억해야 한다. 단어를 더 잘 사용하는 능력은 효과적으로 사고한다는 것을 의미하며, 경험에 대한 이해가 늘어나고 있다는 것은 어휘가 확장된다는 것을 의미한다. 요약하면, 언어는 정신적인 성장에서 매우 중요한 역할을 한다.

느린 학습자의 언어발달

정상 범주의 지능과 좋은 가정환경을 가진 아동의 언어는 학령기에 충분히 성숙해진다. 그런 아동은 다른 아동과 지내는 수단으로 언어를 사용할 수 있으며, 읽기 전 과정이나 수 세기 전 과정 학습으로 발전해 갈 수 있다. 그러나 느린 학습자는 학령기에 충분한 언어발달이 이루어지지 않는다. 이해력과 언어사용의 발달이 지연되거나 장애를 가지고 있다는 게 이들의 주된 어려움이다(Isakson & Miller, 1976; Vogel, 1975; Wiig & Semel, 1976). 조음에 심각한 결함을 보이는 느린 학습자도 있다. 사용하는 어휘가 적고, 간단한 문장만을 사용하는 경우도 있다. 느린 학습자는 단어 찾기와 단어 조합하기를 어려워한다. 말보다는 몸짓이나 동작으로 표현하곤 한다. 느린 학습자에게는 놀이를 통한 많은 언어자극과 성인의 이야기를 듣고 이야기를 나누는 경험이 필요하다. 연령이 높은 느린 학습자는 무엇을 말해야 할지 몰라서 어려워하거나, 무엇을 말해야 하는지 알지만 말하는 방법을 찾기 어려워하는 경우도 있다. 주된 약점들 중의 하나는 한정된 어휘다. 어휘가 부족하거나 필요할 때 그 말을 기억해 내지 못해서 머뭇거리고, 말하는 것에 대해 반복하거나 겉돌게 된다.

느린 학습자는 생각을 논리적으로 표현할 수 없다. 느린 학습자의 표현에는 순서, 사건의 앞뒤, 선택성이 부족하다. 이들의 표현에서 발견되는 흔한 약점은 말하기 위해서 무엇을 선택해야 하는지 알지 못한다는 것이다. 느린 학습자는 다른 품사들을 덜 사용한다. 문장이 대부분 '그리고'와 '그래서'로 연결된다. 접속사, 형용사, 부사도 많이 사용하지 않는다. 전치사나 대명사와 같은 단어들을 사용할 때도 혼동한다. 물론 어법에서도 실수가 잦다. 아동의 환경에서 이 많은 것이 흔하고 일반적이라는 특성을 보인다. 학교 밖에서 아동이 듣는 것과 학교에서 듣는 것이 지속적으로 상반될 수 있기 때문에 교정하기가 어렵다. 마지막으로 언어가 의사소통과 관련되며, 의사소통에는 말하는 것은 물론 듣는 것도 포함된다는 것을 기억해야 한다. 느린 학습자는 메시지를 잘 기억하지 못하며, 수업, 이야기, 누군가 말한 단어의 다른 형태들을 잘 듣지 못한다. 그래서 교사들은 듣기를 개선시키고, 말했던 것을 재현해 보게 하는 데 관심을 기울여야 한다.

언어발달 부진의 원인

언어발달을 부진하게 하는 원인에는 네 가지 주된 요인이 있다. 이 요인들을 적절히 이해하면 교사는 학교에서 개선을 위한 환경을 제공할 때 어떤 요인들을 고려해야 할지 결정할 수 있을 것이다. 주된 원인이 되는 네 가지 요인은 다음과 같다.

- 가정 내 말하기와 언어 환경의 열악함
- 경험이 제한적인 환경
- 정서적 요인과 사회적 요인
- 느린 학습자의 한정된 사고

가정 내 말하기와 언어 환경의 열악함

아동은 학교에 들어가기도 전에 모국어와 영어를 배우며, 학교 밖에서 듣는 모국어와 영어도 아동의 삶에 지속적으로 영향을 미친다. 느린 학습자는 말이 늦는 편이고, 대부분은 가정에서 말하기에 대한 지지나 자극이 적은 편이다. 부모가 한정된 어휘를 사용하고 표현을 적게 하면 자녀에게 좋은 본보기가 될 수 없다. 이들은 친구들과 대화하지 않고, 이야기를 하지도 않으며, 질문에 답하지도 않고, 보통의 아이들이 가정에서 겪는 듣고 말하는 경험이 없다. 언어는 단지 모방에 의해서만 획득된다기보다, 사고를 자극하는 대화를 나누고 표현의 기술을 찾고 연습하는 과정에서 얻어진다. 언어능력은 3세 무렵에 이미 능숙하게 말을 할 수 있을 만큼 매우 일찍 발달한다. 유아기 말경이면 아동은 엄청난 양의 문장을 사용하고 이해할 수 있고, 대화에 참여할 수 있으며, 문자 언어를 알 수도 있다(Gleason, 1981; Menyuk, 1982; Schickedanz et al., 1982). 그래서 가정에서 아동에게 말하기와 언어발달에 적절한 환경을 제공하는 것은 더욱 중요하다. 좋은 가정 출신이면서 지적 능력이 부족한 아동들이 더 좋은 언어 환경에서 어떤 차이가 나는지를 보여 주곤 한다(물론 매우 드문 사례이긴 하지만). 어휘를 사용하는 데 한계가 있을 만큼 낮은 지능임에도 그들의 어휘는 놀랄 만큼 풍부하다. 환경의 열악함으로 인한 결함은 학교에서 다른 사람과 이야기할 기회를 가능한 한 많이 제공함으로써 채워질 수 있을 것이다.

경험이 제한적인 환경

명사를 습득할 때는 흥미로운 환경일 때 더 유리하다. 동사를 습득할 때는 재미있는 활동이 더 알맞으며, 말하기의 다른 부분들은 사고의 질적인 면에 더 좌우되는 편이다. 읽기 학습은 일련의 독립적인 읽기 기술들을 획득한다기보다는 언어가 어떻게 사용되는지를 학습하는 과정이다(Mckenzie, 1977; Schickedanz, 1982). 심지어 학교에 들어가기 전에도 아동은 문자 언어에 대해 이해하기 시작한다. 아동은 인쇄물을 보고 그것을 어떻게 사용할지 추측한다. 이 과정은 아동이 책, 잡지와 다른 사용 가능한 인쇄물들을 많이 접할 때 가장 잘 일어난다(Mckenzie, 1979; Schickedanz, 1982). 3세부터 5세 사이에 많이 읽어 줄수록 아동의 읽기에 대한 이해가 급증한다(Taylor, 1983). 휴가를 가거나 당일치기 여행을 한다거나, 가정에서 풍부한 놀잇감을 가지고 활동을 하는 아동은 매우 제한적인 삶을 사는 느린 학습자보다 더 많은 어휘를 획득한다. 아동을 데리고 밖으로 체험학습을 나가 본 교사라면 새로운 장소에서 아동이 얼마나 많은 어휘를 얻고, 흥미로운 사물에 대해 저절로 표현하게 되는지 알 수 있을 것이다. 그러나 경험뿐만 아니라 또 하나의 문제가 있다. 중요한 것은 어떤 경험을 대입해서 적용하느냐 하는 것이다. 친밀한 가족 간의 질문과 대답처럼 경험이 말로 구현되어야 아동이 거기서 최대의 이점을 얻는다.

정서적 요인과 사회적 요인

영아기에 말하기는 가정에서 지지하고 인정해 주는 분위기, 특히 어머니와의 밀접한 관계 속에서 발달한다. 불우한 아동의 사례에서처럼 이러한 관계가 성립되지 않거나 정상적인 가정 형태가 아닐 경우 언어발달에 문제가 있을 수 있다. 더 커서는 아동기에 불안이나 정서적 결함 때문에 자신감이 없어서 침묵하거나 더 심각한 경우에는 말을 하지 않을 수도 있다. 언어 프로그램에는 이러한 아동이 학급 내에서의 대화에 점차적으로 참여할 수 있게 도와주는 내용이 들어가야 한다. 어떤 언어 표현은 정서 상태에 쉽게 영향을 받기 때문에 모든 아동이 질문하고, 도움을 청하거나, 동의하지 않거나 비평하는 데 있어서 두려움 없이 제안할 수 있는 지지적인 학급 분위기가 중요하다. 학급 내의 사회적 관계도 중요하다. 비사교적인 아동이나 소외되는 아동은 등하굣길이나 운동장 또는 놀이에서 생각이나 잡담을 나누지 않는다. 놀이는 정서적 안정감을 주며, 아동을 사교성 있게 만든다. 놀이는 또래와 상호작용하게 하며, 사회적 문제해결을 조장할 수 있다. 각자의 역할에 대해 알고 생각함으로써, 아동은 협동하는 방향으로 행동을 조절할 수 있어서 가능한 한 친사회적 행동을 하게 된다(Damson, 1983, 1984). 놀이는 아동이 생각과 느낌을 표현하기에 적합한 상황들을 제공한다. 놀이가 없으면 정상적으로 성장하는 아동이 하는 말하기 연습을 하지 못하며, 다른 사람과 경험을 나눔으로써 얻는 상식과 흥미를 확장시키지 못한다.

느린 학습자의 한정된 사고

1장에서 언급한 것처럼 느린 학습자는 자신의 경험에 대해 사고하고 추론하는 능력에 한계가 있다. 다시 말해, 경험을 일반화하고 단어들로 요약해서 개념으로 발전시키는 능력이 부족하다. 이것은 사물에 대한 것보다는 추상적인 단어와 관련될 때 특히 그렇다. 이러한 이유로 가족이나 과일, 도구, 야채, 계절, 악기와 같은 단어 종류를 상징하는 말이 그들의 관심을 끌 수 있게 해야만 한다. 사물의 외양을 비교하고, 용도를 설명하는 데 단어를 사용하도록 연습시켜야 한다. 인지능력에 한계가 있기 때문에 전치사, 부사, 비교급을 사용하는 것을 포함하여 자신의 경험에서 의미 있는 관계를 인식하는 능력이 부족하다.

느린 학습자의 말하기에서는 적절한 부사구에서 찾을 수 있는 표현인 원인, 결과, 때와 장소에 대한 관계가 늦게 나타나고, 사용 빈도도 낮다. 이것은 단지 막연하고 비언어적인 방법으로 지각해서 생각에 대한 단어들을 알지 못하기 때문만은 아니다. 느린 학습자는 품사를 이용하는 방식으로 사물을 자신의 경험 안에서 연관 짓지 못한다. 이를 실행하기 위해서는 부차적으로 아동이 자신의 경험에 대한 양식을 형성해서 거기에 대해 이야기할 단어를 찾는 기회를 제공해야 한다. 똑똑한 아동은 끊임없는 탐색과 자신의 환경에 대한 발견을 통해서 성인의 최소한의 지도하에 스스로 할 수 있는 반면에, 느린 학습자에게는 도움이 필요하다. 수 개념과 수 조작의 발달을 운에 맡길 수 없는 것처럼, 언어의 개념과 관련성 분야에서도 의식적으로 더 많이 정의하고 말로 표현하게 해야 한다. 언어 기술은 획득되며, 자신의 활동에 대해 말할 필요를 찾기 시작하면서 연습이 된다. 학교활동의 어떤 부분에서도 이러한 기회들이 존재한다. 방법이 비형식적이라 해도 매우 유익하기 때문에 교사는 어느 정도까지는 표현의 유창성에 모범이 되고, 연습이 되며, 지도 편달을 이끌어 낼 수 있을 것이다.

읽기 지도의 기본 원리

심리학과 읽기 지도에 대해 더 자세하게 말하지는 않겠다. 이 분야에 대해 더 나은 공부를 하는 데 유용한 책들이 많다. 그러나 느린 학습자와 다른 뒤처진 아동들을 지도하는 것에 있어서 다음의 사항들이 특히 중요하다. 기본적인 원리를 통찰하면 느린 학습자에게 읽기를 지도하는 교사의 역할을 수행할 때 더 나은 준비를 할 수 있을 것이다. 중요한 기본 원리는 다음과 같다.

- 읽기 준비도의 중요성
- 교사-아동 간 좋은 관계의 중요성
- 동기유발의 중요성

읽기 준비도의 중요성

느린 학습자는 일반 아동보다 훨씬 늦게까지 형식적이고 체계적인 읽기 지도를 할 수 있는 준비가 되어 있지 않다. 아동에게 학습이 유익하기 전부터 교육을 시작함으로써 오히려 읽기가 지체되어 더 늦은 단계에서 읽기에 성공하곤 한다는 것을 학습 준비도에 대한 연구들이 밝히고 있다. 심지어 요즘의 아동은 좌절하거나 지루하거나 당황스럽거나 자신감이 부족해지는 결과에 대한 심리적인 대비를 하기도 전에 공식적인 학과 읽기를 시작하게 되기도 한다. 그렇게 하면 아동이 배울 준비가 된다 해도 가르치는 것은 더 어려워진다. 어린 아동과 느린 학습자를 지도하는 교사들은 읽기 준비도에 필요한 것은 무엇이며, 준비도를 개선하려면 어떻게 해야 하는지 알아야 한다. 교사는 느린 학습자에게 읽기를 가르치기 위한 관련 전략을 세우기 전에 읽기 준비도에 영향을 미치는 중요한 요인들을 평가해야 한다.

- 정신적 성숙
- 경험에 대한 배경지식
- 특정 신체능력
- 건강

정신적 성숙 읽기를 학습하기 위해서는 읽기에 포함된 단어와 생각의 의미를 알 수 있도록 인쇄된 부호들이 가진 뜻에 대한 연상이 필요하다. 아동이 언어와 정신적 성숙의 경험에 대해 적절한 배경지식을 갖고 있어야만 한다. 아동이 정신적으로 성숙해져야 철자, 소리와 단어의 형태 간에 필요한 구별을 할 수 있게 된다. 아동이 형식적이고 체계적인 읽기 시작에 성공할 수 있는 정신적 성숙의 적절한 연령은 6세 또는 6세 반이다. 물론 아동 자신의 다른 요인이 더 문제가 될 수 있기 때문에 이것은 대략적인 지침이다. 때로는 6세나 그 이상의 정신연령을 가진 아동도 언어적으로 뒤처지거나 뚜렷한 진전이 있어야 하는 대인관계나 사회적 발달에서 여전히 너무나 미성숙한 경우도 있다. 이와 동시에 명백하게 더 낮은 정신연령을 보이는 아동도 있다. 아동의 정신적 성숙도를 평가하기 위해 교사는 아동의 언어 교육에 대한 반응, 이야기 이해, 점진적인 언어발달, 교육매체를 이용하는 능력과 목적에 맞는 활동에 대한 계획에 주목해야 한다. 교사는 인지발달이 기억, 주의집중, 정서발달, 사회적 배경과 경험 같은 것들과 분리된 것으로 생각해서는 안 된다는 것을 명심해야 한다.

경험에 대한 배경지식 읽기 지도의 바탕이 될 수 있는 흥미와 지식은 경험에서 온다. 이야기와 책에 마음이 끌리는지에 따라 아동의 언어발달과 발달의 정도가 영향을 받는다. 느린 학습자의 대부분은 변화가 없는 단조로운 가정에서 자라나 경험에 대한 적절한 배경지식이 부족하다. 그러므로 가능한 한 모든 수단을 동원해서라도 이 한계를 메우기 위해 읽기 전의 프로그램을 마련해야 한다는 것이 매우 중요하다.

특정 신체능력 아동에게 읽기 지도를 시작하기 전에 교사는 아동이 적절한 시각적 준비도, 청각적 준비도, 운동신경 준비도를 갖추었는지 점검해야 한다. 시력에 심각한 결함이 있는지 찾아야 하며, 조치를 취해야 한다. 아동이 눈을 지나치게 깜빡인다든가, 눈물을 흘린다든가, 충혈되었다든가, 그림을 볼 때 머리를 한쪽으로 기울인다든가 등 눈의 피로감에 대한 조짐을 보인다면 조치를 취하기 위한 초기 검사가 이루어져야 할 것이다. 아동의 시지각과 분별력이 발달되었어야 한다. 그림을 보고 해석하고, 짝 짓고, 모양과 패턴을 비교할 수 있는 능력이 있어야 한다. 이러한 기술들이 충분히 발달되어 아동이 모양, 철자와 단어에서의 유사점과 차이점을 볼 수 있게 하는 것이 중요하다. 그렇지 않으면 읽기의 시작이 지연될 수도 있다.

교사는 청각적 준비도도 점검해야 한다. 청각 결함은 더 쉽게 지나칠 수 있다는 점에 주의해야 한다. 아동이 어느 정도 청각적 손상을 가질 경우 소리를 정확하게 듣지 못했음을 아동의 말하기를 통해 알 수 있다. 그러한 아동은 부주의하거나 반응하지 않거나 빈번하게 방향을 착각하거나 다른 사람이 말할 때 이상한 방법으로 추정한다. 때때로 듣기가 원활할 때도 있지만 소리를 분별하는 데 여전히 미흡할 수도 있다(Wepman, 1960). 또 three와 tree, stop과 staff, bay와 pay 등을 구별하지 못할 수도 있다. 읽기와 발음중심 활동을 소개하기 전에 이 결함들을 찾아내서 읽기를 위한 청각적 준비도를 갖출 수 있도록 적절한 조치를 취하는 것이 중요하다. 학습자의 청각적 준비도를 확인하지 않고 읽기 지도를 하는 것은 무의미할 수 있다.

적절한 읽기 준비도를 발달시키는 데 운동신경 준비도가 중요하다. 어떤 아동은 줄을 따라 왼쪽에서 오른쪽으로 눈을 움직이고, 단어를 쳐다보기 위해 특정 지점을 응시하며, 다음 줄이 시작되는 곳으로 눈을 옮겨 가는 습관 들이기를 어려워한다.

이 아동에게는 왼쪽에서 오른쪽으로의 움직임을 조절하게 하는 추가적인 연습이 필요하다. 그들은 눈과 손의 협응능력이 서툴고 부족해 보인다. 이것은 읽기 준비도에도 영향을 미친다. 따라서 읽기를 가르치기 위한 시도를 하기 전에 눈과 손의 협응을 확인하는 것은 교사의 기본적인 의무다.

건강 학교활동에 전적으로 참여하기 위해서는 건강이 필수요건이다. 반복적인 질병, 피로와 무기력함은 아동의 주의폭과 흥미, 그리고 아동이 하는 노력의 양에 매우 큰 영향을 미친다. 좋지 못한 신체적 여건은 대부분의 느린 학습자에게 발견되는 흔한 특성이다. 이러한 측면을 주의 깊게 관찰하는 것이 중요하다. 느린 학습자의 읽기 기술을 발달시키기 위해서는 건강이 필수적이다. 그렇지 않으면 피로와 부주의가 곧 시작될 것이다. 교사는 부모에게 자녀가 학교활동에 전적으로 참여할 수 있도록 자녀의 건강을 개선하기 위한 몇 가지 조치를 취해 달라고 제안할 수 있다.

이처럼 준비도는 많은 요인의 상호작용을 포함하는 복잡한 문제다. 초기 단계에서 발음중심 방법에 중점을 둔다면 청지각, 분별력과 지능이 중요하다. 쓰기에서는 운동신경 협응이 중요하다. 우리의 목적이 어디에 있든 각 아동의 약점에 주목해서 약점을 극복하게 도울 수 있는 경험을 제공해야 한다. 각 아동의 진척 상황에 대해 규칙적으로 기록해야 하며, 이 기록이 성숙과 발달에서의 특이점과 개인차를 밝혀 줄 것이다. 이 프로그램에 기간의 제한은 없다. 프로그램의 제한기간은 아동이 더 높은 활동 수준을 위해 점점 더 많은 준비가 되어 가는 시기, 즉 읽기로 발전해 가는 시기로 봐야 한다.

교사-아동 간 좋은 관계의 중요성

초기의 실패 경험은 느린 학습자가 성장하는 데 큰 방해가 된다. 이것은 일반적으로 학교에 대한, 특히 읽기에 대한 개인적인 부적절감, 좌절감, 적대감을 갖게 한다. 이러한 느낌을 어떤 아동은 철회, 무관심, 절망으로 표현하는 반면에, 어떤 아동은 공격성이나 고집으로 표출하기도 한다. 그러나 정서적 압박감이 없는 학습은 있을 수 없기 때문에 교사의 기본적인 과제는 협동, 상호 신뢰, 낙관주의와 열정으로 이 감정을 대신해야 하는 것이다. 교사는 느린 학습자의 욕구를 이해하는 데 가능한 한 노력을 다해서 부적응을 극복하기 위한 개선 방법을 취해야 한다. 많은 사례에서 이것이 어렵다고는 하지만 헌신적인 교사는 수완을 발휘할 수 있다. 또한 아동의 뒤처짐에 대한 원인을 알아내기가 쉽지 않다. 증상과 원인을 구분하는 것도 어렵다. 읽기 실패로 인해 아동의 정서장애가 유발될 수도 있고, 정서장애가 읽기 실패의 원인이 될 수도 있다. 부모의 압력, 질병, 불규칙한 학교 출석 등의 원인 때문에 정서장애와 읽기 실패가 그 증상으로 나타날 수도 있다. 그러므로 교사가 아동과 좋은 관계를 맺고, 적절한 학습 방법을 만들며, 동기유발을 잘 시키는 것에 유념하는 것이 매우 중요하다. 읽기 준비도를 발달시키는 것은 교사가 아동과 맺는 관계의 질에 달려 있다. 아동을 최상으로 만들어 가는 데는 우호적인 관계가 크게 도움이 될 것이다.

동기유발의 중요성

좋지 못한 동기유발로 인해 학습이 실패하곤 한다. 장애를 가진 학습자는 반복적으로 실패를 경험했기 때문에 어느 정도 좋지 못한 태도와 동기를 지니고 있다. Fernald(1943)는 교사들이 획기적인 책략을 개발해야만 하는 주된 이유로 글을 읽지 못하는 사람들의 부정적인 태도를 들 수 있다고 했다. 글을 읽지 못하는 사람과 정상적인 학습자를 비교한 연구자들은 청각적 의미를 시각적인 추상적 상징으로 연관 지을 수 있는 능력 면에서 글을 읽지 못하는 사람들의 수행이 크게 좋지 못하다는 것을 발견했다(Birch & Belmont, 1964; Guthrie, 1974). Steinhauser와 Guthrie(1978)는 여러 단어 중에서 어느 철자 유형이 동일하게 보이고, 동일한 소리를 갖는지 가리키게 하는 과제에서 글을 읽지 못하는 사람이 시각적으로 비슷한 상징들을 맞추기는 하지만 시각적 상징에 소리를 맞추는 데는 문제가 있다고 결론지었다. 그 이후의 연구들 또한 청각의 시각적 해석이 읽기능력과 관련된다는 가정을 지지하고 있지만(Deverensky, 1977; Ward, 1977), 학생들의 발달과 관련해서 IQ와 사회경제적 배경과 같은 변수들이 복잡한 방법으로 연관된다고 보고한다. 좋지 못한 주의력과 같은 어려움에는 교사의 동기유발이 중요하다. 그 방법이 불완전하더라도 민감하고 개별화된 방법으로 동기유발을 잘하는 교사가 가르치는 아동은 항상 더 빨리 더욱 잘 배우게 될 것이다. Dolch(1951)는 읽기 지도에 적용할 수 있는 동기유발의 다섯 가지 유형을 제시했다. 놀이 동기유발, 이야기 동기유발, 유용성 동기유발, 숙달 동기유발, 교사가 맞춰 주는 동기유발이 그 다섯 가지다.

놀이 동기유발 놀이 동기유발은 놀이의 즐거움을 이용하는 방법으로, 어구와 읽기의 다른 측면을 연습할 수 있도록 하는 도구와 게임들을 고안해서 사용한다. 단어로 카드놀이를 하고, 숫자 대신 단어와 어구로 도미노나 숫자 맞추기 게임을 하여 기본적인 일견 어휘(흘낏 보는 것만으로도 그 의미를 파악할 수 있는 어휘-역자 주)나 단어들을 연습할 수 있다. '오른쪽으로 쓰기' '낙서'와 많은 게임을 이와 같은 방법으로 현재 사용하고 있다. 읽기에 대한 특수 소프트웨어들도 유용하다. 이 소프트웨어는 컴퓨터게임을 하면서 읽기를 학습하게 한다. 맞는 단어를 답했을 때 빛이 깜빡이는 장치를 설정한다. 특히 기본 어휘를 습득하는 초기 단계, 읽기에 대한 이전 경험으로 인해 읽기책에 반감을 갖고 있는 나이 든 아동과 쉽게 성공할 수 있도록 재미있는 방법으로 읽기를 동기화하는 아동에게 유용하다고 알려져 있다. 이야기 동기유발과 유용성 동기유발 또는 숙달 동기유발과 같은 다른 동기유발이 효과를 내기 시작할 수 있게 하는 지점까지 유도하기 위한 활동 제공의 수단으로 놀이 동기유발이 활용되기도 한다.

이야기 동기유발 이야기 동기유발은 읽기의 모든 단계에서 가장 강력한 동기유발이 될 수 있다. 초기에는 아동에게 간단한 이야기를 읽어 주는 것이 더 좋다. 이야기 요소들이 빠져 있더라도 체계적으로 어휘를 다룰 수 있는 가장 간단한 읽기 소재를 찾아야 한다. 읽기 연령이 7세에 도달하면 이야기적인 요소와 어휘가 둘 다 중요해서 이야기 동기유발이 매우 유용할 수 있다. 모험, 도둑이나 해적에 대한 이야기의 처음 두 쪽이나 세 쪽은 아이와 함께 읽거나 읽어 주는 것이 더 좋다. 일단 읽기에 흥미를 유발하면 아동은 독립적으로 읽기를 열심히 하고 싶어 할 것이다. 좋은 이야기들이 담긴 단순한 책들이 이러한 용도로 쓰이기에는 매우 좋다. 이야기적인 측면이 흥미를 일으킬 뿐만 아니라 지속하게 한다. 아동의 상상력에 불을 붙인다. 일단 흥미를 느끼면 아동이 읽기에 몰입해서 결과적으로 습관 형성이 된다. 이 습관 형성은 더 많은, 더 열렬한 읽기를 유도해서 수동태 어휘는 물론 능동태도 강화한다. 'Amer chitra Katha'라는 교육만화 시리즈의 영문판이 이러한 용도로 매우 유용하다.

유용성 동기유발 유용성 동기유발은 읽기의 모든 단계에서 정도껏 사용될 수 있다. 읽기 전의 단계에서도 읽기가 아동의 활동과 연관되어야 한다. 일상에서 읽기의 유용성을 아동이 깨달아야 읽기에 대한 자극을 줄 수 있다. 관심과 취미가 연관될 수 있다면 아동은 읽기의 유용성을 늘 보게 된다. 유용성 동기유발은 더 나이 든 아동에게 효과가 있다. 모형을 만드는 방법에 관한 설명서나 받은 편지를 읽기 위해서 또는 자신이 선택한 게임, 애완동물이나 비행기 등에 대한 정보를 찾기 위해서 아동이 읽고 싶어 할 때는 어려운 구절도 읽을 수 있다는 것은 매우 놀랍다. 학령기 후기에는 읽기 교육에 대한 필요성이나 실질적인 일 또는 현실 상황과 관련된 방향에 따라야 유용성 동기유발이 기능한다. 이처럼 유용성 동기유발은 아동이 읽기의 유용성을 깨달을 때 읽기 준비도를 촉진한다.

숙달 동기유발 느린 학습자의 지도에서 가장 중요한 동기유발이 숙달 동기유발이다. 대부분의 아동은 무관심해지거나 반감을 갖기도 하지만 실패하면서도 배우고 싶어 한다. 일단 한 번 성공하게 되면 읽기에 숙달하고 싶은 마음이 계속 들어서 더 나아갈 수 있게 하는 중요한 동기유발이 된다. 새로운 책을 읽기 시작할 때 관심을 보여 주거나 읽은 책의 수를 기록하는 등의 지지책이 필요하다. 나이 든 아동에게는 이렇게 하지 않는 게 낫다. 그러나 초기 단계에서는 이것이 좋다. 이 동기유발이 흡족하게 만족되는 것은 쉬운 일이 아니다. 교사가 성취에 대해 너무 크게 강조하면 교사와 아동 모두 불안해질 수 있다. 이것은 다음 단계를 위해 학생을 충분히 준비시킴으로써 어느 정도까지는 방지할 수 있다. 학습과정의 단계에 대해 철저히 숙지하는 것은 교사에게 매우 중요하다. 예를 들면, 발음 준비도, 음절 조합과 구분, 이해를 위한 읽기 등과 같은 읽기의 어떤 부분이 느린 학습자에게 어려울지를 교사가 예측하고 결정할 수 있어야 한다. 성공의 기운이 감돌 때, 아동이 발전하려는 지속적인 징후를 보일 때 교사가 그것을 잡을 수 있는 요령이 있어야 한다. 아동은 이전 단계에서 충분히 숙달되기도 전에 다음 책으로 넘어가고 싶어 하곤 한다. 이것은 매우 현실적인 문제다. 이전 학습에 대해서 충분히 강화하고 숙달과 성공에 대한 아동의 감정을 유지시키기 위해서는 교사의 기술과 이해가 필요하다. 이것은 책이나 카드, 연습문제와 같은 적절한 보충교재나 교구들을 사용함으로써 교사가 얼마나 현명하게 대처하느냐에 달려 있다.

교사가 맞춰 주는 동기유발 교사–아동 관계가 매우 좋을 때 교사가 맞춰 주는 동기유발이 작용할 것이다. 이는 교사가 아동에 대해 실망하지 않을 준비가 된 정도에 비례한다. 아동에 대해 교사가 진지하게 걱정하는 만큼 진지한 노력을 기울이게 된다. 이 동기유발은 앞에서 언급했던 다른 동기유발에 보충적으로 사용될 수 있다. 이외에도 아동이 읽기에서 성공을 경험하기 시작했을 때 교사는 아동과 개별적으로 가까워져야 하고, 아동이 자신만의 기준을 세우고 받아들이게 해야 할 것이다.

언어발달에서 읽기의 역할

읽기는 말하기와 쓰기 및 철자를 포함하는 언어발달의 통합된 프로그램이라는 측면으로 봐야 한다. 읽기 기술을 발달시키려면 아동의 말하기, 수동 및 능동과 같은 중요한 어휘가 읽기에 선행되어야 한다. 아동이 읽는 단어와 생각은 항상 아동이 이해하고, 사용하고 있는 경험과 언어를 기반으로 해야만 한다. 경험 수준을 벗어난다면 아동의 읽기는 유익하지 않을 수 있다. 아동이 '읽기는 정보를 얻고 스스로에게 즐거움을 주는 유용한 기술'이라고 생각할 수 있어야 한다. 읽기는 정보의 보고로 가는 열쇠이며, 읽을 수 있는 새로운 환경이 우리 앞에 펼쳐져 있다. 읽기는 지식의 폭을 넓힌다. 읽기는 언어를 개선시키고 발달시키는 역할을 하므로 고립된 하나의 기술로 생각하지 않아야 한다.

읽기 방법

읽기는 아동이 듣고 말하기를 통해 이미 배운 것을 더 굳게 다지는 수단이다. 읽기는 상징을 해석하고, 정확한 소리로 만들며, 의미를 지각하는 세 가지 과정을 포함한다. 또한 읽기 행동은 시각, 소리와 지각의 과정으로 정의될 수 있다. 읽기를 지도하는 몇 가지 방법이 있는데, 교사는 이 방법들을 철저히 숙지하는 것이 중요하다. 교사들은 각각의 방법이 느린 학습자에게 얼마나 적용 가능한지와 어떤 방법이 느린 학습자에게 적합한지 알아야 한다.

읽기의 주된 방법들은 다음과 같다

- 철자 방법
- 보고 말하는 방법
- 문장 방법
- 발음중심 방법
- 이야기 방법
- 절충 방법

철자 방법

이 방법에 따르면 알파벳의 글자를 순서대로 먼저 가르친다. 일단 아동이 알파벳을 모두 익히면 간단한 음절을 가르치고 난 후 음절의 조합을 가르친다. 그리고 나서 짧은 단어에서 긴 단어와 문장으로 나아간다. 이것이 예전에 가장 폭넓게 쓰였던 방법이다. 이 방법은 일반적인 아이에게도, 뒤처진 아이에게도 효과적이다. 우선적으로 널리 사용되는 방법이다. 이 방법은 학생들이 영어 철자를 암기하게 하고, 철자 학습을 촉진하며, 무엇보다도 합리적인 방법으로 보인다. 그러나 이 방법에는 몇 가지 약점이 있다. 지루함을 야기하고, 진력나게 하며, 아동이 알파벳의 모든 철자를 배우는 데 긴 시간이 걸린다. 이 방법은 심리학적으로도 부적절하다. 일반적으로 아동은 각각의 철자가 아니라 전체 단어나 문장을 본다. 이 방법은 청각보다는 시각적으로 읽기를 준비하는 것으로 보이는 느린 학습자에게는 크게 효과적이지 않다. 그러므로 초기 단계에서는 시각적인 방법이 느린 학습자에게 더 알맞을 것이다. 가능하면 이 방법은 철자와 단어를 동시에 시각적으로 형상화하여 보완해야 한다.

보고 말하는 방법

보고 말하는 방법은 느린 학습자에게 매우 중요한 시각적 효과를 사용하는 아주 간단한 방법이다. 교사는 한 개의 단어(예를 들어, cat, rat, mat)가 적힌 카드를 학생들에게 제시한다. 먼저 교사가 그 단어의 철자를 말해 주고 단어의 정확한 발음을 들려준다. 학생들은 카드를 보면서 교사가 발음했던 것처럼 한목소리로 말한다. 이것을 몇 차례 반복한다. 반복과 재연을 자주 할 필요가 있는 느린 학습자에게 반복은 도움이 된다. 그러한 카드 몇 장이 읽기를 가르치는 데 이용된다. 인도와 같은 개발도상국에서는 인쇄 매체가 적절한 기술이라는 것을 기억해야 한다. 여기서 단어는 철자가 아니라 기본적인 단위다. 단어 방법으로도 알려진 이 방법은 철자 방법보다 느린 학습자에게 읽기를 가르치기에 더 좋다. 아동에게는 이 방법이 더 유효하며, 해 봄으로써 배운다. 또한 시각적인 효과는 단어의 기억을 용이하게 한다. 이것은 분석적인 방법이다. 단어를 인식하게 해서 단어에 대한 기억을 용이하게 한다. 따라서 철자 방법보다 더 유의미하다.

그러나 이 방법에도 약점이 없는 것은 아니다. 전체 문장보다는 각각의 단어에 집중시킨다. 사고의 기본 단위는 단어가 아니라 문장이다. 그러므로 단어군이나 짧은 문장을 가르치는 것이 바람직하다. 그러나 느린 학습자가 읽기를 배우는 초기에는 이 방법이 매우 유용하다.

문장 방법

이 방법은 생각의 기본 단위가 문장이라는 원리를 이용하는 것이다. 그래서 읽기를 지도할 때 전체 문장을 가르친다. 단어를 대신하는 기본 단위로 문장을 보고 말하는 방법이다. 이 방법은 정확하게는 보고 말하기 방법에서 차용된 것이다. 간단한 문장이 씌어진 카드를 학생에게 제시한다. 예를 들어, '이것은 사과입니다.' '이것은 책입니다.'와 같은 것이다.

교사는 카드를 들고 각각의 단어를 정확하게 발음한다. 교사가 "이것은 사과입니다."라고 말하면 아동이 따라서 반복한다. 정확한 발음으로 문장을 몇 차례 반복한다. 이러한 반복과 훈련은 느린 학습자가 더 빠르게 학습하는 데 매우 중요하다. 이 방법은 시각적 효과를 이용하므로 기억의 측면에서도 적절하다. 아동은 입으로 문장을 학습한다. 철저히 훈련한 후에 교사가 각각의 단어를 제시한다. 교사가 각각의 단어를 한 개씩 짚어 주고, 학생에게 단어 읽기를 가르친다. 이러한 방법으로 짧은 문장을 많이 사용하면 아동이 말로 읽기를 배운다. 아동은 학습과정에 적극적이면서 흥미를 갖고 참여한다. 이 방법을 사용하는 읽기 지도는 자연스럽고, 시각적 효과를 이용하여 읽기 학습에 대해 말하지 않고도 그 점에 대한 어떤 것을 학습하게 하는 데 매우 효과적인 반복과 훈련을 하기 때문에 느린 학습자에게 더 효율적이다. 문장은 사고의 기본 단위이기 때문에 심리학적으로도 적합하다. 그러나 아동에게 새로운 단어를 알게 하기에는 이 방법이 어렵다. 이와 같은 단점은 발음중심 방법을 적절하게 사용함으로써 바로잡을 수 있다.

발음중심 방법

이 방법에서는 아동이 철자의 소리를 내서 단어의 발음 소리를 연결한다(예를 들어, /k/, /a/, /t/ ; CAT이라는 단어를 kat으로 발음하는 등). 발음중심 방법은 단어 방법이다. 똑같은 방법으로 발음하는 단어를 선택해서 다음과 같이 분류한다. 단어는 교과서에서 뽑는다. 단지 읽기를 가르친다는 목적으로 무의미한 단어를 만들지는 말아야 한다.

cat	way	ring	bell	can	mill	fall
rat	say	sing	tell	pen	hill	hall
sat	may	ding	fell	man	till	ball
mat	day	king	sell	ran	fill	tall

이 방법은 처음부터 정확한 발음을 목표로 한다. 이 방법에도 약점이 있다. 완벽하고 정확하게 발음하는 것이 모든 교사에게 가능한 것은 아니다. 영어에서 몇 개의 단어들은 음성으로 나타나지 않는다. 느린 학습자에게는 이 방법을 신중하게 사용해야 한다. 읽기의 모든 수준에서 준비도가 매우 중요하다는 것을 이미 강조했다. 단어 인식 기술도 읽기 준비도에 있어서 예외는 아니다. 아동의 정신연령이 7세가 될 때까지는 발음 훈련에서 적절하게 도움을 얻지 못한다는 연구 증거도 있다. 정신연령이 5세 반인 아동에게 발음을 가르치는 것은 큰 시간 낭비이며, 최상의 결과를 얻기 위해서는 7세 정도의 정신연령이 필요하다(Arthur Smith, 1957; Dolch & Bloomster, 1937; Tinker, 1952).

발음 준비도 평가 발음 준비도와 7세의 기계적인 읽기 연령 간에는 높은 상관이 있는 것으로 나타난다. 그러나 교사가 아동의 정신연령이나 읽기 연령을 모를 수도 있으므로 학급 내의 발음 준비도를 평가하기 위한 어떤 실질적인 방법이 필요할 것이다. 학급 내에서 비형식적으로 검사를 하거나 관찰할 수 있는 다음의 능력들을 교사가 갖추고 있으면 학습자의 발음 준비도에 대한 통찰이 가능하다.

- 아동이 흔히 나오는 철자에 더 적절한 발음을 할 수 있는가?
- 소리를 구분할 수 있는가?
- 운이 맞는 단어 모음에서 운이 맞지 않는 단어를 고를 수 있는가? 또 주어진 단어들이나 특정 단어 혹은 단어의 모둠에 들어 있는 운이 들어가는 단어를 자동적으로 말할 수 있는가?

- 예를 들면 철자, 표음문자나 음절과 같은 소리를 결합시킬 수 있는가? 간단한 단어의 소리도 낼 수 없는 아동은 만족할 만한 발음 개선을 할 수 없다. 느린 학습자가 각각의 소리를 들을 수 있는 경우는 많지만 순서대로 그것을 기억해서 단어로 합성하지는 못한다. 청각기억과 결합시키는 데 현저한 결함이 있으므로 시각적인 상징을 제시하기 전에 소리를 조합하는 것을 배우게 하는 편이 더 낫다.

느린 학습자에게 발음을 가르치는 기술 발음 지식의 발달과 사용은 읽기 프로그램에서 필수적인 역할을 하며, 체계적인 지도가 필요하다. 느린 학습자에게 발음을 가르치는 데 유용한 기술은 다음과 같다. 교사가 이 기술을 활용하면 발음에 대한 지도도 상당히 잘 되고, 읽기 프로그램에서 적절하게 자리매김을 할 수 있을 것이다.

- 새로운 소리는 시각적으로 볼 수 있는 단어나 간단한 문장에 포함된 단어들이어서 아동이 맥락 단서를 통해 인지적인 추측을 할 수 있게 도와줄 수 있는 단어를 소개해야 한다. 이러한 단어들을 통해 아동의 표음문자 소리에 관한 일반화를 부추길 수 있다. 예를 들면, man, cat, has에서 가운데 철자에 의해 만들어지는 소리를 추론한다. 아동이 읽을 수는 없지만 단어에서 어떤 발음이 날 것 같은지를 예측하게 해서 단어의 일반화를 적용해 보라고 할 수 있다. 어휘학습을 참고하는 것이 이 맥락에서 유용하다. 이러한 활용은 다양하고 재미있는 쓰기 과제와 말하기 연습으로 강화해야 한다.

- 읽고 이해해야 할 구절에 새롭게 학습한 것을 집어넣어서 의미 있는 읽기가 될 수 있도록 새로운 학습내용이 즉각 읽기에 투입되어야 한다. 이러한 방법으로 새로운 지식과 기술에 대한 유용성을 아동에게 입증할 수 있게 된다.
- 교사는 읽기과정과 언어발달을 지속시키는 데 가장 유용할 것 같은 발음의 요소들만을 가르쳐야 한다.
- 발음의 요소를 포함하면서 아동이 이전에 공부했던 적이 없는 어떤 새로운 단어도 시각적인 단어로 다뤄야 한다. 전체적으로 시각적 접근과 청각적 접근 간의 균형이 이루어져야 한다. 발음이 불규칙한 단어도 서서히 소개해야 한다.
- 교사는 아동 전체를 한꺼번에 지도하는 것을 피하고 개인차에 맞춰야 한다. 모든 아동이 각자의 속도에 맞춰 갈 수 있게 해야 하며, 교사가 유능할수록 성취의 정도도 더 커질 것이다.
- 교사는 너무 많은 규칙을 정하지 말아야 한다.
- 교사는 올바르게 소리 내고 정확하게 발음하면서도 각각의 소리를 지나치게 강조해서 훌륭한 소리의 조합이 손상되지 않도록 하는 데 특히 주의를 기울여야 한다.
- 교사는 다른 단어인식 기술과 의미 있는 읽기를 경시한 채 발음 가르치기만을 강조하지 말아야 한다.

이야기 방법

이 방법은 의미 있는 방법으로 몇 개의 문장을 포함한 연결된 구절들을 읽는 것이다. 이것은 문장 방법을 간단히 확장한 것이다. 이 방법에서는 의미를 크게 강조한다. 그러나 이 방법은 외국어로 영어를 공부하는 아동보다는 모국어가 영어인 아동에게 더 적합하다. 이 방법은 느린 학습자의 초기 단계에는 적합하지 않다. 그러나 더 나중 단계에서 읽기 기술이 어느 정도 발달했을 때 이 방법이 소개될 수는 있다. 이 방법의 이야기 부분은 그 자체로 동기유발적인 특성을 갖는다. 정상적인 읽기가 가능한 아동인지의 여하를 막론하고 아동은 이야기 읽기를 좋아한다. 아동은 자신만의 선호도를 가지고 있다. 자신이 선택해서 이야기책을 읽을 때 느린 학습자가 할 수 없을 만큼의 꽤 오랜 시간 동안 읽기를 유도할 수 있다. 교사는 기본적인 읽기 기술을 발달시켜서 느린 학습자가 이야기책을 읽도록 준비시켜서 빠른 읽기가 가능하게 해야 한다. 이야기책에 좋은 삽화가 들어 있다면 느린 학습자에게 더 매혹적이며, 더 오랜 시간 동안 읽기에 대한 흥미를 유지시키기 때문에 더 좋은 특성이 될 수 있다. 느린 학습자를 도서관에 데리고 가면 삽화가 있는 이야기책을 그들이 얼마나 좋아하는지 알 수 있다. 스토리가 짧은 이야기책을 집에서 읽을 수 있도록 느린 학습자에게 주면 교사는 보충적인 읽기를 촉진할 수 있다.

절충 방법

절충 방법은 조합의 적절한 형태로 하나 이상의 방법을 사용하는 것이다. 보고 말하는 방법과 문장 방법을 혼합하면 바람직하고 실용적이다. 발음 방법은 어디에나 사용 가능하다. 이 방법은 정상이든, 뒤처지든 모든 범주의 학습자에게 적합하다. 교사가 절충 방법에 따르면 그의 가르침이 모든 학생에게 전달되어 예정된 행동 목표를 성취할 수 있다. 또 다양성에 대한 여유가 생겨서 상당한 시간 동안 학생들의 관심을 지속시킬 수 있다.

그것이 최상이라 할지라도 어느 한 가지의 방법만을 적용하는 것은 단조로우며, 아동, 특히 느린 학습자는 지루해하고 곧 싫증을 느끼게 된다. 절충 방법은 가정에서의 보충적 읽기는 물론 학급에서 공식적인 읽기를 발달시키는 데도 적합하다. 짧은 기간 동안에도 학급에서 교사는 아동에게 읽기를 가르치기 위해 철자 방법, 보고 말하기 방법, 문장 방법, 발음 방법과 같은 모든 방법을 사용할 수 있다. 그 기간이 끝나고 나면 교사는 아동이 선택할 수 있는 재미있는 이야기책을 제공해서 가정에서 보충적인 읽기를 진행할 수 있게 한다. 매일 하는 것이 어렵다면 교사는 주말마다 보충적인 읽기를 제공할 수도 있다. 아동기 초기 단계에서도 빠른 읽기가 발달될 수 있다.

이해를 위한 속독 발달

이 주제만 별도로 다뤄지는 것도 유용하다. 그러나 이해를 위한 읽기가 모든 단계에서 읽기 발달의 필수적인 부분이라는 것을 기억해야 한다. 일견 어휘가 형성되는 초기 단계 동안에 내용이 제한적이긴 하지만 이 내용을 바탕으로 하는 생각은 토의, 직접 경험과 삽화를 통해 확장되고 강화되어야 한다. 이 단계 동안에 단어를 잘 인식하게 해서 읽기 능력을 개선시키려면 다방면에서 흥미롭고, 쉽고, 매력적인 삽화가 그려진 책들이 효과적이다. 아동의 개별적인 흥미와 읽기 수준에 맞춰 책을 선택해야 한다. 느린 학습자와 같이 뒤처진 아동은 모험, 미스터리, 탐정과 여행 이야기 등을 특히 선호하는 것으로 보인다. 특히 뒤처진 여학생들은 가족 상황, 성경 이야기, 동화, 집에서 키우는 동물을 중심으로 하는 책들을 선호한다. 크게 관심 있어 하면 조금만 열심히 해도 가끔은 책을 읽어 낼 수 있다. 대체로 각각의 아동이 단어인식에서 자신의 수준보다 난이도가 낮은 책들을 선택하게 해야 한다.

읽기 프로그램의 목표 중 하나는 단어인식, 이해를 위한 읽기와 구두 어휘들이 같은 속도나 약간의 차이를 두고 발달할 수 있게 해야 한다는 것이다. 느린 학습자에게는 단어의 뜻, 이해와 생각의 발전에 중점을 둬야 한다. 이해는 처음부터 끝까지 강조되어야 한다. 말과 쓰기 연습, 내용에 대한 토의, 개념 형성이 풍부한 정도, 사전 찾기 연습과 정의 찾기에 대해 관심 갖게 하기, 아동이 질문하고 학년에 적합한 참고 도서를 사용하는 것을 독려하는 방법을 통해 이해하는지 신중하게 시험해 봄으로써 그렇게 할 수 있다. 이해가 뒤처질 때는 다음의 연습들이 매우 유용할 것이다. 반대말과 비슷한 말 찾기, 지시문에 따르거나 완성하기, 질문에 답이 되는 구절이나 문장 선택하기, 주어진 구절을 다른 단어로 써 보기, 주어진 정의에 대해 하나의 단어로 말하거나 단어 하나를 여러 가지로 정의해 보기, 시제 바꾸기, 성별, 숫자, 비교급과 최상급, 특성에 따라 단어들을 분류하기, 그것이 나타내는 용도와 기능, 특정 단어를 알게 할 때 문장 완성과 이야기 쓰기.

쓰기는 읽기 프로그램에서 중요한 역할을 한다. 쓰기는 시각적 변별력과 기억, 시각과 청각적 패턴 간의 연관을 촉진한다. 또한 아동이 의사소통에서 읽기와 쓰기의 관련성을 알게 하는 데도 도움이 된다. 어휘를 확장하고, 표현을 정확하면서 자세히 하도록 하는 습관을 고취하는 것은 매우 유용하다.

철자법

읽기와 쓰기를 쉽게 하려면 정확한 철자법에 대한 지식이 필요하다. 철자법을 틀리면 혼동하거나 이해하지 못하게 된다. 때때로 이것은 심각한 결과를 초래하곤 한다. 한 사람의 전체 교육 자체는 그 사람이 철자법을 정확히 쓸 수 있는지에 달려 있다. 그러므로 철자법 지도는 시작부터 더 큰 관심을 기울여야 한다. 영어 철자법은 나름대로의 특성과 난이도, 불규칙성을 가지고 있다. 이러한 것들이 느린 학습자를 매우 혼란스럽게 만든다. 심지어는 영국인들도 철자법에 대해 불만스러워한다. 저명한 독일의 철학자이자 비교언어학자인 막스 뮐러도 "영어 철자법은 영국에게는 국가적인 불행이고, 나머지 나라들에게는 국제적인 불행이다."라고 했다. 이로 인해 많은 철자법 개정 단체가 결성됐으며, 이 단체들은 영어 철자법 개정에 온힘을 쏟았다. 위대한 영국의 극작가인 버나드 쇼도 영어 개정을 위한 계획에 써 달라며 유언으로 큰돈을 남겼다. 그러나 이 모든 노력이 결실을 맺은 것은 아니다. 철자법이 불만스러웠던 미국인들은 약간의 자율성을 가지고 철자법에서 어느 정도의 변화를 가했다. 예를 들면, colour 대신 color, programme 대신 program이 그 변화다. 그러나 인도에서는 영국 방식에 따른다. 그래서 지금까지 그

것이 존재하는 한 불리하지만 최선을 다하며, 가장 확실하고 빠르게 우리 아이들에게 철자법을 가르칠 수 있는 방법을 배워야 할 필요가 있다.

철자법에서 느린 학습자가 경험하는 어려움

느린 학습자는 철자법에서 많은 어려움을 겪는다. 그 어려움은 다음과 같다.

- 철자가 다른 단어를 같거나 비슷하게 발음한다. 느린 학습자는 읽고, 듣고, 받아쓰기를 할 때 이러한 단어들을 혼동한다. 이러한 단어들은 다음과 같다. here/hear/ear, price/praise/prize, right/rite/write, rain/reign, sun/son, prey/pray, were/wear, our/hour, vain/vein, ice/eyes, ware/where, meat/meet, soul/sole, week/weak, rise/rice, sea/see, weight/wait, lack/lake, roll/role, stationery/stationary, no/know
- 두 가지로 발음되는 단어들이 있다. 강세에 따라 변하거나 시제가 바뀌면 이 단어들을 다르게 발음한다. 이 때문에 아동의 읽기에 문제가 생긴다. 'conduct'가 명사로 쓰일 때는 con-에 강세를 둬야 하지만 동사로 쓰일 때는 -duct에 강세를 둬야 한다. 그런데 con-에 강세를 두는 발음이 아동에게 더 친숙하기 때문에 동사로 쓰일 때도 con-을 강하게 읽을 수 있다. 두 가지로 발음되는 단어들은 다음과 같다. conduct, lead, wind, bow,

convict, contest, read

- 묵음이 있는 단어들이 있다. 그래서 느린 학습자는 이 단어의 철자에서 어려움을 겪고, 자주 혼동한다. 받아쓰기에서 묵음 철자를 빠뜨리고, 읽을 때에는 묵음을 발음하곤 한다. 초기 단계에서 더 자주 일어난다. 이러한 단어들은 다음과 같다. bomb, balm, realm, honour, condemn, psalm, bird, island, know
- 불규칙하게 발음되는 단어들이 있다. 느린 학습자는 이러한 단어 읽기를 매우 어려워하는데, 예를 들면 다음과 같은 단어들을 쓸 때 철자를 혼동한다. colonel, lieutenant, mischievous, wright
- 같은 종성을 갖지만 다른 철자들을 가진 단어들이 있다. 그래서 느린 학습자들은 쓸 때 'sion'을 써야 하는지 아니면 'tion'이나 'cian'을 써야 하는지 혼란스러워 한다. 이러한 단어들은 다음과 같다. mission, station, omission, commission, comparison, musician

철자법 지도 방법

철자법은 교사가 영어의 초기 시작 과정에서부터 주의 깊고 풍부한 책략들을 사용한다면 매우 쉽게 가르칠 수 있다. 철자법 지도의 초기 단계에서 폭넓게 사용되는 방법은 부수적인 방법과 반복연습 방법이다.

부수적인 방법

이 방법에서는 철자법을 부수적으로 가르친다. 철자법을 가르치는 시간을 따로 정하지 않는다. 물론 어떠한 반복연습도 시키지 않는다. 학급에서 아동이 어렵다고 할 때나 어려운 단어들이 나올 때 지도한다. 철자법의 특성을 설명하고 공책에 쓰면서 잘 배울 수 있게 지도한다. 철자법 연관성도 생긴다. 규칙적인 철자를 가진 단어도 부수적으로 다루고, 이미 배웠던 단어들과 연관 짓는다. 그러나 이 방법은 영리한 아동에게 적합하다. 느린 학습자에게는 효과적이지 않을 것이다. 영어 철자는 어렵기 때문에 느린 학습자가 철자를 옳게 받아들일 수 없다. 그래서 의도적이면서 형식을 갖춘 철자 지도가 필요하다.

반복연습 방법

반복연습 방법에는 세 가지가 있다. 암송하거나, 쓰거나, 보고 말하거나 쓰는 방법이다. 이 방법에서는 단어의 철자를 직접적으로 지도하고, 규칙적인 연습의 필요성을 인식하게 하며, 규칙적으로 반복연습을 시킨다.

암송 훈련 방법 과거에는 이 방법이 광범위하게 사용되었다. 이 방법에서는 각 철자를 정확하게 발음하게 하고 나서 전체 단어를 발음하게 한다. 아동이 철자를 기억할 수 있도록 대여섯 차례 반복시킨다. 예를 들면, 우리가 book과 bags라는 단어를 가르친다고 가정해 보자. 아동에게 다음과 같이 따라 하라고 시킬 것이다.

bee oh oh kay book
be aye gee ess bags

아동은 철자를 외우기 위해 대여섯 차례 그 소리를 반복해야 할 것이다. 가끔씩 받아쓰기를 할 수도 있으나 이 기술의 대부분은 말로만 실시될 것이다. 이 방법에서는 철자와 발음을 듣고 말하는 것의 상호 연관성에 대해 알게 된다. 그 점에 대해서는 어떤 것을 배우기 위해 훈련할 필요가 있는 느린 학습자에게 적합하다. 그러나 소리 방법은 아니다. 철자는 청각의 문제라기보다는 시각의 문제다. 그래서 귀보다 눈을 끄는 것이 매우 중요하다. 이 방법에서는 철자 학습에 매우 효과적인 시각화가 중요하다. 그러므로 이것을 매우 좋은 방법이라 여길 수는 없다.

반복해서 쓰기 훈련 이 방법에서는 칠판에 단어를 쓰거나 플래시 카드를 보여 준다. 아동에게 종이 위에 단어의 철자를 대여섯 차례 써 보게 한다. 따라서 이 방법은 근육과 연관이 있다. 쓰기는 느리고 깊이 있는 과정이다. 손의 근육들이 귀, 눈, 목의 근육과 신경을 도와서 아동이 철자를 외우게 한다. 이것은 좋은 방법이긴 하지만 모든 단어를 써서 외우는 데는 무리가 있다. 반복해서 쓰는 훈련을 하기 위해서는 베껴 쓰기, 칠판이나 교과서를 보고 따라 쓰기, 받아쓰기 등의 연습이 효과적으로 사용될 수 있다.

시각적 훈련 방법 이 방법은 보고, 말하고, 쓰는 방법으로 알려져 있다. 초기 단계에서 보고, 말하고, 쓰는 방법은 철자를 가르치기에 가장 좋은 방법이다. 느린 학습자가 학습과정에서 더 나은 학습을 하기 위해서는 시각적 효과가 필요하기 때문에 느린 학습자에게는 매우 적합하다. 이는 매우 간단한 방법이다. 아동에게 단어나 짧은 문장을 칠판에 쓰거나 플래시 카드로 보여 준다. 아동은 문자를 보고 단어나 문장을 말한다. 그러고 나서 자신의 공책에 쓴다. 눈, 귀, 손이 다각적으로 필요한 방법이다. 이 세 가지의 연합이 철자에 집중해서 쉽게 외우게 한다. 더 상위의 단계에서도 이 방법은 최고의 효과가 있다. 앞서 언급했던 것처럼 베껴 쓰기, 듣고 쓰기, 받아쓰기와 작문 연습들이 정확한 철자를 지도하는 데 효과적인 방법이 될 수 있다. 시각적 훈련 방법은 플래시 카드를 사용하거나 교사가 칠판 위에 쓰는 것을 보게 하거나 철자 게임을 하는 것이다. MELT 프로그램은 이와 같은 선상에서 철자를 가르치기 위해 2분 동안 매일 규칙적으로 연습하기를 제안한다. 한 번에 6개의 단어를 정해서 과학적으로 암기한다.

발음과 구조적 분석과 같은 단어인식 기술에 대한 교수법으로 철자를 체계적으로 지도하는 것이 중요하다. 철자법 결함이 느린 학습자에게 흔한 주 호소 문제라는 것은 틀림없다. 이 결함에는 많은 원인이 있지만 주된 원인은 비효율적인 지도에 있다. 예를 들면, 한 번에 지나치게 많은 단어를 가르친다든가, 개인차나 모둠 활동에 대한 관심은 적으면서 규칙에 지나치게 관심을 둔다든가 하기 때문에 학급 내에서 수행과 능력별로 다양한 범위를 제공하는 데 실패하고, 지속적으로 어려워하는 단어들을 마음속에 떠올려 보는 경험이 충분치 않으며, 어떤 철자들을 포함하는지에 대한 교사의 이해가 부족하여 아동이 학습한 단어들을 외울 수 있는 기술을 가르치는 데 실패한다.

느린 학습자의 철자 지도를 위한 평가

학습은 단어를 시각적 · 청각적 · 운동감각적으로 인식하는 다양한 방식을 사용해야 하며, 의미의 연관성을 활용해야 한다. 어려워하는 아동에게는 손가락으로 단어를 짚어 가는 방법도 사용해야 한다. Transley와 Gulliford는 느린 학습자에게 철자를 지도하기 위해 다음의 방법을 만들었다.

- 교사가 등급별로 나눠서 15개 미만의 단어로 이루어진 일련의 과제를 준비한다. 세트 내의 단어들은 쓰기 어법에서의 빈도에 따라 선택하고, 단어인식에서 사용되는 단어들과 유사하게 배열해서 발음상 규칙적인 단어와 불규칙적인 단어들 간의 균형을 맞춘다. 이 과제는 수정이 가해질 수 있으므로 이를 적절히 대비해야 한다.
- 학급에서는 철자시험을 실시하고, 그 결과로 철자 수행의 정도에 따라 아동을 짝짓는다. 각 쌍에게 수행 수준에 가장 적합한 과제를 준다.
- 각 아동은 자신의 짝과 함께 단어 공부에 대비하도록 과제를 수행한다. 교사는 과제가 정확하게 수행되었는지, 각각의 아동이

단어와 발음을 정확하게 알고 있는지, 언어발달이 명확하게 일어나고 있는지를 확인한다. 각각의 단어는 그때 공부되는 것이다. 아동이 단어를 보고, 말하고, 그것을 시각적인 형태로 기억하고자 노력하는 것이다. 단어를 다시 보지 않고 써 본 후, 옳게 썼는지를 확인한다. 철자가 맞을 때까지 이 방법을 반복한다. 아동과 그의 짝이 이와 같은 방법으로 과제를 다 하고 나서 서로가 불러 주는 단어를 써 보고 시험해 보게 한다. 철자는 주로 쓰기에 필요하고, 말로 하는 것은 불필요한 어려움을 더할 수 있기 때문에 말로 회상하는 것은 권장하지 않는다. 게다가 단어를 쓰는 것과 말하는 것은 시각과 청각, 운동감각적 기억을 한꺼번에 도와준다. 연습했던 쌍들이 만족할 만한 결과를 얻으면 교사가 다시 평가한다. 교사 역시 이들의 수행이 만족스러우면 이후에 단어의 뜻을 묘사하는 문장을 쓰게 하거나, 그러한 문장을 말로 해 보게 하거나, 단어의 뜻을 바탕으로 하는 이해 연습 문제에 답해 보게 한다. 이것을 다 하고 나면, 다음 과제로 전체 과정을 다시 반복한다.

느린 학습자의 읽기 문제

가벼운 읽기 문제를 가진 경우에서처럼 느린 학습자에게 가장 흔한 문제는 ① 진도가 더 느리고, ② 이해력이 부족하며, ③ 시각적 인식이 부족하고, ④ 지나치게 빠르고 부주의하게 읽으며, ⑤ 발음 기술이 부족하다는 것이다. 각각의 문제 유형에 대한 간단한 설명과 개선을 위한 의견은 다음의 목록에 있다. 이 문제에 대해 통찰하고 개선하기 위해 평가하는 것은 느린 학습자를 가르치는 교사에게 더 나은 전문지식을 제공할 것이다.

예상 밖의(더 느린) 진도

또래의 읽기 연령에 비해 더 낮은 교육 단계에 있어서 읽기 발달의 정도가 뒤처진 경우들이 있다. 이러한 아동의 교육 단계와 이해 수준은 비슷하다. 이것은 스스로 읽은 것과 마찬가지로 자기에게 읽어 준 내용을 동일하게 이해한다는 것을 뜻한다. 교육 단계별로 등급에 따라 나뉜 단어의 목록에서 단어인식이 약 80%가량 정확하고, 문맥에서 단어를 읽는 능력이 다소 높은 편이다.

이러한 아동은 교육 단계에서 기초 시리즈로 발달 프로그램을 계속하면 유익할 것이다. 매우 재미있으면서도 낮은 수준의 어휘를 가진 읽기 시리즈들을 제시한다면 읽기에 대한 즐거움을 증가시킬 수 있을 것이다.

부족한 이해력

아동의 교육 단계는 소리 내서 읽어 준 내용을 이해하는 능력과 같다. 소리 내서 읽는 속도와 눈으로 읽는 속도가 적절하지만 이해는 부족할 수 있다. 동일한 책 수준에서 눈으로 읽고 이해하는 것이 소리 내서 읽고 이해하는 것보다 더 적다. 목록과 문맥에 있는 단어 인식도 높을 수 있지만, 그가 읽었던 이야기를 다시 말하지 못하거나 읽은 것에 대한 질문에 대답하지 못하는 경우가 여기에 속한다.

이를 개선하기 위해서는 교육 단계에서 이해를 강조하는 집단 교육이 필요하다. 사실을 기반으로 하는 답을 찾기 위한 읽기를 시작하면서, 공식적으로 읽기를 강화해야 한다. 소리 내서 읽는 것이 눈으로 읽는 것보다 더 잘 이해하게 한다. 녹음기나 테이프, 또는 다른 청각적인 도구를 사용하는 것이 적절하다. 알고 있는 단어가 부족해서 이해가 안 되는 것인지 알아보려면 아동의 어휘를 확인하는 것이 중요하다. 또 교사는 아동이 어려워하는 이해의 특정한 종류(주제 이해, 꼼꼼히 읽기 등)를 확인하고 적절하게 개선할 수 있는 프로그램을 계획해야 한다. 교사가 새로운 단어를 정하고, 구체적인 교재를 사용해야 하며, 이때 아동에게 복잡한 이해를 요하는 질문은 피하는 것이 좋다. 개선을 위한 지도를 한다면 아동이 인쇄물에 담긴 생각을 이해하거나 어휘와 말하기 언어 기술을 개발하는 데도 도움이 될 것이다.

부족한 시지각 능력

이러한 아동은 단어에 약점을 가지고 있어서 발음과 문맥을 이용해서 읽느라 그의 교육 단계에 비해 느리게 읽는 편이다. 잘 이해할 수는 있지만 다섯 개의 단어마다 하나 정도가 모르는 단어다. 모르는 단어를 발음해서 소리 내어 보려고 하지만 소리 내서 읽을 때마다 머뭇거리거나 힘들어 보인다. 소리 내지 않고 읽는 것도 이와 같아서 그들이 자신의 손가락으로 가리키면서 읽는 입술의 움직임을 관찰해 보면 소리 내서 읽기와 비교했을 때 속도와 이해는 동일하다. 스스로 읽고 이해하는 능력보다 읽어 주었을 때 내용을 이해하는 능력이 적어도 2년 이상 높다. 해당 교육 단계에 해당하는 단어 목록을 따로 제시했을 때 시각적으로 단어의 약 30% 정도만 아는 경우도 있다. 단어를 발음해 보려고 시도해서 규칙적으로 발음되는 단어에서는 때때로 성공하기도 하지만 그렇지 않은 것들은 발음하지 못한다.

이 학생들도 주된 강점으로 자음과 단모음의 소리를 내는 철자에 대한 지식은 가지고 있다. 맥락적인 단서를 사용하는 능력도 이해력만큼이나 뛰어날 수 있다. 이때 주로 개선해야 할 점은 일견 어휘를 증가시키는 빠른 단어인식 기술의 발달이다. 지각의 속도를 높이기 위한 강화책을 활용하여 이 아동들에게 많은 연습을 시켜야 한다. 교사는 아동이 빠르게 알아볼 수 있도록 Dolch의 빈출 단어들(Dolch words, 미국의 Edward William Dolch 박사가 방대한 양의 어린이 책을 조사하여 이 책들에서 사용된 어휘들을 분석하여 정리한 220여 개의 빈출 단어들–역자 주)과 장모음의 흔한 유형을 활용할 수 있다. 아동의 유창성을 증진시키기 위해서 아동에게 다시 읽어 보게 독려해야 한다. 이때 단어를 소리 내서 읽도록 지나치게 독려하지는 말아야 한다.

지나치게 빠르고 부주의하게 읽기

이러한 아동의 교육 단계는 듣고 이해하는 수준보다 다소 낮다. 소리 내서 읽기가 빠르고 부드럽지만 많이 바꿔서 읽을 수 있다. 읽기속도는 평균 이상이다. 서두르거나, 소리치거나, 첫 음이 비슷한 다른 단어로 읽거나, 일반적인 배열 형태의 다른 단어들로 읽거나,

문장의 맥락에서 단어의 앞뒤가 맞지 않는데 이를 수정하지 못하는 등 이들 중의 하나가 이들이 소리 내서 단락을 읽는 방식이다. 인쇄된 단어들에서 의미를 찾는다기보다는 과제를 끝내는 데 더 관심이 있는 것으로 보인다. 별도의 단어 목록에서 단어를 인식하는 것도 성급해서 세부 사항들에 부주의하다. 그러나 단어를 인식할 수는 있다. 등급별로 나뉜 단어의 50%는 시각적으로 정확하게 읽지만, 더 주의 깊게 보도록 가르치면 나머지에서 40%는 정확하게 읽을 수 있을 것이다.

빠른 읽기 속도와 듣고 이해하기가 이 아동들의 강점이다. 단어인식과 단어분석 능력이 있긴 하지만 적절하게 사용되지 못하고 있다. 이들에게 필요한 개선책은 주의 깊고 정확하게 읽을 수 있는 능력을 개발하는 것이다. 맥락적인 단서들을 이용하는 교육, 그들이 답할 때 즉각적으로 확인 가능한 교구가 도움이 될 것이다. 뜻에 대해 생각하며 더 느리고 더 주의 깊게 읽을 때 강화해 주는 것이 매우 중요하다. 주의 깊은 것과는 반대로 빨리하기를 강화하는 학급 상황에 대해 더 철저한 연구가 이루어져야 할 것이다. 강화 프로그램이 실패한다면, 말하기 언어를 이해하는 아동의 능력에 대해 더 완벽한 분석을 해야 할 것이다. 이 아동은 동일한 학년 단계의 학급에서 읽기 지도를 받을 수 있다. 교사는 이 아동들이 천천히 하게 하는 데 모든 노력을 기울이고, 주의 깊게 읽을 수 있도록 독려하는 강화 프로그램을 개발해야 한다. 한 달 이상이 지난 후에 이 프로그램이 효과적이라면 이 아동에게는 더 이상의 도움이 필요치 않을 것이다.

부족한 발음 기술

이러한 아동의 교육 단계는 읽어 준 교재를 이해하는 능력보다 더 낮다. 이들은 소리 내지 않고 읽기와 소리 내서 읽기의 속도가 같고, 이 속도는 교육 단계에서 평균이다. 단어 인식이 주요 문제다. 소리 내서 읽을 때 단락에 있는 단어를 읽는 데 머뭇거리거나, 다른 단어로 대체하거나, 스스로 바꿔서 읽는다. 한 단어를 부정확하게 읽고 나서는 문장의 내용에서 단서를 찾으면 고친다. 대체해서 읽는 것들 중의 대부분은 문장에서 앞뒤가 맞고, 그것들 모두가 실제 단어이긴 하다. 단락에서보다는 별도의 단어 목록에서 더 많은 실수를 한다. 단락을 봤을 때 한 개의 단어를 모르면 시간을 아무리 줘도 그들은 그것을 정확하게 읽을 수 없다. 단어 목록에서는 같은 자음이나 모음으로 시작하는 다른 단어들로 대체하거나, 단어의 종성이 같은 다른 단어들로 대체하는 실수를 자주 한다. 이 아동들의 강점은 언어에 대한 이해와 읽기에서 맥락을 이용하는 능력이다.

이들을 위한 개선 프로그램은 모르는 단어를 공략하기 위해 구조적이고 발음적인 단서들을 이용하는 능력을 키우는 것이 중요하다. 교사는 아동이 어떤 소리와 상징을 모르는지 정확히 찾을 수 있도록 노력해야 한다. 이 학생들에게는 읽기 지도를 기반으로 하는 매일매일의 집중적인 지도가 필요하다.

말하기와 언어 문제

정상적인 아동의 말하기와 언어 습득은 일반적인 발달 순서에 따른다(Bloom & Lahey, 1978). 그러나 많은 특수 아동들은 다른 장애 조건들을 가지고 있는 동시에 말하기 문제와 언어적 어려움을 갖고 있다. 말하기와 언어 문제는 그 학생을 실어증이라고 판단할 만큼 심각한 것은 아니지만 아동의 사회적 수용과 학업적 성공에 큰 영향을 미친다(Traver & Ellsworth, 1981).

언어 처리와 말하기 언어의 상호 관련성은 언어의 세 가지 유형에 대한 분석으로 볼 수 있다. 수용 언어는 다른 사람이 말한 메시지를 받아서 이해하는 과정이다. 내적 언어는 과거 경험과 다른 사람이 말한 메시지를 통합하는 것이며, 다른 정보와 생각을 의미 있게 연결 짓는 것이다. 표현 언어는 이전에 익혔던 단어들과 소리들을 회상해서 메시지를 전달하기 위해 그것들을 이용하는 과정이다(Culatta, Page, & Culatta, 1981; Glass & Christiansen, 1982). 말하기는 표현 언어가 전달되는 기제다.

말하기 또는 언어 문제의 유형

정규 학급의 교사는 말하기와 언어 문제를 일차적으로 알아낼 수 있는 사람이다. 담임교사라는 신분으로 관찰과 빈번한 상호작용을 통해 쉽게 문제들을 찾아낼 수 있고, 가능한 원인들을 추측해 볼 수 있다. 지시 따르기나 언어적 설명을 이해하는 데 어려움을 나타내는 아동의 대부분은 수용 언어의 문제들을 보일 수 있다. 느린 학습자에게 수용 언어의 결함이 내재한다면 다음과 같은 증상이 나타날 것이다.

- 몸짓이 동반되거나 메시지를 반복할 때만 언어적인 표현을 이해할 것이다.
- 대화하는 동안 표정을 바꾸지 않거나 하나의 메시지를 듣는 동안 눈 맞춤이 유지되지 않는다.
- 지시를 마치기도 전에 반응하기 시작하거나 반응할 때까지의 시간이 일반적으로 오래 걸린다.
- 요구에 따르기를 거부하고, 질문 받은 내용을 이해하는 것으로 보이지 않는다.
- 이전의 행동과 다른 새로운 지시에 따르는 능력을 보이지 않는다.
- 지시 사항을 말로 전달할 때 워크시트나 과제를 완성하기 어려워한다(Culatta, Page, & Culatta, 1981의 내용을 변형함).

표현 언어의 결함은 언어적으로 사고를 표현하는 데 문제를 가진 학생에게서 나타난다. 느린 학습자가 표현 언어의 결함을 가졌을 때 다음과 같은 문제 유형을 보인다.

- 생각을 표현하기에 적당한 단어를 찾을 수 없을 때 쉽게 당황한다.

- 단어 대신 몸짓을 사용한다.
- 여러 생각을 하나의 문장으로 표현하기 어려워한다.
- 사용하는 어휘량이 적고, 일관성 없는 형태로 문법적인 실수를 한다.
- 단어를 회상하기 위해 자주 머뭇거리거나, 특정 언어를 사용하지 않고 '~처럼 보이는 건데……'와 같이 연관을 짓는다 (Culatta, Page, & Culatta, 1981의 내용을 변형함).

말하기 언어 내용에서의 어려움은 단어를 적절히 사용하는지의 여부에 달려 있다. 문장의 형식을 어려워하는 학생은 의사소통을 할 때 단어 순서를 부정확하게 사용한다. 특정 문맥에 대해 적절치 못한 설명을 자주 할 때는 어법 결함으로 볼 수 있다.

말하기 언어 문제의 개선

말하기와 언어 평가는 느린 학습자가 겪고 있는 조음 문제, 수용언어의 결함, 의미를 이해하지 못하는 등의 문제 유형에 대한 정보를 제공한다. 느린 학습자를 대상으로 하는 말하기 언어 프로그램을 실행하기 전에 교사는 긍정적이고 우호적인 학급 분위기를 만들 수 있어야 한다. 느린 학습자가 자신의 경험과 배우고 있는 것에 대한 생각들을 나누도록 독려하는 학급 분위기가 조성되어야 한다. 교사가 아동의 언어적인 표현을 지지해서 의사소통하도록 격려해야 한다. 교사가 아동의 문법적인 실수를 너무 자주 고쳐 주지는 말아야 한다. 그렇게 하면 느린 학습자가 자신의 생각을 표현하는 데 주저하게 된다. 학생이 실수를 할 때 교사는 학생이 말한 것을 단지 바꾸어 말함으로써 문법을 수정하는 본보기가 되어야 한다.

두 번째 단계는 말하기 활동을 위한 시간을 배정하는 것이다. 많은 교사는 학교에서 보내는 시간이 말하기가 아닌 읽기와 수학과 같은 학업에 보내는 시간이어야 한다고 생각한다. 느린 학습자의 대부분은 말로 표현할 기회가 충분하지 않고 가정환경에서도 좋은 본보기가 없다. 이를 위해 어떤 개선이 이루어지려면 학교 환경에서 프로그램화되어야 한다. 하루에 짧은 시간 단위로 생각을 나누는 시간을 확보해서 느린 학습자가 자신의 생각을 말로 소통하는 데 편안하게 해야 한다. 이 시간들은 학교 행사나 학생들이 배운 것을 표현해 보게 하는 것과 같이 특정 주제로 구조화할 수 있다. 이 시간을 이끌어 나가기 위해서는 아동을 통제하지 못하거나 한두 학생들만의 전유물이 되지 않도록 기본 원칙을 정해야 한다. 다음은 교사가 교정교육에서 유의해야 할 원칙들이다.

- 한 학생이 3분 동안 말할 수 있다.
- 누군가가 말할 때는 방해하지 않아야 한다.
- 다른 학생이 말하기를 마치고 난 후에 질문할 수 있다.
- 다른 학생을 비난하지 않아야 한다.

개선 프로그램을 계획할 때 중요한 두 가지 다른 요소는 언어 표현을 촉진하는 교사의 행동과 학급 구성 유형이다. Cohen과 Plaskon (1980)은 교사가 학급에 대해 다음의 질문들을 해 봐야 한다고 했다.

- 말하기 언어를 개선하기 위해 학급 환경을 어떻게 조정할 것인가?
- 내 행동에 대한 언어적 · 비언어적 특성 모두를 포함하여 내가 가진 '교사 언어'에 내가 얼마나 민감한가?
- 어떻게 어려움을 극복해서 아동의 말하기를 개선할 수 있을까?
- 교실에서 아동들이 더 많은 대화를 할 수 있게 하기 위해서 어떤 기회와 자극들을 제공할 것인가?

표현 언어 발달을 위한 학급 프로그램을 개발할 때 교사가 명심해야 하는 다섯 가지 기본 원칙이 있다.

- 교사가 말하기 언어 표현에서 적절한 본보기가 되어야 한다.
- 학교 정규 시간에 말하기 언어 활동이 규칙적으로 배정되어야 한다. 말하기 언어 표현은 다른 과목 분야(예를 들면, 사회 시간의 토론)의 부산물이나 완전히 비구조적으로 남길 것이 아니라 체계적으로 가르쳐야 한다.
- 교사와 또래들은 의사소통과 상호작용을 하는 느린 학습자의 언어적인 시도의 양과 질적인 성장을 강화해야 한다.
- 사회적 상호작용의 예(예를 들면, 다가오는 행사에 대한 정보를 물어본다거나 불량품을 교환하는 것과 같은)를 역할극으로 해 보게 함으로써 학생이 말로 하는 의사소통의 가치를 알도록 독려해야 한다.
- 언제라도 개별적인 욕구와 목표를 알아봐서 학급 내에서 프로그램화해야 한다.

개선을 위한 기법

말하기 언어 표현의 질(내용, 형식, 사용)과 양은 그 각각이 목표가 될 수 있으며, 둘 다 목표화될 수도 있다. 어휘나 구문과 같은 질적인 요소들은 순차적인 기술에 기반을 둔 접근 방식으로 프로그램화할 수 있다(Nelson, 1979). 이 접근 방식은 느린 학습자에게 크게 도움이 된다. 언어의 특정 기능을 발휘시키는 활동을 교사가 고안해야한다. 말하기 언어는 상호작용을 하고, 사건에 대해 알려 주며, 방법을 제시하고, 평가를 실행하며, 정보를 주고받고, 이야기를 각색하게 하는 것을 포함한다. 이 기능들은 Halliday(1973), Bereiter와 Englemann(1966)이 언급했던 것과 유사하다. 이 기능의 예가 될 수 있도록 만들어진 활동은 다음과 같이 있을 수 있으며, 교사가 추가적인 활동들을 더 많이 개발할 수 있다.

상호작용 개선을 위한 기법

상호작용적인 말하기 표현은 특정 주제에 대한 토론, 논의, 한 가지 이슈에 대한 패널 토론 또는 사람들과의 일상적인 대화나 통화에서처럼 둘 또는 그 이상의 사람들이 서로 생각을 주고받는 것이다. 이 말하기 기술을 개선하기 위해서 교사는 학생들을 두 집단으로 나눠서 학교나 사회와 관련된 제안이나 프로그램에 대한 찬반양론을 정하게 한다. 논제는 학생들의 경험 수준 내의 것이어야 한다.

보고하기를 통해 개선하는 기법

보고한다는 것은 특정 사건에 대해 알려 준다거나 발생한 어떤 일에 대해 묘사하는 것처럼 메시지나 주제를 전달하는 것이다. 보고는 한 개인이 다른 사람에게 하는 것으로, 말하는 사람과 듣는 사람 간의 상호작용 기능은 포함되지 않는다. 보고하는 기술을 개선하기 위해서 교사는 학생들이 서기, 도서관 사서, 게임에서의 서기, 스카우트 단장, 정원사, 실험실 조교 등과 같이 학교 내에서 하는 일을 선택하게 한다. 교사는 학생들이 그러한 일을 하는 사람을 10분 또는 그 이상 관찰하게 한다. 그러고 나서 학생들이 급우들에게 자신이 본 것과 이 사람들이 주로 맡고 있는 일이라고 믿는 것들에 대해 보고하게 한다. 정규 수업일, 체육경기날, 토론회나 외부 강연 또는 공연과 같이 학교에 무슨 일이 있을 때마다 학생들이 이 행사에 대해 보고해 볼 수 있게 한다.

알려 주는 기능을 전형적으로 보여 주는 기법

알려 주는 기능은 과제를 완성하거나 목표에 도달하는 방법에 대해 다른 사람에게 언어적으로 알려 주는 것을 말한다. 알려 주는 활동을 설명하고, 특정 과제를 하는 방법을 보여 주며, 모임과 같은 특정 조직을 구성하는 것에 초점을 맞춰야 한다. 알려 주는 기술을 개선하기 위해 교사는 학생들이 버터우유를 준비해서 아이스크림선데를 만드는 것처럼 각자 좋아하는 과제 한 가지를 선택하게 한다. 교사는 한 학생이 지역 자격증을 따는 방법이나 지방 세무공무원에게서 소득증명서를 떼는 방법을 다른 학생에게 설명하도록 시킬 수도 있다. 교사는 학생이 다른 학생에게 전기요금을 내는 방법이나 이민국에 항의서를 제출하는 방법 등을 알려 주게 할 수도 있다.

평가 기능 개선 기법

평가 기능은 질적인 판단의 어떤 형태가 듣는 사람에게 전달된다는 점에서 다른 것과 차이가 있다. 말하는 사람은 평가되는 것에 대해 설명할 수 있어야 할 뿐만 아니라 좋고 나쁜 측면들을 지적할 수 있어야 한다. 평가 활동은 책에 대한 리뷰나 특정 프로그램에 대한 비평의 형태로, 전형적인 학급 과제에 포함될 수 있다. 평가 기능을 개선하기 위해서 교사는 다양한 제품에 대한 특정 광고가 실려 있는 잡지를 활용할 수 있다. 교사는 학생에게 광고 하나를 선택해서 광고에 대해 설명하고, 그 광고가 특정 제품을 써 보고 싶게 하는 데 효율적인지 비효율적인지 지적한 뒤 그 이유를 말하게 한다. 또한 교사는 학생들에게 제공된 보완적인 학습 매체의 특성에 대해서 비평하거나 학급에서 사용되는 시청각 매체들의 효율성에 대해서도 비평할 수 있게 한다.

정보를 제공하는 활동 예시 기법

정보를 알려 주는 활동들은 한 사람이 또 다른 사람에게 상호작용의 일환으로 명백한 자료를 제공할 책임이 있는 면담과 대화 같은 쌍방향 의사소통을 포함한다. 정보를 알려 주는 활동의 주된 방식은 질문을 해서 자료를 수집하고, 또 다른 누군가에게 그 정보를 전달하는 것이다. 이 기술을 개선시키기 위해 교사는 학생에게 다른 학급의 누군가와 면담하게 한 후 그 사람의 취미나 가장 좋아하는 운동 종목을 알아 오게 할 수 있다. 교사는 학생들이 급우들에게 그 사람에 대해 소개할 수 있게 준비하도록 교육해야 한다.

극화 기술을 발달시키는 기법

극화 기술은 사건을 재연하거나 인쇄물(예를 들면, 희곡이나 이야기)이나 봤던 것(TV 프로그램)을 공유하는 것을 말한다. 학생들이 자신을 표현하는 독자적인 방법을 발달시킬 필요까지는 없다. 대신에 인물의 감정을 해석하거나 봤던 것을 흉내 낼 수는 있다.

극화 기술을 발달시키기 위해서 교사는 학생에게 좋아하는 영화나 이야기 또는 TV 프로그램의 한 장면을 흉내 내게 할 수 있다. 말하기 기술뿐만 아니라 잠재적인 예술적 능력이 드러날 수도 있을 것이다. 잠재적인 예술적 재능을 드러내고 싶은 욕구는 말하기 기술을 발달시키기 위한 자극제로 활용될 수도 있다.

이 활동은 학생의 연령과 학년에 맞게 적용되어야 한다. 이 활동은 말로 표현하는 수업들로, 전체 의사소통 기능을 어떻게 만들어 갈 수 있는지를 보여 준다. 앞서 말했던 것처럼 특정 기술은 활동 내에서 목표화될 수 있다. 모든 구조화된 말하기 활동에서 교사는 학생들이 경험할 수 있게 하기 위해서, 특히 다른 언어나 사투리로 말한다면 더더욱, 표준 언어로 정확한 문법과 말하기를 사용할 수 있도록 지도해야 한다. 학생들이 자신의 언어를 모니터해서 스스로 전반적인 수행과 표적화된 목표를 평가할 수 있게 해야 한다. 특수교육에서는 학생들이 자기평가 방법으로 보완적인 연습을 할 필요가 있다. 테이프에 언어 표현 활동을 녹음해서 제공하여 나중에 학생들이 복습하게 할 수도 있다. 학생들이 퍼포먼스를 상의하거나 추가적인 학습을 필요로 하는 영역을 확인할 때 교사나 또래가 도움을 줄 수 있다. 이러한 것들은 말하기 언어 기술을 발달시키는 몇 가지 방법과 수단들이다. 이제 쓰기 언어 기술의 발달에 대해 알아보자.

쓰기 언어

느린 학습자가 특히 어려워하는 교육과정 영역이 쓰기 언어다. 느린 학습자의 대부분은 직접적인 중재 없이는 쓰기 언어를 통해 효과적으로 소통하는 데 필요한 쓰기 기술을 발달시키지 못한다. 느린 학습자의 쓰기 기술을 개선하기 위해서는 쓰기 언어 프로그램의 꼼꼼한 계획과 실천이 필요하다. 쓰기 언어는 말하기 언어보다 훨씬 더 복잡하다. 말하기 언어는 말하는 사람들이 말과 단어를 반복해서 할 수 있기 때문에 의사소통의 힘이 손실되지 않지만 쓰기 언어는 그러한 반복이 허용되지 않는다. 쓰는 사람은 생각이나 단어를 지나치게 반복하지 않고 간결하게 자신의 사고를 소통해야만 한다. 말하기 언어에서 효율적인 의사소통을 촉진하기 위해 일어나는 많은 것—억양, 몸짓, 그리고 듣는 사람이 이해하는지를 확인할 수 있는 지속적인 청중의 반응—이 쓰기 형태에서는 유용하지 않다(Bruce, Collins, Rubin, & Gentner, 1978). 쓰기 언어는 문장, 이야기, 묘사, 비교-대조 구절과 설명적인 산문의 작문을 근간으로 하는 특정한 조직적 도식에 대해 학습자가 더 잘 알아야 할 필요가 있다(Meyer, 1979). 쓰기 언어를 만드는 데 결합해야 하는 이 모든 요소는 복잡할 뿐만 아니라 필요하다면 느린 학습자에게 직접적으로 가르쳐야 한다.

쓰기 언어 문제에 대한 교정 프로그램

느린 학습자에게는 쓰기 표현에서의 구조적인 양식을 설명해서 그들이 쓰기 언어 수행을 개선하는 데 이 구조를 이용할 수 있도록 해야 한다. 학생들의 동기를 증진시켜서 쓰기 기술을 가르치고, 쓰기의 생산성을 높이며, 특정 문맥 구조의 작문(예를 들어, 이야기, 서술, 비교-대조와 설명적인 산문)을 개선할 수 있도록 하기 위해서는 평가와 보완 방법이 특히 필요하다. Morsink(1984)가 제시했던 다음 사항을 살펴보자.

쓰기 표현에 대한 동기 개선

쓰기 프로그램을 만들 때 첫 번째로 고려해야 할 것 중 하나는 쓰기에 대한 학생들의 동기와 태도다(Alley & Deshler, 1979; Polloway, Patton, & Cohen, 1981). 쓰기 개선을 위해서는 긍정적인 태도가 매우 효과적이다. 느린 학습자는 손으로 쓰는 것과 쓰기 과정을 방해하는 철자법을 특히 어려워한다. 이 학생들에게는 쓰기가 단어의 철자를 곰곰이 생각해야 하고, 철자의 정확한 형태를 찾아 헤매야 하는 고뇌의 과정이다. 이 어려운 경험들을 해마다 겪게 되면 많은 느린 학습자는 쓰기를 회피하려고 하여 의사소통 과정으로서의 쓰기 기능을 잃게 된다. 쓰기에 대한 학생들의 관심을 증진시키고 창의성과 쓰기의 유창성을 발달시키기 위해서는 표현적으로 쓰는 기회들이 충분히 제공되어야 하며, 쓰기 활동을 선택할 때 신중해야 한다. 과제물은 학생들이 이전의 경험이나 개인적인 관심을 불러일으키는 생각을 자극하거나 동기가 되는 주제로 제공되어야 한다. 이야기를 시작하는 사람은 학생들이 쓰고자 하는 노력을 자극하는 교육적인 도구로 유용하다. 쓰기 기술이 없는 학생들의 경우 교사, 또래 또는 녹음기가 들려주는 이야기를 받아 적게 하면 쓰기가 쓸데없는 일이라는 생각을 버리고 쓰기 과정에 대해 더 잘 이해할 수 있게 된다(Hennings & Grant, 1981). 교사는 질문을 하면서 쓰기 과정을 지도할 수 있으며, 학생들이 어떤 정보를 포함할지를 결정하는 데 도움이 될 수 있다. 학생이 적절히 동기화가 되어야 쓰기 기술을 주의해서 적용하고, 제시되거나 동의한 과제에 모든 힘을 쏟을 수 있을 것이다. 이것이 쓰기 기술을 보완하는 프로그램에서 가장 중요한 위치를 차지하는 학생의 동기를 개선해야 하는 이유다.

전반적인 쓰기 기술 개선

쓰기 기술과 관련된 언어 기술 결함은 느린 학습자에게 가장 흔히 있는 문제다. 특정 단어군(명사, 동사 등) 사용, 대문자 사용법, 구두법 습관이 이 언어 기술들에 포함된다. 느린 학습자의 쓰기 기술을 발달시키기 위해서는 교사가 학생 각자의 진도에 맞출 수 있도록 개별화된 프로그램을 개발할 수 있다. 프로그램은 특정한 교재에서 따온 것보다는 교사가 학생의 능력 수준에 맞춰 편성한 자료집을 중심으로 할 수 있다(Toye & Phelps, 1981). 자료집은 대문자 사용법, 구두법, 접미사, 명사, 동사처럼 특정 개념과 관련된 기술의 묶음으로 정리되어야 한다. 일련의 관련 기술들로 구성된 교육 자료집은 1단계에서 8단계까지의 워크북 페이지를 넣을 수 있다. 정보를 제공하는 페이지들을 자료집에 넣어서 각각의 기술을 소개한다. 2~3단계 읽기 수준이면 읽을 수 있는 정보를 제공하는 페이지들이 우선적으로 자료집에 있어야 한다. 자료집에는 간단한 예시들이 있어야 하고, 문법 규칙, 대문자 사용법, 구두법 등에 대한 설명이 반복되어서 학생들이 자료집을 통해 공부할 때 참고자료로 사용될 수 있어야 한다.

학생의 학습을 일주일에 한 번 정도 평가해서 학생들에게 필요한 개념을 다시 검토해야 한다. 자료집을 순차적으로 구성해서 모든 실수가 교정될 수 있도록 해야 한다. 학생이 자료집을 마치면 교사는 말로 하는 일대일 면접을 통해 학생이 개념을 숙지하고 있는지 확인할 수 있는 질문을 해 본다. 이 면접에서 교육이 더 필요하다고 여겨지면 학생이 자료집이나 선택적인 활동을 다시 해 볼 수 있게 한다. 자료집은 앞서 언급했던 특정 조직화 도식에 대한 어떤 것을 가르치는 데 사용될 수 있다. 표본과 견본으로 Morsink(1984)의 글을 잘 읽어 보자.

쓰기 생산성의 향상

마지못해 쓰는 학생들을 위한 프로그램을 개발할 때 교사가 직면하는 또 다른 문제는 쓰기 결과물의 수준이 낮다는 것이다. 느린 학습자는 과제물을 완성하는 데 필요한 최소한의 시간만큼만 쓰곤 한다. 그런 경우에는 쓰기의 생산성이 쓰기 프로그램의 주요 목표다. 학생들의 쓰기 생산성을 평가하기 위해서는 교사가 몇 개의 쓰기 결과물들을 수집해야 한다. 아동의 쓰기 생산성 수준을 결정하기 위해 이 결과물들을 분석해야 한다. 생산성 결함은 교정하기에 가장 쉬운 쓰기 언어의 하위 기술 영역으로 여겨진다. 기본적인 중재 전략은 학생들에게 부족한 목표 구조의 이용을 늘리라고 말하는 것이다(Kraetsch, 1981). 학생들에게 이야기에서 쓰는 문장의 수를 늘리라고 말하는 매우 단순한 전략이지만, 목표 구조에 대한 학생들의 기본적인 이해가 부족하다면 효과적이지 않을 것이다. 교사가 특정 하위 기술 영역들을 목표로 삼을 때마다 철저히 교육 순서에 맞는지 확인하기 위해 범위와 순서를 잘 찾아봐야 한다.

작문 개선

학생들의 쓰는 양은 쓰기 수행에 영향을 미치지만, 쓰기를 어려워하는 또 다른 주요 원인은 조직적인 패턴을 기반으로 하는 작문 방식이다. 작문 기술을 개선하기 위해서 교사는 이야기 구조, 비교-대조, 설명하는 지문과 같이 많은 패턴을 사용해야 한다. 학생들이 작문을 하는 과정에서 이야기를 쓰는 단계에서는 이야기 구조를 사용할 줄 알아야 한다. 이 기술을 발달시키기 위해서 교사는 이야기로 발전해 갈 수 있는 이야기 개요(힌트)를 제시해야 한다. Yatvin(1981)과 Gratiam(1982)의 제안에 따르면, 이야기 개요는 생각의 형태를 제시하고, 어떤 정보를 포함시킬지 결정하게 하며, 느슨하게 연관된 생각들을 조직화된 정보망으로 전환시킨다. 느린 학습자에게 이러한 예제 유형을 자주 접하게 하면 느린 학습자도 머지않아 작문 기술과 창의적인 사고를 발달시켜서 이야기 개요를 바탕으로 이야기를 만들어 낼 수 있다. 이야기 개요나 힌트를 제공한 후에 교사는 학생들이 느슨했던 생각을 잘 써진 이야기로 전환시킬 수 있도록 직접적으로 교육해야 한다. 마지막으로 교사는 학생들에게 검토와 첨삭을 통해 어떻게 이야기 쓰기를 개선해 갈 수 있는지 알려 줘야 한다. 최종적으로 교사는 학생들의 이야기 개요를 제시하는 것에 대한 의존도를 감소시켜서 작문과 검토 과정을 내면화하게 해야 할 것이다.

이야기 구조는 조직화 도식의 한 형태이지만, 쓰기의 다른 목적에 유용한 다른 쓰기 도식들이 있다. 그 도식들은 묘사, 비교-대조, 설명하는 지문이다.

묘사는 사물, 사건 또는 사람의 태도, 감각적인 특징, 기능과 위치에 대한 것이다. 묘사는 쓰기의 모든 형태의 기저를 이루기 때문에 이 구조를 숙달하는 것이 좋다. 학생들의 묘사 기술은 자극을 주는 그림을 제시하고 그림 속의 사건이나 사물들을 묘사해 보도록 함으로써 평가할 수 있다. 교사는 자극을 주는 그림들에 대해 학생들이 자세히 탐색하고 기술하는 모습을 봄으로써 교육적 중재가 필요한지의 여부와 묘사 기술을 얼마나 가지고 있는지를 평가할 수 있다. Hennings와 Grant(1981)는 쓰는 사람이 어떤 글이나 사건의 명백한 관점에 대해 알게 하는 하나의 기술이 속성을 정의해 주는 것이라고 했다. 이야기 개요와 함께 결과적으로 학생들이 쓸 수 있게 하는 요약을 바탕으로 한 틀을 제시한다. 속성의 정의는 묘사할 글과 다른 속성의 분류를 제공함으로써 변화될 수 있다. 특정 과목 영역에서 쓰기가 부가적으로 전환되기 위해서는 속성의 정의가 과학이나 역사와 같은 내용에 적합해야 한다.

비교-대조 구절은 묘사와 매우 비슷하다. 그러나 쓰는 사람이 몇 가지의 사물과 사건의 실질적인 특성을 동시에 고려해야만 하기 때문에 묘사보다 더 어렵다. 둘 이상의 사물을 비교해서 각각의 색깔, 크기, 형태, 질감, 소리, 맛, 냄새나 실질적인 특성에 관해 대조한다. 교사가 비교-대조 도식을 가르치고 발달시키려면 학생들의 묘사 도식에 대한 이해가 선행되어야 한다. 계획과 작문 단계에서 속성의 정의는 특정 속성의 중요도를 보여 주기 위해 다소 변형될 수 있다. 학생들이 계획 단계에서 그러한 정의를 잘 사용할 수 있더라도 그런대로 괜찮은 작문으로 그것을 변화시킬 수 있는지의 여부를 교사가 봐야 한다. 작문 과정을 끝내기 위해서는 직접적인 교육과 모델링이 필요하다. 비교나 대조를 위해 두 개 이상의 사물을 분리해서 순차적인 단락으로 제시하거나, 두 개 이상의 사물에 대한 특정 속성을 하나씩 제시해서 비교하는 두 가지의 대안적인 구성 방식으로 비교-대조 구조를 가진 작문을 할 수 있다. 이 구성방식들은 집단 작문과정을 통해서나 바라는 특성을 교사가 모델링함으로써 본보기로 보여 줄 수 있다. 비교-대조 구절이 있는 공공 자료는 바람직한 결과물의 좋은 본보기로 학생들에게 도움이 될 수 있다.

쓰기 도식의 마지막 유형은 설명적인 글쓰기다. 설명적인 글쓰기는 정보를 제공할 목적으로 쓴다. 설명 단락은 독자에게 하나의 주제를 제시하는 것뿐만 아니라 그 주제를 뒷받침하는 세부 사항들을 입증해야 하기 때문에 충분한 계획과 조직화가 필요하다. 학생들에게 설명적인 구조를 소개하는 데 유용한 방법은 PIE−설명법으로 알려져 있다(Englert & Lichter, 1982; Hanau, 1974).

증거(Proof)
정보(Information)
예시(Examples)

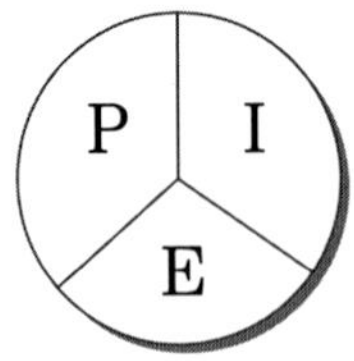

PIE−설명법은 학생들이 설명이나 주요 생각을 표현할 때 조직화된 방법으로 구절을 쓰기 시작하도록 알려 준다. 연구 결과에 따르면, 주된 생각이나 주제 설명을 시작할 때 이와 같이 쓴 단락들에 나타나는 개념을 독자가 더 잘 조직화하고 이해했다고 한다. PIE−설명법은 명확하게 이해하기 쉬운 언어로 개념을 정리하게 한다. 설명에 대한 변별과 구분, PIE(증거, 정보, 예시)들이 학생들의 PIE−설명법의 개념 획득을 증진시킬 수 있다. 설명적인 산문의 맥락에서 설명 지문은 정보를 PIE−설명법으로 구분하는 연습을 할 수 있게 한다. 일단 학생들이 설명과 PIE들을 인식할 줄 알면 PIE−설명법 기술을 사용해서 작문을 쓰기 시작할 준비가 되어 있는 것이다. PIE−설명법의 개요를 작문으로 전환시키기 위해 교사는 학생들에게 분리된 단락을 차지하고 있는 일련의 관련된 PIE들을 각각 개별적으로 말해 보게 한다. PIE들을 사용해서 문장의 주축을 설명하여 완벽한 문장으로 옮긴다(Englert & Lichter, 1982).

요 약

말로 자신을 표현하고, 들은 것을 이해하는 능력은 아동에게 매우 중요하다. 학교에서는 언어가 훨씬 더 절실하다. 그러나 느린 학습자는 학령기에 충분한 언어발달이 이루어지지 않는다. 이해와 언어 사용에서의 지체된 발달이나 장애가 느린 학습자의 주된 문제다. 느린 학습자의 언어발달이 지체되는 원인에는 네 가지 중요한 요인이 있는데, 가정 내 말하기와 언어 환경의 열악함, 경험이 제한적인 환경, 정서적 요인과 사회적 요인, 느린 학습자의 한정된 사고가 그것들이다. 이 요인들을 적절히 이해하면 교사가 학교에서 개선을 위한 환경을 제공할 때 어떤 요인들을 고려해야 할지 결정할 수 있을 것이다.

느린 학습자에게 읽기를 가르치기 위한 기본적인 원리들은 읽기 준비도의 중요성, 교사-아동 간 좋은 관계의 중요성, 동기유발의 중요성이라고 볼 수 있다. 교사는 느린 학습자에게 읽기를 가르치기 위해 어떤 적절한 방법을 선택하기 전에 학생의 정신적 성숙, 경험에 대한 배경지식, 특정 신체능력, 개별적 특성과 읽기에 영향을 미치는 건강과 같이 특정한 주요 요인들을 살펴봐야 한다. 읽기 준비도의 발달은 교사와 아동이 맺고 있는 관계의 질에 달려 있다. 동기가 부족할 때 그 결과로 학습 실패가 자주 일어난다. 그 방법이 불완전하더라도 민감하고 개별화된 방법으로 동기유발을 잘하는 교사가 가르치는 아동은 항상 더 빨리, 더 잘 배우게 될 것이다.

느린 학습자에게 읽기를 가르치는 방법으로는 철자 방법, 보고 말하는 방법, 문장 방법, 발음중심 방법, 이야기 방법, 절충 방법과 같이 다양한 방법이 있다. 그것이 최선일지라도 어떤 한 가지의 방법만을 적용하는 것은 따분해질 수 있고, 특히 느린 학습자인 아동들은 지루해하고 곧 피로감을 느낄 수 있다. 따라서 교사들이 느린 학습자에게 읽기를 가르치기 위해서는 다양한 방법, 가능한 한 시각적인 효과와 함께 적절히 조합된 형태의 방법을 사용해야 한다.

쉽게 읽고 쓰기 위해서는 정확한 철자에 대한 지식이 필요하다. 영어의 철자는 자체적으로 기이한 특징을 가지고 있고, 어려우며, 불규칙적이다. 영어를 가르치는 초기 과정에서 교사가 주의 깊고 슬기롭다면 철자를 쉽게 가르칠 수 있다. 부수적인 방법과 반복연습이 철자를 가르치는 초기 단계에서 광범위하게 사용되는 방법들이다.

느린 학습자에게 가장 흔한 읽기 문제는 더 느린 진도, 부족한 이해력, 부족한 시지각 능력, 지나치게 빠르고 부주의하게 읽기, 부족한 발음 기술이다. 교사는 이 어려움들 각각을 극복할 수 있는 보완적인 프로그램을 설계해야 한다.

많은 특수 아동들이 장애를 가짐과 동시에 말하기 문제와 언어적인 어려움을 보인다. 학급의 교사가 말하기와 언어 문제를 제일 먼저 알아낼 수 있다. 말하기와 언어 발달을 개선하기 위해서 교사는 먼저 긍정적이고 적극적인 학급 분위기를 조성하도록 해야 한다. 두 번째 단계에서는 말하기 언어 활동을 위한 시간을 매일 배정해야 한다.

느린 학습자가 큰 어려움을 느끼는 교육과정 영역이 쓰기 언어다. 느린 학습자의 대부분은 직접적인 중재 없이는 쓰기 언어를 통해 효과적으로 소통하는 데 필요한 쓰기 기술을 발달시키지 못한다. 느린 학습자에게 쓰기 표현에서의 조직화된 유형을 자세히 설명하면 쓰기 언어 수행을 개선시키는 데 이 구조들을 사용할 수 있다. 평가와 교정 방법들로는 아동의 동기 개선, 쓰기 기술을 가르치기, 쓰기 생산성의 향상, 특정 지문 구조에 대한 작문을 개선하는 것(예를 들면, 이야기, 묘사, 비교-대조, 설명하는 지문)이 있다.

참고문헌

Alley, G., & Deshler, D. (1979). *Teaching the Learning Disabled Adolescent: Strategies and Method.* Denver: Love.

Arthur Smith, B. (1957). What Research Says About Phonic Instruction. *J. Ed. Res.*, 51.

Bereiter, C., & Englemann, S. (1966). *Teaching Disadvantaged Children in the Preschool.* Englewood Cliffs, NJ: Prentice Hall, Inc.

Birch, H., & Belmont, L. (1964). Auditory visual integration in normal and retarded readers. *American Journal of Orthopsychiatry, 34,* 852-861.

Bloom, L., & Lahey, M. (1978). *Language Development and Language Disorders.* New York: John Wiley and Sons.

Bruce, B. C., Collins, A., Rubin, A. D., & Gentner, D. (1978). A cognitive science approach to writing. Bolt Beranek and New man, Inc., Technical Report 89(June).

Cohen, S. B., & Plaskon, S. P. (1980). *Language Arts for the Mildly Handicapped.* US: Mountain.

Culatta, B., Page, J., & Culatta, R. (1981). Improving language functioning: A manual for language clinicians and teachers working in regular educational settings. Dean's Grant Project. University of Kentucky.

Deverensky, J. (1977). Cross model functioning and reading achievement. *Journal of Reading Behaviour, 9,* 233-251.

Dolch, E. W. (1951). *Psychology and Teaching of Reading.* Garrard.

Dolch, E. W., & Bloomster, M. (1937). Phonic readiness. *Elem. School*

Journal, 38.

Englert, C. S., & Lichter, A. (1982). Using statement-pie to teach reading and writing skills. *Teaching Exceptional Children, 14*(5), 164-170.

Fernald, G. (1943). *Remedial Techniques in Basic School Subjects.* World Book Co.

Glass, R. M., & Christiansen, J. L. (1982). *Teaching Exceptional Students in the Regular Classroom.* Boston: Little, Brown and Company.

Gleason, J. B. (1981). Code switching in children's language. In E. M. Hetherington & E. D. Parke (Eds.), *Contemporary Reading in Child Psychology* (2nd ed.). New York: McGraw-HIll.

Gratiam, S. (1982). Composition research and practice: A unified approach. *Focus on Exceptional Children, 14*(8), 1-16.

Guthrie, J. (1974). Identification and instruction of children with reading disability. Second Annual Report to the Spencer Foundation, ERIC Document Reproduction Service No. 098 516.

Halliday, M. A. K. (1973). *Explorations in the Functions of Language.* London: Edward Arnold Publishers.

Hanau, L. (1974). *The Study Game: How to Play and Win with Statement-pie.* New York: Barnes and Noble.

Hennings, D. G., & Grant, B. M. (1981). *Written Expression in the Language Arts: Ideas and Skills.* NY: Columbia University Teachers College Press.

Isakson, R., & Miller, J. (1976). Sensitivity to syntactic and semantic cues in good and poor comprehenders. *Journal of Educational Psychology, 68*, 187-192.

Kraetsch., G. (1981). The effects of oral instructions on the expansion of written language. *Learning Disability Quarterly, 4*, 82-90.

Mckenzie, G. (1979). Effects of question and testlike events on achievement and on task behaviour in a classroom concept learning presentation. *Journal of Educational Research, 72*, 348-350.

Menyuk, P. (1982). Language and development. In C. B. Kapp & J. B. Krakow (Eds.), *The Child: Development in a Social Context* (pp. 282-331).

Meyer, B. J. E. (1979). Research on prose comprehension: Application for composition teachers. Paper Presented at the Annual Meeting of the Conference on College Composition and Communication, ERIC Document Reproduction Service.

Morsink, C. V. (1984). *Teaching Special Needs Children in Regular Classrooms.* Boston: Little, Brown and Company.

Nelson, N. W. (1979). *Planning Individualised Speech and Language Intervention Programmes.* ARIZ: Tucson.

Polloway, E. A., Patton, J. R., & Cohen, S. B. (1981). Written language for mildly handicapped students. *Focus on Exceptional Children 14*(3), 1-16.

Schickedanz, J. A. (1982). The acquisition of written language in young children. In B. Spodek (Eds.), *Handbook of Research in Early Childhood Education* (pp. 242-263). New York: Free Press.

Schickedanz, J. A., Schickedanz, D. L., & Forsyth, P. D. (1982). *Towards Understanding Children.* Boston: Little, Brown and Company.

Slavin, R. E. (1986). *Educational Psychology: Theory into Practice.* New Delhi: Prentice Hall.

Steinhauser, F., & Guthrie, J. T. (1978). Reading ability and efficiency of Graphemepho-neme encoding. *Journal of General Psychology, 99*, 281-291.

Tansley, A. E., & Gulliford. R. (1962). *The Education of Slow Learning Children.* London: Routledge and Kegan Paul Ltd.

Taylor, D. (1983). *Family Literacy: Young Children Learning to Read and Write.* London: Heinemann.

Tinker, M. (1952). *Teaching Elementary Reading.* Appleton-Century-Crofts.

Toye, G., & Phelps, P. (1981). Individualised language. In C. Morsink (Ed.), *Mainstreaming: Making It Work in Your Classroom.* Dean's Grant. Lexington, KUY: University of Kentucky.

Vogel, S. (1975). *Syntactic Abilities in Normal and Dyslexic Children.* Baltimore: University Park Press.

Ward, C. (1977). Variables influencing auditory visual integration in normal and retarded children. *Journal of Reading Behaviours, 9*, 290-295.

Wepman, J. (1960). Auditory discrimination speech and reading. *Elementary School Journal, 60*, 325-333.

Wiig, G., & Semel, E. (1976). *Language Disabilities in Children and Adolescents.* Ohio: Merill, Columbus.

Wolfgang, D. C., & Sanders, S. (1981). Defending young children's play as the ladder to literacy. *Theory into Practice, 20*, 116-120.

Yatvin, J. A. (1981). A functional writing programme for the middle grades. In S. M. Haley James (Ed.), *Perspectives on Writing in Grades*, 1-8. Urbana ill: National Council for Teachers of English.

07

느린 학습자의 수학 교육

이 장의 개요

이 장에서는 느린 학습자에게 수학을 가르치는 방법을 설명한다.

- 느린 학습자에 대한 수 지도의 원리
- 느린 학습자의 부진한 산수 능력의 원인
- 기수와 서수의 관련성을 발달시키기 위한 연습
- 느린 학습자를 가르치는 교수 프로그램
- 수학 학습에 영향을 주는 요인
- 느린 학습자를 위한 개별화된 수학 교육

SLOW
LEARNERS

20세기 초반 이후부터 정상적인 지적 능력을 가진 학생들에게서도 수학장애가 확인되었으나, 읽기장애가 받았던 관심만큼 주목받지는 못했다. 수학장애에 대한 제안을 했던 여러 저자들은 주로 뇌손상으로 간주되는 학생들에게 관심을 가졌다. 제일 먼저 Johnson과 Myklebust(1967)가 뇌손상의 특성을 보이지 않으면서 수학에 문제가 있는 정상 학생들을 위한 특수교육적 제안을 했다. 그 후로 여러 저자가 뒤쳐진 아동들이 경험하는 산수나 수학 문제의 유형들과 산수 기술을 가르치는 방법에 대해 일부분이나 한 장(章)을 제시했다. 그러나 짧은 시간 동안에 수학에 대한 관심이 증가했음에도 불구하고, Cawley(1981)는 "이 영역에 대한 정보가 지나치게 적어서 이슈나 논쟁을 낳을 수 있는 전례가 충분치 않다. 다른 것에 비해 중재적 접근에 대한 장점과 가치들이 거의 알려지지 않았다."(pp. 89-90)라고 말했다.

많은 점에 있어서, Cawley가 옳다. 학습장애와 같이 뒤처진 아동이 아니라 수학 영역 학습에 장애가 있는 학생을 가장 효과적으로 다루는 방법에 대해서는 초보적 단계인데, 느린 학습자는 지금 우리와 함께 있으며 그들은 우리가 필요한 연구를 모두 마칠 때까지 기다려 주지 않는다. 이 장에서는 가르침을 주고자 했던 여러 권위자들의 견해와 교수 제안점의 개요를 설명한다. 더 어린 느린 학습자(1~3학년)에게 수 가르치기와 더 나이 든 느린 학습자(4~10학년)에게 수학 가르치기의 두 부분으로 나누어 설명한다.

A. 더 어린 느린 학습자에게 수 가르치기

느린 학습자를 가르치는 대부분의 교사들은 읽기를 가르치는 방법에 대해서는 만족스러워하지만 수를 가르치는 최선의 방법에 대해서는 확신하지 못한다. 느린 학습자에게 수를 가르치기 위한 수 지도의 이론과 실제에 대한 최근의 발전은 Piaget의 연구들을 바탕으로 한다. 이 부분에서는 새로운 견해들이 어떻게 수 도식에 통합될 수 있는지를 보여 주는 간략한 논의가 있다. 수는 집단 내와 집단 간의 양적인 관련성에 대한 것이며, 수 체계는 우리가 일상 환경에서 접하는 수적인 상황에 순서를 부여하는 데 도움을 줄 수 있도록 만들어진다. 산수는 수를 사용하고, 수에 대해 사고하는 방법이다. 산수 지도는 배열, 조작과 양의 측정, 수관계를 상징적으로 다루는 능력, 예를 들면 구체적인 사물 없이 추상적으로 수를 다루는 능력 등, 수 체계의 활용에 관한 것이다.

수 지도의 원리

수 지도에는 핵심적인 특정 원리들이 있다. 느린 학습자에게 수를 가르치는 교사들이 이 원리에 대해 철저히 숙지한다면 교육 프로그램을 변형하거나 설계하는 데 매우 효과적일 것이다. 핵심적인 원리들은 다음과 같다.

- 수 준비도의 중요성
- 수 관련성의 중요성
- 수의 본질과 상호 관련성

수 준비도의 중요성

Cruickshank와 동료들(1961)은 수 개념이 공간에서 사물을 정확하게 지각하는 것을 기초로 하며, 아동이 형태를 지각할 수 있을 때까지는 산수를 강행할 수 없다고 주장했다. 과잉활동적인 산만함과 고집 때문에 느린 학습자는 정상적인 또래 아동이 풍부하게 갖는 수 경험들을 갖지 못한다(Kaliski, 1967). 그러므로 아동의 수에 대한 생각이 어떻게 발전되어 가는지와 과정에서의 단계를 연구하는 방법에 대한 이해가 매우 중요하다. 아동이 10까지의 수들을 넣는 간단한 짝짓기를 이해해서 수적인 특성을 알게 하기 위해 더 복잡한 짝짓기로 발전해 갈 수 있게 해야 한다. 교사는 언제쯤 아동이 이것에 대한 이해를 발달시킬 거라고 기대할 수 있을까? 수 준비도의 중요성에 대한 공감이 수 지도를 가늠하는 핵심이다. Piaget와 그 제자들은 이 부분이 가장 중요하다는 연구를 수행했다. 느린 학습자의 수 개념 발달을 피아제의 이론에 적용해 보자. 교사는 아동에게 수 개념을 가르치기 전에 아동이 이미 수 준비도를 갖췄는지 확인해야 한다.

수 관련성의 중요성

산수 지도는 초기부터 수의 연관성에 대한 중요도를 아동에게 명확히 하는 방법으로 설계되어야 한다. 숫자에 대한 사고를 표현하고 발달을 촉진하기 위해서는 수 어휘들을 반드시 알아야 한다. 사용되는 교수 교재도 철저히 고려해야 한다. 수를 세고 배열하도록 가게, 우체국 등 비슷한 것들이 많지 않으면서 다양하고 관심을 끄는 사물을 아동의 주변에 배치하는 것이다. 학교 환경에서 접하게 되는 수 상황에서만 수 관련성을 배워야 할 필요는 없다는 점에 주목해야 한다. 이 관련성에 대한 이해는 사회적 상황에서 수를 성공적으로 활용하는 데 매우 중요하다. 아동이 단순한 개념을 얻기 시작하자마자 도전적이면서 실질적인 경험을 제공하는 것이 바람직한데, 이것은 유능한 교사의 지도에 따라 수의 관련성을 표현하고 이용할 기회를 충분히 제공할 수 있기 때문이다.

수의 본질과 상호 관련성

교사는 수 체계와 과정의 상호 관련성이라는 기수적 특성을 이해해야 한다. 체계적이면서 등급화된 교수방법을 고안해서 아동이 환경의 숫자적인 측면을 점차 알아 갈 수 있게 해야 한다. 수 체계와 수 조작에 대한 적절한 이해는 아동이 유의미한 학습을 성취해 낼 수 있는지의 여부에 있어 매우 중요하다.

부진한 산수 능력의 원인

느린 학습자의 산수 능력은 좋지 못하다. 이들은 산수의 학습속도가 매우 느리다. 산수를 배우기 어려워하는 주된 원인은 산수에서 급우나 또래보다 능숙하지 못하다는 것이다. 산수에서 느린 학습자의 낮은 수행의 원인이 되는 두 가지의 주된 요인이 있다. 그것은 ① 인지적 요인, ② 가정환경이다.

인지적 요인

느린 학습자는 제한적인 인지능력을 가지고 있다. 특히 구체적인 방법보다 상징적으로 표현될 때 그들은 관련성을 알아보는 데 더 느리다. 실제 상황에서 알고 있는 것을 돈, 시간, 수치로 전환하는 것도 그 이상으로 어려워한다. 이 어려움 때문에 손가락을 사용하는 경향이 있으며, 손가락을 사용하지 않아도 될 준비가 됐는데도 자신감이 부족해서 오랫동안 소도구를 이용해서 수를 센다. Reisman과 Kauffman(1980)은 포괄적인 요인들이 수학 학습에 영향을 미친다고 주장한다. 그들의 주장은 모든 특수 학생을 가르치는 데 해당될 수 있으며, 주요 내용은 느린 학습자에게도 적용된다. 포괄적인 요인들에는 인지적 요인이 포함된다. 이 인지적 요인에 대한 숙지는 교사가 의미 있는 교육을 계획하는 데 매우 중요하다.

가정환경

느린 학습자의 대부분은 더 나은 가정에서 훨씬 더 어린 아동이 취학하기도 전에 획득할 수 있는 수에 대한 기초적인 사고를 배울 기회를 제공받지 못하는 환경에서 자란다. 일반적인 가정의 아동은 더 불우한 가정의 아동보다 수 사고와 수 경험을 훨씬 더 많이 갖고 있다. 이는 불우한 가정의 아동에게 자극이 전혀 없으며, 이들이 심각하게 불리한 입장에서 학업을 시작한다는 것을 의미한다. 학교가 처음부터 교정적인 중재를 제공하지 않는다면 느린 학습자가 학교에서 겪게 되는 수에 대한 경험은 흥미롭지도, 재미있지도 않을 것이다. 수 준비도의 기본적인 원리에 대해 잘 모르면서 학교에서 지나치게 일찍 일반적인 교수를 시작하기 때문에 초기부터 교정적인 중재를 제공하는 경우는 드물다. 제한적인 지적 능력이라는 부족함에다가 불우한 가정에서 성장함으로써 느린 학습자의 뒤처짐은 누적된다. 그러한 느린 학습자는 점차 또래들보다 뒤처지게 된다. 수 교육에 대한 태도가 적대적이거나 무관심해져서 학습 습관을 악화시키며, 많은 경우에서 정서적 '문제 상황'이 발생한다. 느린 학습자가 이러한 사실에 익숙해지면서 또래와 보조를 맞출 수 없으며, 교사들도 그런 학생들을 단지 하나의 사례로 여기기 시작한다. 교사가 도와줄 시간이 없기 때문에 이 단계에서 느린 학습자는 경시된다.

느린 학습자에 대한 수 지도의 주요 특성

느린 학습자가 겪는 수학에서의 학습적인 어려움을 극복하고자 고안된 어떤 교육적 책략도 앞에서 말한 일반화를 고려해야 한다. 또한 수학 교육과정을 계획하고 적절한 교수방법을 선택할 수 있게 하는 기본적인 형태여야 한다. 느린 학습자를 가르치는 교사는 다음의 중요한 특성들을 구체화해서 명심해야 할 것이다.

- 지도의 핵심과 방법은 아동의 개별적인 심리학적 · 교육적 · 사회적 욕구에 관련된 것이어야 한다. 이와 같은 방식으로 방법을 선택하면 교사는 아동의 강점을 찾을 수 있으며, 약점을 수정하거나 최소화할 수 있다.
- 교사가 가르치는 것 그 자체가 느린 학습자에게 의미가 있거나 목표 지향적이어야 한다. 그렇게 해야만 해당 개념에 대한 아동의 흥미를 일으킬 수 있다. 수학 지도를 효과적으로 만들어 주는 어떤 특이한 요령이 필요한 것은 아니다. 그와 반대로 훌륭한 수학 지도를 위해서는 스스로 동기화돼야 한다.
- 수 지도의 방법은 수 체계의 특성에 대한 통찰을 발달시키고, 숫자의 관련성과 같이 수 집단의 배열과 조직화를 학습에 어떻게 이용할 것인지에 대한 것이어야 한다. 느린 학습자 대부분이 이 관련성을 더 단순하게 이해하고 충분히 적용하게 되면 학교 졸업 후의 삶에서 부딪힐 수도 있는 불가피한 수학적 상황들을 처리할 수 있다.

- 적절한 개입에 이어 비형식적인 진단을 해 보는 것이 훌륭한 수학 지도에서 매우 중요하다. 특히 정서적인 바탕이 중요해서 이전의 좋지 못한 태도와 자신감 부족이 성공했을 때의 느낌, 관심과 열정으로 변화될 때까지 진전되지 않을 수 있다.

무엇을 가르칠 것인가

느린 학습자는 학교를 마친 후에라도 산수가 필요할 때 대처할 수 있도록 충분한 수학적 지식을 갖춰야 한다. 연구 결과에 따르면, 성인의 삶에 필요한 산수는 그리 많지 않으며, 성인에게 방해가 되는 거의 모든 숫자적인 문제는 돈과 시간에 관련된 것이라고 한다. 느린 학습자를 위한 교육과정은 이러한 측면에 집중해서 절대적으로 실용적일 수 있어야 한다. 정상 아동에게 사용되는 교육과정의 수준을 낮추는 정도의 버전이 아니어야 한다. 아동의 욕구에 부합하는 방법으로 내용과 배열 면에서 특별히 설계되는 교육과정이어야 한다. 지도 방법들도 설계되어서 이해시키고 계속적으로 성공을 가르칠 수 있는 교육과정이어야 한다. Reisman과 Kauffman(1980)은 차별적인 교육을 주장해서 학습자 개개인에게 적절한 방법과 교재를 선택할 것을 강조했다. 느린 학습자를 위해 설계된 교육과정은 다음의 활동들을 포함해야 한다.

A. 최소한의 필수적인 것

수준 I ① 20까지의 숫자를 알고, 쓰기

② 12까지의 계산(+, −, ×)

③ 500원, 100원, 50원, 10원까지 동전 계산하기

④ 시 단위로 시간 말하기

수준 II ① 100까지 알고, 쓰기

② 20까지의 계산(+, −, ×)

③ 여러 가지 동전과 1,000원 이상의 돈 계산하기

④ 가장 근접하게 5분 단위로 시간 말하기

수준 III ① 돈 계산

② 분 단위로 시간 말하기

B. 추가적으로 유용한 내용

수준 IV ① 100까지의 계산: 기계적인 계산과 문제 해결

② 돈 계산: 임금, 공제, 개인과 가정의 예산

③ 예를 들면, 일하는 시간, 여행과 레저 같은 사회적 상황에서의 시간, 시간의 추정

④ 길이: 가정, 정원 등에서 쓰일 수 있는 미터와 센티미터, 피트와 인치

⑤ 무게: 쇼핑이나 요리와 관련되는 킬로그램과 그램

⑥ 용량: 일상적인 삶과 관련된 리터와 갤런

수준 V ① 1000 이상의 숫자로 곱셈과 긴 나눗셈을 포함하는 계산하기

② 무게: 톤과 100kg, 땔감 공급과 식용곡물

③ 길이: 킬로미터와 미터

④ 간단한 은행 업무, 할부 구입과 우편 주문, 우편환 등

⑤ 간단한 그래프와 이를 해석하기

수 준비도의 중요성

아동이 심리적으로 준비될 때까지 기초 과목에 대한 정규 수업을 시작하지 않아야 한다는 사실은 잘 알려져 있다. 읽기 준비도에 대한 참고자료의 교육 문헌들이 많은 반면에, 수 준비도에 대한 교육 문헌들은 거의 없다. 아동의 수 개념 발달 방법에 대한 Piaget(1952)의 연구가 수 학습의 시작에 중대한 영향을 미친다. Piaget의 발달 연구에 따르면, 아동은 수에 대한 사고를 획득하는 데 일련의 단계들을 거친다. 각 단계를 거치는 순서는 항상 일정하지만 아동에 따라 각 단계에 걸리는 시간은 다르다. 느린 학습자에게는 더 많은 시간이 걸린다. Piaget는 전조작적, 직관적, 조작적이라고 설명하는 세 단계를 가정했다. 첫 번째 단계에서 아동은 숫자의 가장 단순한 관계도 이해할 수 없어서 판단을 할 때 대충 지각을 바탕으로 하는 근사치를 사용한다. Piaget가 말한 '보존'이나 '양의 불변성에 대한 사고'를 할 수가 없다. 이 단계에서 아동은 정확한 순서로 기계적인 수 세기를 할 수는 있지만, 간단한 비교를 해서 이전에 동일한 집단임을 알았음에도 모아 놓은 여섯 개의 공과 흩어져 있는 여섯 개의 공이 동일하다는 것을 알지 못한다. 이 시기의 아동은 여섯 개의 공이 배열된 방식과 상관없이 여섯 개의 공이라는 것을 알아볼 수 없다. 지각을 통해 감지하므로 아직은 자신의 수 경험을 논리적으로 분석할 수 없다. 수에 대한 생각이 거의 없다.

두 번째 단계에서 아동은 보존능력을 획득할 수는 있지만 여전히 자신이 보고 있는 것이 옳다고 생각하므로 합리적으로 해석할 수 없다. 인지적으로 명백하게 일관적이지 못한 지각임에도 여전히 자신이 목격한 대로 분류한다. 예를 들면, 이제는 아동이 모여 있든지 흩어져 있든지 여섯 개의 공을 여섯 개라고 말할 수는 있지만, 흩어져 있는 여섯 개의 공이 모여 있는 여섯 개의 공보다 더 많다고 믿는 경향이 여전히 있다. 질문했을 때 아동이 정확한 답을 하거나 정확하다고 추정하는 답을 하긴 하겠지만, 납득할 만한 설명을 할 수는 없을 것이다. Piaget는 이를 '직관적'이라고 했다.

세 번째 단계에서 아동은 물체가 어떻게 배열되든지 수는 불변한다는 것을 알 수 있으며, 만족할 만한 설명을 할 수도 있다. 이제 아동은 수량과 그 단위가 의미하는 것을 이해한다. 주어진 집합 내에서 원소의 배열이 다르다는 것과 수 과정에 상호 관련성이 있다는 것을 알아볼 만큼 아동의 사고는 충분히 유연해진다. 이제 아동은 수 조합의 상호 보완적인 특성을 이해할 수 있으며, 3+2=5라면 2+3=5, 5−2=3, 5−3=2라는 것을 이해한다. 다시 말해, 아동이 실질적인 이해를 통해 논리적으로 수 공부를 시작할 수 있는 인지적인 준비가 되었다는 것이다. 즉, 수 준비도를 갖췄다고 볼 수 있는 것이다. Piaget와 그 제자들은, 예를 들면 기수와 서수적인 측면과 이 둘 사이의 관련성, 순서를 만드는 능력과 다른 순서와 관련짓는 것, 분류와 같이 아동의 수와 관련된 사고의 다른 영역에 대해 연구했다. 뒤처진 학생들을 가르치는 교사들은 Piaget의 연구를 더 자세히 공부해서 학생들이 약하거나 부족한 영역을 극복할 수 있게 힘을 키울 수 있는 교육 책략들을 고안할 수 있어야 한다. 아동이 조작적 단계에 도달해야 수 학습을 할 수 있다. 조작적 수준에 도달하지 않은 많은 아동이 일대일 대응으로 수 세기를 할 수 있으며, 간단한 수 조작을 추상적으로 할 수도 있다. 그러나 이는 실질적인 이해를 기반으로 한 것이 아니다. 실질적인 학습이라기보다는 암기의 결과다. 또는 정신적인 조작이라기보다는 정신적 습성이라고 볼 수 있다. 5+4=9라는 것을 알고 있지만, 가역적으로 사고할 수 없는 아동은 결과적으로 4+5=9라는 것을 알아낼 만큼 정보를 나눠서 조작할 수 없을 것이다. 우리는 더 어린 연령의 느린 학습자 발달 연구에서 보존에 대해 잘 알고 있는 아동이 집단 내에서 수의 관련성과 수 과정의 상호 관련적인 특성을 이해하는 가역적인 사고를 한다는 것을 알 수 있다.

Piaget가 강하게 주장했던 것처럼 수 준비도의 성장이 일정한 패턴에 따른다면 교사가 그것을 예측하기 위해 무엇을 할 수 있을 것인가 또는 전적으로 성숙의 문제인가에 대한 의문을 자연히 갖게 된다. 수 준비도의 발달이 성숙과 명확히 관련된다 하더라도 준비도 프로그램에 대한 다음의 원리들을 익혀서 교사가 준비도의 단계를 촉진할 수 있다. 준비도 프로그램이 이 원리들을 기초로 한다면, 준비도 단계가 촉진될 수 있다.

Transley와 Gulliford에 의해 제안된 원리들은 다음과 같다.

- 교사는 수 개념이 어떻게 발달하는지 알고 있어야 하며, 아동의 반응을 관찰하여 다음 단계를 위해 아동을 어떻게 준비시킬 것인가에 대해서도 파악하고 있어야 한다.
- 교사는 수에 대한 사고를 발달시키기 위해 발달 수준에 있는 아동을 도울 경험들을 제공해야 하며, 경험 · 평가 · 확인의 관련성을 잘 알아야 한다.
- 교사는 아동이 수에 대한 어휘를 잘 갖출 수 있게 해서 수에 대

한 자신의 생각을 표현하고, 기억하며, 통합해서 확장할 수 있게 해야 한다.

느린 학습자에게도 더 비슷하고 덜 비슷한, 길고 짧은, 무겁고 가벼운, 빠르고 느린, 높고 낮은, 처음과 나중, 중간과 끝, 이전과 이후와 다음이라는 의미를 가르쳐야 한다. 이는 경험과 토의를 통해서 배울 수 있으며, 이것들이 몇 년 동안 수 학습의 일부가 되어야 한다. 더 긴, 더 짧은, 더 가벼운, 더 무거운 등과 같이 비교의 개념을 사용하는 데 있어서 유연한 사고를 발달시키는 것이 중요하다. 교사가 집단 내에서의 관련성, 부피, 길이, 장소와 시간을 정의하는 데 언어를 사용하도록 알려 줄 기회가 생길 때마다 그 기회를 잘 살려야 한다. 아동이 발전하고 있는 수 사고에 대해 떠오르는 대로 말하고, 토의하도록 교사가 독려해야 한다. 이를 위한 기회는 자유놀이 시간과 공예 시간에도 있을 것이다. 교사는 준비도 프로그램에서 사용할 간단한 교재를 정해서 수 개념의 발달에 필요한 사고 유형을 부추기는 교재로 활용할 수 있다. 아동 주변에 있는 사물을 세고, 측정하며, 무게를 재거나 사회적 상황에서 수를 다양하게 제시하는 것만으로 사고의 올바른 유형을 갖게 할 것이라고 추측하는 것은 옳지 않다. 연습과 경험을 할 수 있으면서, 가능한 놀이 상황을 포함하고, 아동의 발달 수준에서 판단했을 때 아동의 취약함을 보여 주고 설계할 수 있는 확실한 프로그램이 필요하다. 수 준비도의 발달에 중요한 특정 연습들이 있다. 느린 학습자의 수 준비도를 발달시키기 위해 교사들이 이 연습을 잘 숙지할 필요가 있다.

수의 불변성이나 보존을 강조하는 연습

셀 수 있는 물체의 불변성이나 보존을 강조하기 위한 연습을 하게 하려면 젖은 모래, 찰흙, 점토, 다양한 크기의 통, 나무 막대와 블록, 판지 조각, 손수 만든 저울과 자와 같은 물체들이 필요하다. 그러고 나서 다음과 같은 연습을 실행할 수 있다.

- 교사는 아동의 발달 수준을 알아보기 위해 두 개의 동일한 모래 더미(예를 들면, 모래 파이)를 만든다. 아동이 두 개의 모래 더미가 같다는 데 동의하면 교사는 둘 중 하나의 모양을 바꾸고, 모래의 양이 여전히 같은지 물어본다. 아동이 답을 하면 교사는 개별적으로 그 대답에 대한 이유를 말해 보게 해야 한다. 교사는 누르거나, 흩어지게 하거나, 하나의 형태로 다시 만들거나, 모양의 수를 변화시키는 등 모래 더미의 모양을 여러 가지 방법으로 바꾸면서 연습의 난이도를 높이거나 낮춰야 한다.
- 아동들에게 둘씩 짝을 짓게 한다. 짝 지은 아동들 중의 하나가 모래를 한 움큼 쥐게 한다. 나머지 아동에게도 그만큼의 모래를 가져가게 한다. 그러고 나서 두 아동에게 다음의 것을 확인한다.
  - –저울의 반대쪽에서 무게를 잰다.
  - –모래 더미를 두 줄씩 짝지은 다음 무게 단위를 사용하여 분리해서 두 양을 측정한다.
  - –플라스틱 컵을 이용해서 모래 더미를 두 줄로 만든다.

아동은 놀이 상황에서 재미 때문에 목표를 잊어버리는 경향이 있으므로 교사가 아동에게 활동의 목표를 상기시켜야 한다. 두 아동이 이 연습을 하는 게 바람직하며, 나머지 아동들은 이들의 수행을 지켜보게만 할 수도 있다. 이 경우에 구경하는 아동들은 두 아동이 연습하는 것을 보고 신체적 활동으로 인해 자극받은 정신적 활동을 통해서 중요한 것들을 얻어 낸다. 때때로 구경하는 아동들이 수행하는 아동보다 연습의 목적을 더 잘 발달시킨다.

아동은 놀이용 나무판 위나 바닥에 모래 더미들을 만드는 데 플라스틱 컵을 사용할 수 있다. 이 연습은 짝지어서 연습하는 것이 매우 유용하다.

○○○○○○○ 모래 더미	○ ○ ○ ○ ○ ○ ○ 모래 더미
○○○○○○○ 모래 더미	○○○○○○○ 모래 더미

아동들은 두 줄이 동일할 때는 '똑같다' 고 추측할 수 있다. 하지만 두 줄이 같지 않을 경우 느린 학습자에게 어느 쪽의 모래가 더 많은지를 물어봐야 한다. '덜' 이라는 용어는 더 나중에 알려 줘야 한다. 동일한 두 줄의 모래 더미가 있을 때 한 줄을 변형시켜서 보존성에 대한 시험을 해 볼 수 있다.

기수 관련성을 발달시키기 위한 연습

이 연습들은 보드게임 등에서 사용하는 칩, 조개껍데기, 구슬을 사용하도록 설계할 수 있다. 이전의 연습과 동일한 방법을 여기서도 적용할 수 있다. 아동에게 자신이 생각하는 만큼 어림하여 가져가게 하고, 상대방에게도 같은 수를 가져가게 한다. 이때도 서로 짝을 지어서 확인하게 한다. 더 많이 가진 아동이 파트너에게 자기가 가져간 것만큼을 가져가라고 한다. 예를 들면, 하나의 모둠을 다른 모둠보다 더 펼쳐서 놓고 아동에게 두 모둠이 여전히 같은지를 물어봐서 보존의 가정에 대한 시험을 반복한다.

무작위 방식으로 점이 찍혀 있는 카드들과 3이나 그보다 많은 숫자인 3~9까지의 각 숫자 카드를 이용해서 다음의 게임들을 해 볼 수 있다.

- 뒤섞여 있는 카드에서 '짝' 찾기
- 5장의 카드로 시작해서 묶음에서 5장의 카드의 짝을 찾는 것
- 교사가 보드게임용 칩으로 한 가지 패턴을 만들고, 아동에게 이와 동일한 패턴을 가진 카드를 찾게 한다.

이 게임의 변형도 가능하다. 전체 수 학습에서 추정이 중요하기 때문에 교사는 아동이 어림하는 능력을 획득하도록 독려한다. 이 연습은 결과적으로 일대일 대응 수 세기로 이어질 것이다. 일대일 대응 수 세기가 조작적으로 될 때 기수 연습을 할 수 있다. 예를 들면, 그러한 훈련으로는 '초콜릿을 충분히 가져와서 반 아이들 각각이 한 개나 두 개를 먹을 수 있다' '우리는 몇 개의 의자가 더 필요할까?'가 있다.

서수 관련성을 발달시키기 위한 연습

예를 들면, 크기의 순서에 따라 물건을 놓는 능력처럼 서수적인 관련성을 발달시키도록 설계하는 연습이 있다. 이 연습은 다음의 활동들을 포함한다.

- 가장 작은 것과 큰 것, 가장 짧은 것과 긴 것, 모둠에서 가장 가벼운 것이나 무거운 것을 고르는 것, 분류가 쉬운 예제로 시작한다. 교사가 학급에서 가장 키가 큰 소년과 가장 키가 작은 소년을 선택한 후 나머지 아동들에게 그다음으로 가장 큰 아동과 가장 작은 아동이 누구인지를 물어볼 수 있다. 교사는 거의 비슷한 키의 아동들을 고를 수도 있고, 대여섯 명의 아동들을 키 순서로 세워 볼 수도 있다. 책, 나무 막대기 등의 다른 물체를 사용해서 동일한 연습을 반복할 수도 있다.
- 선의 길이와 카드 위에 그려진 모양의 크기에 따라 순서대로 카드 놓기
- 막대기, 블록, 카드, 공 등을 크기 순이나 연속 수로 놓아 보기
- 지팡이를 가진 인형, 축구공과 선수, 차와 차고 등과 같이 어울리는 두 개를 연결하기
- 다른 크기의 블록들을 놓아 보기

다른 유용한 연습

아동이 사물을 분류하게 하려면 교사는 단계별 연습법을 써야 한

다. 예를 들면, 한 가지 유형이나 색깔별로 모든 칩을 놓는 것, 같은 길이의 막대를 놓는 것과 같은 분류는 수에 중요한 역할을 하기 때문에 단계별 연습들에 매우 유용하다. 이 때문에 교사는 네모나 세모, 곧거나 굽은 선, 점과 X표와 같이 패턴에 특정 요소를 가지고 있는 일련의 카드들을 교구로 사용할 수 있다. 분류 연습은 언어발달 프로그램에서도 사용된다. 교사는 아동이 연습 문제를 만들어 보게 하거나, 주어진 패턴의 일부분만 주고 선택적인 범위를 완성하게 할 수도 있다. 예를 들면, 교사는 특정 길이의 카드보드나 나무를 주고 이것들과 길이가 같은 다른 두 가지를 찾아보게 한다. 아니면, 교사가 한 부분을 제시하고 나머지를 찾아보게 할 수도 있다. 준비도 프로그램에서 아동은 이와 같은 수리적 과정들—모아 놓기와 분리하기—을 사용할 수 있으며, 수리적인 용어, 상징이나 기호를 사용할 능력 없이도 상호 관련성을 볼 수 있다. 이러한 것들을 아동에게 알려 주면 아동은 약칭의 형태가 자신의 표현에 도움이 되어 수리적 상황을 조작하거나 조작을 더 간단히 빨리 정확하게 해서 편리하다는 것을 이해할 수 있다.

교사는 수 이전의 수업을 배정할 때, 다양한 부문이 서로 배타적이지 않고 통합된 계획의 일부분이므로 각 아동이 프로그램의 한 측면으로부터 다른 측면들까지 적당히 자유롭게 따를 수 있는 기회를 갖게 한다. 교사는 앞서 말했던 세 개의 발달 단계들을 염두에 두고 각 아동의 진전에 대한 기록을 남겨야 한다. 교사는 아동이 직접 실험해 보고 발견하는 기회와 어림해 보고 확인하는 기회를 제공해서 비논리적인 사고로부터 벗어나게 해야 한다. 수 준비도 프로그램이 진행되는 동안 교사는 토의와 질문하기를 독려해야 한다. 이 수 준비도 프로그램을 성공적으로 끝내면 아동은 수 체계에 대해 체계적인 학습을 시작할 준비가 될 것이다. 아동은 이제 항상성을 가정할 수 있기 때문에 수리적 상황에 논리적인 사고를 적용해서 실질적인 이해를 바탕으로 공부하게 될 것이다. 아동은 상징이 변하지 않는 수를 표상한다는 것을 알게 된다. 아동은 이제 처리과정에 대한 상호 관련성과 상호 보완적인 특성에 대해 잘 알 수 있으며, 부분과 전체의 관계에 대한 초보적인 사고를 한다. 이처럼 수 준비도 프로그램을 성공적으로 마치고 난 후에 수 지도의 단계가 시작된다.

어떻게 가르칠 것인가

교사는 처음에 아동이 체계적인 수 학습을 시작할 준비가 되어 있는지를 확인해야 한다. 아동이 준비된 것으로 확인되면 교사는 그때 가르치기를 진행할 수 있다. 느린 학습자는 수 준비도를 발달시키는 데 긴 시간이 걸린다. 느린 학습자에게 수를 가르치는 교사는 다음과 같은 중요한 원리들을 기억해야 한다.

- 실용적 접근
- 관련성 가르치기
- 활용 촉진하기
- 상징과 기호 도입하기
- 준비하기
- 수와 관련된 사고의 과정을 말로 표현하는 학습 강조하기

• 복습과 훈련
• 어휘의 적절한 사용

실용적 접근

교사는 논리적 체계인 수 체계를 이해해야 한다. 느린 학습자의 일상적인 삶의 문제에 필요하게 될 특정 수행의 발달을 위한 기반으로 어떤 부분들이 유용한지에 대한 체계를 결정하는 것은 교사다. 더 어린 느린 학습자의 교사는 20까지의 집합을 논리적으로 다룰 수 있는 능력을 발달시켜야 한다. 이것만으로도 시작하기에 충분할 것이다. 이 단계에서 성공을 경험하는 것은 장래에 아동이 더 나은 학습을 하게 하는 데 영향을 미칠 것이다. 또한 산수와 수학 학습을 위한 자극제로 작용할 것이다. 느린 학습자가 1부터 20까지 각각의 숫자를 배우면 그는 20 안에서의 덧셈, 뺄셈과 곱셈의 결과를 알게 되며, 사회적 상황에 그것을 적용할 수 있어서 장래를 위해 잘 대비할 수 있게 된다. 느린 학습자는 앞으로의 삶에서 수에 대한 요구의 대부분을 다룰 수 있게 될 것이다. 아동의 수리적 사고가 20의 수준에 도달하고, 시간과 환경이 허락한다면 그는 더 나은 발전을 할 수 있다.

관련성 가르치기

특정 수를 가르칠 때, 이 단계에서 강조하지 않아도 되는 나눗셈을 제외한 모든 연산과 그들 간의 관련성에 대해 가르쳐야 한다. 덧셈과 뺄셈의 상호 보완적인 특성을 아동이 잘 이해하게 해야 한다.

아동은 새로운 집합이 이미 배웠던 것과 어떻게 연관되는지도 이해해야 한다. 예를 들면, 한 집합이 열 번째까지의 원소를 가질 때, 같은 원소를 가진 다섯 번째까지의 집단보다 더 큰 것처럼 아동이 기수와 서수 간의 관련성을 이해하게 될 것이다.

활용 촉진하기

교사는 실제적이면서 일상적인 상황에서 아동이 배웠던 수 개념을 사용할 수 있는 기회를 제공해야 한다. 아동은 실제 상황에 수 개념을 적용할 수 있어야 하며, 이것은 두 가지 목표에 도움이 된다. 즉, 아동을 사회적으로 능숙해지게 하며, 특정한 수 개념을 영구적으로 기억하게 한다. 또는 수 개념이 상위 기억에 저장된다고 말할 수 있다. 예를 들면, 한 아동이 6이라는 숫자의 의미를 배우면 그는 600원, 6미터, 여섯 시간, 책 여섯 권, 여섯 개의 어떤 물체를 다루는 데도 이 지식을 이용해야 한다. 이것은 매우 중요하고 필수적인 원리다. 교사는 느린 학습자가 집합을 공부할 수 있도록 보드게임에 사용하는 칩, 연필, 정육면체나 막대기와 같은 것을 제공해야 한다. 교사는 아동이 수리적 관계를 발견하는 사고를 할 수 있도록 지도해야 한다. 느린 학습자가 개념을 배우고 나면 실제 상황에 그것을 적용할 수 있다.

상징과 기호 도입하기

아동이 숫자가 의미하는 수량과 과정을 이해할 때 수의 상징과 기호를 도입해야 한다. 예를 들면, 아동이 덧셈 과정은 두 집단을 합한 것과 동일한 또 다른 집단을 만들기 위해 단순히 두 집단을 함께 놓는다는 사실을 이해할 수 있을 때, +기호의 '함께 놓는다'는 약칭 기호를 도입할 수 있다. 한 집단을 두 개의 집단으로 나눠서 그 하나를 버리는 것이 뺄셈이라는 것을 알 때, −기호를 도입할 수 있다. 같은 부분들을 함께 놓는 것으로 곱셈을 이해해야 하며, 아동이 이를 이해할 때 ×기호를 도입할 수 있다. ÷기호를 도입하려면 아동이 동일한 부분으로 분할한다는 나눗셈을 이해할 수 있어야 한다.

준비하기

수 준비도의 발달은 아동이 공식적인 수 학습을 시작할 준비가 됐다는 것이지 끝이 아니라는 것을 기억해야 한다. 아동은 항상 이해를 위한 다음 단계의 준비가 되어 있다. 이것이 학습을 더 나은 학습으로 이끌어 가는 방법이다. '준비'는 새로운 학습에서 기대하는 수준으로, 이전의 학습을 논리적으로 통합하는 과정이다. 예를 들면, 덧셈에서 느린 학습을 하는 아동은 더 단순한 단계에서의 많은 연습이 필요하다. 그는 올림을 사용하기 전에 10의 중요성을 철저히 이해해서 빠져 있는 다른 것을 대신하는 기호로서 0을 사용한다는 것을 알아야 한다. 느린 학습자는 이 통합에 긴 시간이 걸리며, 이들의 이해는 느리게 발달한다. 그래서 아동의 사고는 양보다 질이 중요하기 때문에 교사는 새로운 상황의 등급을 나누는 데 매우 주의 깊게 관심을 기울여야 한다. 교사에게는 아동이 새로운 학습을 할 준비가 되어 있는지를 확인해야 한다는 중대한 의무가 있다.

수과 관련된 사고의 과정을 말로 표현하는 학습 강조하기

수와 관련된 사고의 과정을 말로 표현하는 학습을 초기 단계에서 강조해야 한다. 교사가 이용하기로 결정한 어떤 도구도 아동이 자신의 답을 점검할 수 있도록 부추길 수 있어야 한다. 자신의 답을 점검할 기회를 주면 아동은 교사가 준 도구로 알아내서 구체적인 학습을 촉진한다. 많은 저비용 도구인 보드게임용 칩, 주사위, 구슬 등과 같은 것들이 이 목적으로 사용될 수 있다. 자신의 답에 대해 아동이 점검하는 것은 자기 평가의 일종으로 자신의 생각이 어디에 있는지를 이해해서 더 빠르고 구체적인 학습을 촉진한다.

복습과 훈련

느린 학습자의 기억력은 매우 낮다. 느린 학습자가 개념을 기억하려면 더 많은 복습이 필요하다. 주의력 때문이기도 하지만 점진적인 이해를 형성해 가는 데 반복적인 복습이 필요하다. 훈련은 느린 학습자의 기억을 촉진하는 연습이다. 훈련은 느린 학습자가 더 오랫동안 기억하게 하는 데 매우 중요하다. 그러나 적절한 이해 없이 기계적으로 훈련하는 것은 바람직하지 않다. 훈련은 항상 이해를 동반해야 하며, 아동에게 목표를 명확하게 만들어 줘야 한다. 지도의 초기 단계에서 목록을 복습하고 훈련하는 것은 모든 미래의 학습을 위한 기반을 형성하기 때문에 교사가 효율적으로 해내야 한다.

어휘의 적절한 사용

교사가 사용하는 어휘는 느린 학습자의 읽기 수준에 적절해야 한다. 교사가 문제를 제시할 때 사용하는 어휘는 아동의 읽기 수준에 맞춰야 한다. 읽기 프로그램에서 200 단어의 기초적인 시각적 어휘에는 얼마나, 많은, 모두 합쳐, 비용, 긴, 몇 시, 밖으로, 등등과 같은 단어들이 포함되지 않는다. 아동이 독립적으로 수리적 문제를 이해하게 하려면 이러한 어휘들을 아동들에게 적합하게 만들어야 한다.

B. 더 나이 든 느린 학습자에게 수학 가르치기

더 나이 든 느린 학습자는 수학 학습에서 어려움을 겪는다. 초등학교 수준에서는 방과 후에 남아 있게 하는 규정이 없다. 결과적으로 수 준비도를 적절히 발달시키지 않고 적절히 산수를 학습하지 않은 채 느린 학습자의 대부분이 중학교에 진학해서 수학 학습에 항상 어려움을 겪는다는 것이다.

수학은 일상적인 삶이라는 토양에 깊이 뿌리내리고 있으며, 가장 높은 수준의 기술적인 성취를 바탕으로 한다. 우리는 아침식사로 커피에 넣을 설탕 덩어리를 셀 때, 집을 지을 때, 아주 높은 고층 건물을 세울 때, 인상적인 다리를 건설할 때, 라디오를 조립하거나 초음속 비행기를 조립할 때도 수학을 사용한다. 구체적인 특성의 거의 모든 것이 수학이며, 가장 추상적이면서 과학에 대한 최고의 가설이 수학이다. 결과적으로 수학을 학습하는 데 학생들이 다양한 문제에 부딪히는 것은 당연하다. 이러한 측면에서 가장 고통받는 이들은 수학 학습에 필요한 추상적인 사고 기술과 문제해결 능력이 부족한 느린 학습자다. 또한 수학이 모든 과학의 어머니라는 바로 그 사실 때문에 수학에서 학습적인 어려움을 겪는 원인을 조사하고, 느린 학습자를 위한 특별한 교육 책략을 개발해서 그들의 약하고 부족한 면을 극복하여 적절한 수학 학습을 할 수 있도록 해야 한다.

수학 학습에 영향을 주는 요인

Reisman과 Kauffman(1980)은 『특수교육이 필요한 아동에게 수학 가르치기』라는 책에서 수학 학습에 영향을 주는 '유전적인 요인'에 대해 이야기했다. 이 책에서는 모든 특수 아동의 교수를 다루고 있으며, 책의 주된 내용은 느린 학습자에게도 적용 가능하다. 이 책에서는 유전적인 요인을 다음과 같이 네 개의 영역으로 묶고 있다.

- 인지적 요인
- 정신운동적 요인
- 신체적 · 감각적 요인
- 사회적 · 정서적 요인

이 중에서 첫 번째, 두 번째, 네 번째 영역은 학습 문제를 가진 학생들에게 직접적으로 적용하여 자세히 논의했다. 모든 사례에서 수학을 배우는 능력에 영향을 미치는 어려움의 정도가 정상 아동과 다르거나 부족하다. 느린 학습자의 학습 문제로 고민하는 교사에게는 수학을 배우는 데 각각의 요소가 어떻게 영향을 미치는지에 대해 명확한 인식이 매우 중요하다.

인지적 요인

수학 학습에 영향을 미치는 인지적 요인들은 여러 가지다. 느린 학습자에 대한 특정 참고문헌과 함께 이 요인들을 분석할 것이다. 또래와 비교했을 때의 학습속도와 학습량은 수학 학습에서 중요한 역할을 한다. 느린 학습자를 또래 집단과 비교했을 때 학습량은 물론 학습속도 면에서도 매우 크게 뒤처진다. 그래서 또래를 따라갈 수 없다. 특정 내용과 관련된 학습속도 또한 느리다. 느린 학습자는 일반적인 또래 아동에 비해 하나의 개념을 배우는 데 걸리는 시간이 훨씬 더 길다. 기억에서 정보를 보유하는 능력 또한 부족하다. 수학은 학습자가 기억 속에 많은 것을 유지할 필요가 있는 과목이다. 그러나 느린 학습자는 이 측면이 매우 취약하다. 학급에서는 어렵겠지만 더 많은 반복이 필요하다. 가끔씩이라도 이 반복이 이루어질 때 다른 일반 아동들은 기다리기 힘들어하거나 시간을 버리는 것 같다고 여길 수도 있다. 이는 느린 학습자가 수학 학습에 영향을 미치는 적절한 언어적 기술을 가지지 않았기 때문이다. 임의적인 관련성이나 상징 체계를 배우는 능력도 취약하다. 또한 관계, 개념, 일반화를 형성하는 데 필요한 능력도 가지고 있지 않다. 세부 사항에 주목하지 못하며, 중요하지 않은 것과 중요한 것을 구분하지 못한다. 또한 느린 학습자는 문제해결 책략을 이용하는 것이 어렵다. 자료를 기초로 하는 중요한 결정이나 판단을 하는 능력이 매우 부족하다. 느린 학습자에게는 추론, 추측, 추상과 복잡함을 감당할 능력이 없다. 이 모든 인지적 요인이 느린 학습자의 수학 학습에 영향을 미친다.

그러므로 교사가 학생들의 강점을 활용하는 교육 책략을 고안해서 약점이나 결점이 되는 영역들을 극복시키고, 더 정상적인 학습을 가능하게 하는 것이 매우 중요하다. Reisman과 Kauffman(1980)은 차별화된 교육과 개별 학습자에게 적절한 방법과 교재의 선택을 강조한다. 교사가 의미 있는 교육을 계획하고 있다면 이 요인들에 대한 파악이 중요하다.

정신운동적 요인

수학 학습에 영향을 주는 유전적 요인들에는 말하거나 쓰는 반응은 물론 반응을 찾는 데 필요한 능력인 정신운동적 능력을 이용하는 데 비효율적인지의 여부가 포함된다(Reisman & Kauffman, 1980). 정신운동적 요인들에는 시지각장애, 청지각장애와 수학에 적용되는 일반적인 언어의 규칙이 포함된다. 시각적 변별력 부족, 전경과 배경을 구분하지 못하는 장애, 형태 항상성 문제, 시각적 순차 기억의 어려움과 공간 관계 문제와 같은 시지각장애들이 느린 학습자의 수학 학습에 영향을 준다. 음운론적 규칙, 형태학적 규칙, 구문론적 규칙, 의미론적 규칙에 대한 부족한 지식 또한 느린 학습자의 학습에 영향을 미친다. 교사의 역할은 인지적 요인에 맞춰 맡은 학생들의 인지적 요인이 부족한 정도를 판단하고 교육 책략을 세우는 것이다.

사회적 · 정서적 요인

수학 학습에 영향을 미치며, 느린 학습자와 같은 학습 문제를 가진 학생들에게 직접적으로 적용되는 요인들의 세 번째 범주는 사회적 · 정서적 요인이다. 이 요인들 중 가장 중요한 요인은 과잉활동성, 산만함, 충동성, 공격성, 위축, 미성숙, 정신적 발달의 부적절함과 결함이다. 이 요인들은 앞 장에서 자세히 다루었으므로 여기서 더 자세히 다루지는 않을 것이다. 느린 학습자를 가르치는 교사는 느린 학습자의 수학 학습에서 이 요인들의 상당한 규모의 부정적인 영향을 감소시키는 데 유용한 교육 책략들을 고안해야 한다.

수학 학습에 영향을 주는 이 세 범주의 중요성에 대한 인식, 학생들이 수학 학습에 접근하는 방식에 대한 주의 깊은 관찰과 분석은 개별적인 요구에 부합하려고 시도하기 위해 교육과정과 특수교육 책략을 변화시키는 방법과 같이 실질적인 사고를 개발하는 데 도움이 될 수 있다. Reisman과 Kauffman(1980)은 특수 아동에게 수학을 가르치는 것에 대한 다양한 연구의 필요성을 인정했다. 학습자의 유형에 따른 개별화된 수학 지도와 관련된 연구들은 정상 아동에서도 아직 미해결 상태이며, 특수 아동을 위한 연구는 더욱 드물고 입증이 덜 된 상태라고 주장한다.

느린 학습자의 수학 교육에 대한 기본 원리

대부분의 다른 교육과정 내용 영역에 대한 연구와 마찬가지로 수학 교육에 대한 연구도 찾기 힘들지만 가장 좋은 방법을 찾는 데 큰 관심을 기울이고 있다. 이 연구는 수학 지도에 필요한 특정 기본 원리들을 공식화하기 위한 방법을 조성하긴 했으나, 최상의 방법이나 최고의 교사 특성을 유도해 낼 수는 없었다. 정상 학생과 뒤처진 학생 모두를 지도하는 데 사용되었던 기본 원리들 중의 두 가지는 수학 내용을 논리적으로 단계화하기, 기억을 촉진하고 개념과 기술을 전달하기 위해 구체적 조작을 사용하기다. 이 두 가지 외에 교육의 개별화 또한 느린 학습자에게는 매우 효과적이다.

내용의 단계화

연구 결과, 수학 교육과정의 단계화에 대해 두 가지를 발견했다. 첫째, 배우게 될 수학은 논리적으로 단계화되어서, 더 상위이거나 더 복잡한 기술과 개념들로 이행하기 전에 더 낮은 단계의 기술들과 개념들을 제공해야 한다는 것이다. 둘째, 최상의 수학 주제들에는 더 낮은 단계의 개념과 기술로부터 더 상위의 개념과 기술로의 위계를 제공하는 하나 이상의 단계가 있다는 것이다. 학습의 위계는 학습되는 기술에 대한 수학적 구조를 고려하고 목표에 도달하기 위해 필요한 전 개념과 기술을 분석함으로써 발전해야 한다. Phillips와 Kane(1973)은 수학 학습이 논리적으로 단계화된 교육과정에 달려 있다고 지적한다. 이들은 연구에서 더 낮은 것에서 더 높은 순으로의 개념과 기술의 단계가 유일한 것은 아니라고 말한다. 그들은 일곱 개의 단계를 발견했으며, 그들이 실험에서 위계적 분석을 했던 단계가 최상의 기억률을 보였다. 느린 학습자를 가르치는 과업을 맡게 된 교사는 최적의 효율성을 위해 수학 교육에서 이 원리를 따라야 한다.

구체적 조작의 사용

수학 교육에 대한 새로운 책략들은 학생이 획득할 수 있거나 학습하는 수학의 의미를 둘 수 있게 하는 데 중점을 둔다. 이는 기계적으로 배우는 것과 싸우는 것이다. Bruner(1966)가 이러한 접근의 원리에 대한 연구 기반을 마련했다. Bruner는 수학 내용을 제시하는 3단계를 제안했다. 무엇보다도 먼저, 학생들에게 중요한 개념을 보여주는 구체적 조작을 하여 쉽게 이해하도록 도와야 한다. 두 번째, 이 조작들에 대한 그림은 이해를 확장하는 데 쓰여야 한다. 마지막으로, 완전히 상징적인 기호와 동반하는 규칙들이 사용된 조작물이나 그림과 학습할 추상적인 개념이나 기술 간의 관련성을 보여 주는 방법으로 제시되어야 한다. Suydam과 Higgins(1977)는 수학적 사고와 기술의 발달에 대한 연구들을 검토했는데, 그중 거의 절반가량의 연구에서 구체적 조작물의 도움을 받아 학습했던 학생들의 성취가 그러한 도움을 갖지 못한 학생들의 성취보다 높았음을 밝혀냈다. 나머지 연구들은 구체물의 도움을 받았던 집단과 그렇지 못한 집단 간에 유의미한 차이가 없었음을 밝혔다. 그러나 구체물을 사용하지 않는 집단이 더 나았다는 연구 결과는 드물었다. 모든 학년 수준에서, 다양한 학생 능력 수준에서, 많은 수학적 개념과 기술들에서 이 결과에 대해 일관적으로 구체적 조작물의 필요성을 주장하고 있다.

Suydam과 Higgins의 연구에 대한 검토에서 완전히 상징적으로만 처리하는 것보다 그림으로 제시하는 것이 더 큰 성취를 하게 한다고 보았던 Bruner의 제시 순서를 지지하는 것으로 나타났다. 그러나 그림으로 제시하는 교육이 구체적 경험을 통한 교육보다 더 우월한 경우는 드물다. 구체물 사용에 대한 찬성의 기본적인 전제는 구체물을 통해 아동이 수학의 추상성을 볼 수 있게 해야 한다는 것이다. 최근의 연구 결과들은 시지각이 수학을 개념화하는 아동의 능력에 큰 영향을 미친다는 사실을 입증한다(Grayson, Wheatley, Frankland, Mitchell, & Karaft, 1978). 이것은 연구들이 구체적인 조작물을 사용하는 데서 강점을 발견하는 이유가 될 수 있다. 구체적인 경험들이 수학 학습의 바탕을 형성할 때 더 오랫동안 기억과 전이(개념과 기술의 활용)가 일어나는 이유를 설명할 수도 있다(Suydam & Higgins, 1977).

구체적인 조작물을 통해서 알아내는 수학적 능력은 기본적인 사실들을 암기해야 하는 수학 내용 학습에도 적용될 수 있다. 몇몇 연구들에서는 기본적인 사실들을 '암기하는 책략'이 효과적이었음을 발견했다(Cifarelli & Grayson, 1979; Davis, 1978; Folsom, 1975; Thornton, 1978). 훈련과 연습은 수학 학습에 중요한 역할을 한다. 느린 학습자가 수학적 기술을 완수하는 데는 훈련이 매우 중요하다. 그러나 훈련은 개념화 또는 의미화, 발달 단계에 도달한 후에 이루어져야 한다(Davis, 1978; Folsom, 1975; Hazekamp, 1978; Rathmell, 1978). Shuster와 Pigge(1965)는 연구에서 수학을 학습하는 데는 시간, 의미, 관계가 서로 친숙하게 연관되어 있음을 밝혔다. 이 연구는 교육에 할애하는 시간의 절반 이하로 훈련과 연습을 해야 한다고 제안한다. 구체적인 조작물과 그림을 통해서 유의미한 발전을 제공하는 데 적어도 교육시간의 절반을 보내야 한다.

몇몇 연구자들은 반복함으로써 훈련을 대체할 수 있다고 밝혔다(Davis, 1978; Good & Grouws, 1979; Mathematics Resource Project, 1970). 이들은 며칠에 걸쳐 짧은 기간 내에 하는 잦은 훈련이 긴 시간 동안 집중적으로 연습하는 것보다 더 좋다고 말한다. Horowitz (1975)의 연구에 따르면, 연습은 기술이 의미 있게 제시된 후에 수일 내로 시작되어야 한다고 제안한다. 또한 지식을 개념화했는지 또는 기술을 획득했는지의 여부는 추상적이고 상징적인 수학 학습을 위한 바탕을 제공하는 데 조작물을 사용했는지에 달려 있다는 사실을 연구 결과들이 공통적으로 증명한다.

느린 학습자를 위한 개별화된 수학 교육

느린 학습자를 위한 개별화된 접근은 자기 진도에 맞춰 내용 범위를 학습하는 것과 제시 방법의 양식이라는 두 가지 측면에 집중한다. 제시 방법의 양상보다는 자기 진도에 맞춰 학습하는 것이 더 중시된다. 자기 진도를 맞추는 것에 대해 강조하는 주된 이유는 매체의 유용성 때문이다. 상업적으로 생산된 개별화된 교수매체들의 비판적인 사용 후기들은 느린 학습자의 대부분이 진도를 맞춰 가도록 개별화했는지를 알려 준다. 말하자면, 같은 내용이 동일한 순서와 같은 방법으로 제시되지만 각자 자신의 속도에 맞춰 모든 학생이 학습하게 되어 있느냐는 것이다.

자기 진도에 맞춰 내용 범위를 학습하는 것

Schoen(1976)은 개별화된 수학 프로그램들과 관련 연구 자료를 검토하여 자기 진도에 맞춰 학습할 수 있는 프로그램이 전통적인 프로그램보다 수학 성취에 더 좋은 것은 아니라는 것을 발견했다. 자기 진도에 맞춰 학습하는 교수매체를 받은 학생들은 교사나 또래와의 상호작용이 적어질 것이다. 자기 진도에 맞추는 학습은 자기 동기화에 대한 학생의 책임감을 더 크게 한다. 스스로 동기화가 되지 못한 학생은 노력을 덜 하게 될 것이며, 시간도 덜 쏟게 된다. 과제 지속시간이 길수록 더 많이 배운다는 게 일반적인 사실이다. 이 고려 사항은 쉽게 산만해지는 경향이 있는 느린 학습자의 경우에는 극히 중요하다. 자기 진도에 맞춰 학습한다는 것이 중요하지 않다고 말하는 것은 아니다. 자기 진도에 맞춰 내용 범위를 학습하는 것은 느린 학습자에게 매우 중요하다. 자기 진도에 맞춰 내용 범위를 학습한다는 것은 하루 동안에 얼마나 많은 양의 수학이 제시되는지, 얼마나 많은 연습 문제들이 부여되는지를 말한다. 특정 개념과 매체를 언제쯤 제시할 것인지—학생들이 얼마나 빨리 일련의 과제물을 완성하는지가 아니라—가 자기 진도에 맞춰 학습하는 것에 매우 중요하다. 느린 학습자의 수학 학습을 촉진하는 작은 단계들은 수학적인 개념들을 형성하는 데 있어야 한다. 더 큰 성공에 도달하기 위해서는 과제를 줄여야 할 것이다.

제시 방법의 양식

느린 학습자에게 수학에서 개별화의 또 다른 측면은 교육의 다른 양식을 사용하는 것이다. 연구들은 수학의 기계적인 암기가 수학 학습 문제를 가진 학생들에게 효율적이지 못하다고 주장한다. Strauss와 Lehtinen(1947)이 설명했던 매우 자주 '보고 해 보는' 방법이 자기 진도에 맞춰 학습하는 교수매체에 적합한 방법이다. 교육은 추상성을 바탕으로 구체적인 조작물을 매체로 사용하게 해야 한다(Horowitz, 1975; Johnson & Myklebust, 1967; Schefflin & Seltzer, 1974). 추상적인 수 개념의 발달을 동기화하는 데 게임이 사용될 수 있다(Orlando, 1969; Ross, 1967). 학생들이 수학적 조작의 규칙을 찾는 유도적인 방법이 도움이 될 수 있다. 효율적인 측면을 위해 수정하는 것이 더 큰 성공을 가져오게 하는 형태가 된다. 느린 학습자가 더 많이 성공하게 하면 즉각적인 성취를 유도할 뿐만 아니라 더 잘 기억하고 더 좋은 태도를 갖게 한다. 이는 효율적으로 이끄는 구체적 조작물의 한 특징일 수 있다. 구체적 조작물의 도움으로 학생들은 정확한 반응을 얻을 수 있다.

학급 교사를 위한 방법

학급 교사들은 적어도 세 가지 방법으로 느린 학습자의 수학 학습을 도울 수 있다.

• 개별화를 위한 정례화하기
• 기술 단계에 맞는 적절한 수준에 느린 학습자를 배치하기
• 교육 제시 방법 면에서 최소한의 개입을 유발하기

개별화를 위한 정례화하기

교사가 느린 학습자의 수학적이고 심리교육적인 강점과 약점 모두에 관여하기 위해서 정례화 방법을 사용하는 것은 매우 중요하다. 학습에 있어서 새로운 교수매체, 정신적 기술과 교정에 필요한 수학 교육시간을 정례화해서 수학적으로 문제가 있는 학생들에게 도움을 준다. 정례화는 교과서 제시, 게임, 반복으로 이루어진다. 이 세 가지 요소는 개별화의 다양한 형태를 제공하는 집단화 모델의 기초로 사용된다. 교사가 정례화를 적절히 사용하면 집단 내에서 개별화를 할 수 있다.

기술 단계에 맞는 적절한 수준에 느린 학습자를 배치하기

학생들이 적당한 수준의 성공을 수행하기 위해서 필수적인 기술을 갖게 하는 수학 교육의 제공이 중요하다. 기술의 범위와 단계, 필수요건에 대한 정보를 얻을 수 있는 몇 가지 자료가 있다. Continuous Pupil Progress Profile(CPP, Fayette County, 1980)과 Developing Mathematical Processes(DMP, Schall, 1979)가 그 자료들이다. 학생을 기술 단계 내의 적절한 교육 수준에 배치하기 위해서 교사는 이미 배운 기술의 숙달 정도를 평가하는 쪽지 시험을 계획할 수 있

다. 쪽지 시험은 평가하는 기술을 정확히 보여 준다. 예를 들면, 다음과 같다.

분모가 같은 분수를 더하는 것, 빼지 않고

$\frac{1}{5}+\frac{1}{5}$, $\frac{4}{6}+\frac{2}{6}$, $\frac{3}{9}+\frac{2}{9}$, $\frac{2}{7}+\frac{5}{7}$ 등등…….

일반적인 쪽지 시험은 대략 20항목 정도를 포함하고 있어야 하며, 가장 이상적인 쪽지 시험은 몇 번이고 일부 항목들을 나타내야 한다. 숙달 정도를 확인하기 위해서 연달아 3~5일까지 쪽지 시험을 실시해야 한다. 쪽지 시험의 시간을 측정해서 더 빠른(정확한) 반응을 보이면 개선이라고 볼 수 있을 것이다. 교사가 해야 하는 첫 번째 결정은 수학을 어려워하는 학생을 쪽지 시험에서 나타난 숙달 정도에 따라 해당 기술 순서 내에서 적절한 교육 수준에 배치하는 것이다. 학생이 쪽지 시험에서 탈락하면 교사가 그 기술을 다시 가르쳐야 할 것이다. 이는 Bloom이 주장했던 것처럼 뒤처진 학생들에게 추가적인 교육시간이 도움이 되는 지점이다.

교육 제시 방법에 대한 개입

기술을 다시 가르쳐야 하는 학생이 있다면 교사는 학생의 결과물과 수업에 대한 구두 반응들을 주의 깊게 관찰해야 하며, 이러한 관찰은 필요한 개입의 유형이 무엇인지를 보여 줄 수 있다. 문제에 대한 분석은 단순하고 가장 정확한 수준에서 시작하여 더 복잡한 쪽으로 진행되어야 한다. 교육 제시 방법에 대한 개입은 다음과 같은 세 가지 방법으로 교사가 계획할 수 있다.

- 추가적인 연습 부여
- 수행의 단서 제공
- 상호작용 도구의 사용

추가적인 연습 부여 연산 기술에서 느린 학습자의 수행은 일관적이지 않을 수 있다(때로는 맞고, 때로는 틀리는). 그러한 학생들에게는 그 기술에 대한 더 많은 연습이 필요하다. 구체적인 사물을 이용해서 학생이 설명할 수 있는 능력을 보여 줄 정도로 개념을 이해한 후에 연습을 해야 한다. 연습은 다양하고 흥미로워야 한다. 언제라도 가능하고, 연습 활동이 자기교정적이어서 연습에 대한 감독으로 교사의 시간을 허비하지 않아야 한다. 추가적인 연습은 개념에 대한 이해와 숙달 정도를 향상시킨다. 동시에 추가적인 연습이 피로함이나 지루함으로 끝나지 않게 하는 것도 중요하다.

수행의 단서 제공 느린 학습자가 때때로 수학적인 과정에서 각 단계를 수행하는 방법에 대해 아는 경우도 있지만, 자신이 하고 있는 것에 대한 순서를 기억하지 못하거나 요구되는 학습자의 반응이 틀릴 때가 있다. 이 경우에 교사는 학생들에게 어디서 시작하는지를 보여 주는 초록색 점과 어디서 멈추는지를 나타내 주는 빨간색 점과 같은 수행 단서들을 알려 줌으로써 도와줄 수 있다.

상호작용 도구의 사용 교사의 제시 방법이나 요구되는 학습자의 반응이 잘못되어 느린 학습자가 수학에서 어려움을 겪을 수 있다. 이 두 가지는 상호작용 도구의 일부분이다. 상호작용 도구는 수학 활동에서 교사와 학습자가 무엇을 하는지를 표현하는 것이다. 교사는 구체적인 사물을 그리거나 조작할 수도 있다. 교사가 제시하거나, 보여 주거나, 나타낼 수도 있다. 언어적으로 설명하거나, 도표로 상징화할 수도 있다. 학습자의 반응은 구체적인 사물을 그리거나 조작할 수 있다. 반응을 확인하거나, 지적하거나, 보여 줄 수 있다. 학습자는 언어적으로 말하거나, 도표로 상징화할 수도 있다. 모든 하위 기술이나 교육목표에는 16개의 다른 상호작용 도구를 갖는 것이 가능하다. 교사가 언어적인 설명을 하고 답을 써 보라고 할 때 개념을 이해할 수 없는 학생들도 상호작용 도구들이 구축되면 수행을 잘 해낼 수 있다. 개입의 세 가지 유형인 더 많은 연습의 제공, 수행 단서의 추가적인 제공, 제시 방법의 변형이나 상호작용 도구에 대한 반응 양식을 사용하면 교사는 더 많은 연습을 제공하는 것을 비교적 수월하게 해낼 수 있다.

요 약

학습장애가 있는 느린 학습자 등과 같은 뒤처진 아동들에게 가장 효과적으로 수학을 가르치는 방법에 대해서 우리는 아직 초보적인 단계에 있다. 금세기 동안 수학에 대한 관심이 증가했음에도 이 분야에 대한 정보는 아직 희박하고 이슈나 논란의 제기도 충분치 않다. 수학은 다른 영역에 비해 중재적 접근의 장점과 가치들이 거의 알려지지 않았다. 산수는 수에 대해 사고하고, 수를 사용하는 방식이다. 산수 지도는 배열, 조작, 수량 측정, 수 관계를 상징적 · 추상적으로 다루는 능력을 개발하기 위해 수 체계를 적용하는 것과 연관된다.

수 준비도의 중요성, 수 관련성의 중요성과 수 체계에서 십진법적인 특성, 과정들의 상호 관련성이 느린 학습자에게 수를 가르치는 세 가지의 주요 원리다. 인지적 요인과 가정환경이 산수 장애의 주요 원인들이다.

수 준비도의 발달에 중요한 특정 연습이 있다. 느린 학습자의 수 준비도를 발달시키기 위해 교사는 이 연습에 대해 숙지할 필요가 있다. 수의 불변성이나 보존을 강조하는 연습, 기수 관련성을 발달시키기 위한 연습, 서수 관련성을 발달시키기 위한 연습이 느린 학습자의 수 준비도를 개선하는 데 중요한 연습들이다.

느린 학습자에게 수를 가르치는 교사는 수를 가르칠 때 실용적 접근, 관련성 가르치기, 활용 촉진하기, 상징과 기호 도입하기, 준비하기, 수와 관련된 사고의 과정을 말로 표현하는 학습 강조하기, 복습과 훈련, 어휘의 적절한 사용과 같은 중요한 원리들을 명심해야 할 것이다.

더 나이 든 느린 학습자는 수학을 학습하는 데 많은 어려움을 겪는다. 인지적 요인, 정신운동적 요인, 신체적 · 감각적 요인, 사회적 · 정서적 요인 등은 수학 학습에 영향을 미치는 중요한 요인들이다. 느린 학습자에게 수학을 가르치는 기본적인 원리들에는 내용의 단계화, 구체적 조작의 사용, 느린 학습자에게 개별화된 수학 교육이 포함된다.

개별화를 정례화하기, 기술 단계에 맞는 적절한 수준에 느린 학습자를 배치하기, 교육 제시 방법 면에서 최소한의 개입을 유발하는 방법으로 학급 교사가 느린 학습자의 수학 학습을 도와줄 수 있다.

참고문헌

Armstrong, J. R. (1969). *The Mathematically Handicapped: A Critical Review of the Related Literature.* Madison, WIS: The University of Wisconsin.

Cawley, J. (1981). *Commentary: Topics in Learning and Learning Disabilities.* Rockville, MD: Aspen.

Cifarelli, V. V., & Grayson, H. W. (1979). Formal thinking strategies: A pre-requisite for learning basic concepts. *Journal of Research in Mathematics Education, 10*(5), 368-370.

Cruickshank, W., & Others (1961). *A Teaching Method for Brain Injured and Hyperactive Children.* Syracuse, NY: Syracuse University Press.

Davis, E. J. (1978). Suggestions for teaching the basic facts of arithmetic. In M. N. Suydam & R. E. Reys, (Eds.), *Developing Computational Skills.* Reston, VA: NCTM Year Book.

Fayette County (1980). *Continuous Pupil Progress Profile in Mathematics.* Lexington, KY: Fayette County Public School.

Folsom, M. (1975). Operations on whole numbers. In J. N. Payne, (Ed.), *Mathematics Learning in Early Childhood* (37th). Reston, VA: NCTM Year Book.

Gearheart, B. R. (1985). *Learning Disabilities: Educational Strategies.* St. Louise: Times Mirror/Mosby College Publishing.

Good, T. L., & Grouws, D. A. (1979). The missouri mathematics effectiveness project: An experimental study in fourth grade classrooms. *Journal of Educational Psychology, 71*, 355-362.

Grayson, H. W., Robert, L. F., Robert, M., & Rosemarie, K. (1978).

Hemispheric specialization and cognitive development implications for mathematics education. *Journal for research in Mathematics education, 9*(1), 20-32.

Hazekamp, D. W. (1978). Teaching multiplication and division algorithms. In M. Suydam & R. Reys (Eds.), *Developing Computational Skills.* Reston, VA: NCTM Yearbook.

Horowitz, S. (1975). Effects of amount of immediate and of delayed practice on retention of mathematics rules. Paper Presented at the Annual Meeting of the American Educational Research Association, Washington, D.C.

Johnson, D. J., & Myklebust, H. R. (1967). *Learning Disabilities: Educational Principles and Practices.* New York: Grune and Stratton.

Kaliski, L. (1967). Arithmetic and the brain injured child. In E. Fierson & W. Brabe (Eds.), *Educating Children With Learning Disabilities.* New York: Appleton, Century-Crofts,

Morsink, C. V. (1984). *Teaching Special Needs Children in Regular Classrooms.* Boston: Little, Brown & Company.

Orlando, C. (1969). Remedial techniques for use with educable mentally retarded children with specific learning disabilities. In J. F. Cawley (Ed.), *Brief Inquiries Concerning Learning Disabilities and Intellectual Variability Among Disadvantaged Children.* Storrs Conn: University of Connecticut.

Phillips, E. R., & Kane, R. (1973). Validating learning hierarchies for sequencing mathematical tasks in elementary school mathematics. *Journal of Research in Mathematics Education, 4*, 141-145.

Piaget, J. (1952). *The Child's Conception of Number.* London: Routledge and Kegan Paul.

Rathmell, E. C. (1978). Using teaching strategies to teach basic facts. In M. Suydam & R. Reys (Eds.), *Developing Computational Skills.* Reston, VA: NCTM Year book.

Reisman, F., & Kauffman, S. (1980). *Teaching Mathematics to Children With Special Needs.* Columbus, OH: Charles E. Merrill.

Ross, D. (1967). The use of games to facilitate the learning of basic number concepts in preschool educable mentally retarded children. Office of Education, Bureau of Research, Washington. D.C.

Schall, W. E. (1979). Developing mathematical processes. Field Test Evaluation, 1972-73.

Schefflin, M., & Seltzer, C. (1974). Math manipulatives for learning disabilities. *Academic Therapy, 9*(5), 357-362.

Schoen, H. L. (1976). Self-paced mathematics instruction: How effective has it been? *Arithmetic Teacher, 23*(2), 90-96.

Shuster, A. H., & Pigge, F. (1965). Retention efficiency of meaningful teaching. *The Arithmetic Teacher, 12*, 24-31.

Strauss, A. A., & Lehtinen, L. E. (1947). *Psychology and Education of the Brain-Injured Child.* New York: Grune & Stratton.

Suydam, M. N., & Higgins, J. L. (1977). Activity based learning in elementary school mathematics. Recommendations from Research. Reston, VA: NCTM.

Tansley, A. E., & Gulliford, R. (1962). *The Education of Slow Learning Children.* London: Routledge, Kegan Paul Ltd.

Thornton, C. A. (1978). Emphasizing thinking strategies in basic fact instruction. *Journal for Research in Mathematics Education, 9*, 214-227.

08

느린 학습자의 직업 교육과 신체 교육

이 장의 개요

이 장에서는 느린 학습자를 대상으로 하는 직업 교육과 신체 교육을 다루고 있다.

- 느린 학습자를 대상으로 하는 직업 교육의 목표와 중요성
- 느린 학습자의 직업 관련 과목 교수방법
- 직업 교육을 할 때 교사의 역할
- 신체 교육의 중요성
- 느린 학습자를 대상으로 하는 신체 교육 프로그램
- 느린 학습자를 위한 신체 교육의 목표

SLOW
LEARNERS

직업 관련 과목과 신체 교육을 가르치는 것은 느린 학습자의 성격 발달은 물론 직업에서도 중요한 역할을 한다. 직업 관련 과목들을 분리되어 있는 어떤 것으로 보지 않고 학교에서 배웠던 것을 다른 곳에서 계속하고 확장하는 것으로 보아야 한다. 아동이 직업 관련 과목들을 해낼 수 있는지는 더 어렸을 때 아동이 다양한 형태의 실질적인 일을 가졌던 경험에 어느 정도 달려 있다. 옷감 짜기와 마름질은 미래의 직업을 위한 준비 경험을 제공할 수 있는 과목들이다. Hoyt(1975)는 직업 교육이란 사람들이 살아가는 방식의 일부로서, 일에 종사하기 위한 준비와 그 일에 대해 배우는 일체의 경험이라고 정의한다. 직업 교육은 개개인이 해당 지역사회에서 성공적으로 살고 일하는 데 필요한 교육적인 노력을 더 의미 있게 하고, 준비의 형태를 더 명확하게 만든다(Broline & Kokaska, 1979).

느린 학습자를 가르칠 때 주된 어려움 중의 하나는 느린 학습자가 직업의 조건을 탐색하기 시작할 때 그들을 도와주는 것이다. 느린 학습자의 대부분은 중학생 때와 고등학생 때 자신의 미래 직업 조건에 대해 심각하게 생각하기 시작한다. 학업 영역에서 적절한 성공을 경험하지 못하기 때문에 학교교육을 마쳤을 때라도 자신의 힘으로 직업을 선택하기를 갈망하는 것은 당연하다. 직업 관련 과목들을 효율적으로 가르치면 학교에서의 삶을 사회적 삶으로 순조롭게 전환시킬 수 있다. 직업 교육이나 직업 관련 교육들은 느린 학습자의 교육과정에서 중요한 구성요소다. 느린 학습자를 자립적으로 만들기 위해서는 현실세계에 전적으로 참여하는 데 필요한 능력들을 반영하는 학습 프로그램을 제공해야 한다. 교사는 느린 학습자를 위한 직업 교육을 강조해서 느린 학습자가 직업 조건들을 탐색하고, 자기 자신, 자신의 흥미와 능력에 대한 현실적인 평가를 할 수 있게 해야 한다. 학생이 자신의 제한된 능력 때문에 불가능할 수도 있는 직업을 고려하고 있다면 교사는 현실적인 충고를 해야 한다. 특정 분야에 관심을 표하는 학생들은 자신의 능력에 적합한 잠재적인 직업을 선택할 수 있게 도움을 받아야 한다.

직업 교육 개념은 정규 학업 교육과정을 통해 가르칠 수 있다. 이러한 방법이 개념을 더 현실적이며, 의미 있게 만든다. 예를 들면, 중등학교 수학교사는 총액을 확인하는 데 이용하는 관련 기술로 기본적인 덧셈과 뺄셈 계산을 시킬 수 있다. 수학을 현실적으로 사용하게 하면 학생이 학업과 현실세계 간의 관련성을 보게 된다. 이외에도 직업 관련 과목들을 가르치면 미래의 직업을 향한 더 나은 길을 열 수 있다. 뒤처진 아동은 목공예, 금속가공, 등공예, 공예, 마름질, 옷감 짜기에 몰두하고 싶어 하며, 이를 효과적으로 이용할 수 있는 교사는 학교에서 학습도 잘 시킬 수 있다. 이는 느린 학습자의 교육에서 매우 중요한 역할을 한다.

직업 관련 과목들은 대부분의 느린 학습자가 쉽게 성공에 도달할 수 있거나 거기에 숙련될 수 있는 분야들이다. 학교에서 하는 실습은 학생들의 능력에 적합해서 좋아 보이고 유용해 보임으로써 성공할 수 있을 것 같은 느낌을 갖게 하는 것이어야 한다. 특히 초기 단계에서 느린 학습자에게는 빠른 성공이 필요하다. 느린 학습자에게는 눈에 보이는 결과 없이 너무 오랫동안 지속하기를 기대할 수 없다. 실행에서 숙달의 기준을 제시하는 것이 매우 효과적이지만, 이와 동시에 실패하면 성취에 대한 기쁨과 만족감을 잃게 된다는 점을 강조하지는 말아야 한다. 더 높은 기준에 익숙한 교사는 느린 학습자의 낮은 기준을 참아 낼 수 없을지도 모르지만, 아동은 자신이 하고 있는 것이 가치가 있으며 즐겁다고 느끼면 자신의 기준을 더 잘 올릴 수 있다는 것을 기억해야 한다. 아동은 그 일에 몰두해 갈수록 더 많은 노력을 기울일 것이며, 그 일을 더 잘 끝내고 싶어 할 것이다. 그러므로 교사가 지도하고 필요할 때 도움을 줘서 느린 학습자가 행동을 조절할 수 있게 하는 것은 매우 중요하다.

이를 위한 세 가지의 목표가 있다.

- 학생들은 다른 학교 일에 대한 측면에서도 직접적인 관련이 있는 교사와 좋은 관계를 구축한다.
- 느린 학습자는 스스로 개선된 태도를 흡수한다.
- 실습의 즐거움은 어떤 실질적인 기술을 획득하도록 하는 방향으로 나아갈 수 있게 한다.

가장 중요한 것은 성공이 보장되어야 하며, 실행한 것이 느린 학습자에게 가치 있어 보여야 한다는 것이다.

이것이 직업 교육, 직업과 관련된 기술을 학생들에게 훈련시키는 것을 타당하게 만든다. 대학에 가든지, 직업 훈련이나 직접적으로 취업시장에 뛰어들든지 간에 적절한 직업 훈련은 학생들에게 도움이 될 수 있다. Morsink(1984)에 따르면, 그러한 기술의 발달은 다음을 포함한다.

- 적합한 직업 찾기
- 지원서 작성하기
- 취업 면접에 통과할 수 있게 하기
- 일에 적합한 옷을 입고, 개인 위생을 유지하기
- 시간 지키기나 정직하게 행동하기와 같이 좋은 직업 습관 갖기
- 일터에 갈 수 있는 대중교통과 전용교통 이용하기
- 급여와 이익을 이해하고 계산하기

직업 관련 과목을 가르치는 목적

느린 학습자에게 직업 관련 과목을 가르치는 데는 다음과 같은 세 가지 중요한 목적이 있다.

- 직업 습관의 발달
- 직업에 대한 긍정적인 태도 기르기
- 순조로운 전환

직업 습관의 발달

학교가 느린 학습자들이 학교를 떠난 후에 직면하게 될 다양한 작업과 많은 상황을 대비하는 훈련을 제공할 수는 없다. 어떠한 경우에도, 특정 훈련이 주어진다면 고용주들은 청소년들을 그 직업에 맞게 자신의 방식대로 훈련시키는 것을 선호한다. 그러나 직업 관련

과목들은 좋은 근로자의 몇몇 특성—끈기와 끝날 때까지 일에 매달리는 습관, 업무를 완성하기 위한 방법을 생각해 내고 누군가가 다음에 무엇을 해야 한다고 말해 주는 것을 기다리지 않고 실행하는 능력—을 발달시킬 수 있다. 집에서 또는 심지어 학급에서도 스스로의 힘으로 어떤 것을 해 보도록 격려받지 못했던 아동은 현실감각이 부족하고, 직업 관련 과목에 대한 개인적인 능숙함의 정도가 낮을 수 있다. 이것이 학생들에게 이러한 기술을 얻을 수 있게 하는 적절한 기회를 교사가 제공해야 하는 이유다. 직업 관련 과목을 가르치는 교사들은 독립심과 능숙함을 훨씬 잘 격려할 수 있다. 그런 학생들을 앞으로 나아가게 하는 것은 교사에게도 큰 만족감을 줄 것이다. 아동에 대해 자세히 모르는 교사는 그 일이 얼마나 효율적인지를 판단하는 것이 불가능할 수 있다.

직업에 대한 긍정적인 태도 기르기

직업 관련 과목을 가르침으로써 일에 대한 긍정적인 태도를 기를 수 있다. 여기저기에 다양한 직업 관련 과목들이 있다. 또한 학교마다 직업 관련 과목들도 다르다. 학교에서 유용한 직업 관련 과목들의 구성요소는 학교가 속해 있는 지역의 요구에 달려 있다. 기술의 획득이 최우선이 아니어도 직업 관련 과목들은 중요하다. 느린 학습자는 종종 협응에 결함이 있어서 그것을 발달시킬 기회가 절실히 필요한데, 기술 그 자체는 아니더라도 해내는 방법을 알게 되면서 자신감이 생기기도 한다. 게다가 학교에서는 직장에서의 이러한 기술을 사용할 기회가 매우 적을지도 모르지만, 집에서는 그 기술을 적용할 많은 기회를 찾을 수 있다. 아동은 가사에 포함된 간단한 조작을 하기 위해 자신의 기술을 사용해 볼 수 있다. 이것이 아동에게 자신감을 주고 일에 대한 긍정적인 태도를 갖게 한다. 아동은 도구를 사용하고 일을 시작하는 데 옳고 그른 방법이 있다는 것을 배워야 한다. 일단 일을 하는 옳은 방법을 배우면 그것이 아동에게 성취감을 줘서 일에 대한 본질적인 관심을 발달시킨다. 일에 대한 본질적인 관심은 일에 대한 긍정적인 태도를 형성해서 결국 미래의 성공을 예견하게 할 것이다.

순조로운 전환

학생에게 성인 교육, 성인의 책임감, 독립심과 취업을 준비시키는 것은 항상 중등교육의 목표였다. 대부분의 학생들은 고등학교를 마치면 적응에 심각한 어려움을 경험하지 않고 일을 찾거나, 직업 훈련 프로그램에 들어가거나, 대학에 간다. 특히 경제적으로 침체된 지역사회에서는 중퇴율과 실업률이 모든 청소년에게 매우 높다는 것이 잘 알려져 있지만, 장애를 가진 학생들의 전망은 더 나쁠 수 있다(Hendrick, MacMillan, & Balow, 1989; Wolman, Bruininks, & Thurlow, 1989). 장애를 가진 학생들에게 고등학교 재학 중과 졸업 후에 어떤 일이 발생했는지에 대한 연구는 장애를 가지지 않은 학생들과 비교했을 때 더 큰 비율의 장애를 가진 학생들이 청소년기에서 성인기로 전환하고 학교에서 일터로 전환할 때 어려움을 겪고 있다고 강력하게 주장한다. 많은 수의 학교 중퇴자는 직업을 찾고 유지하는 데 매우 큰 어려움을 경험하며, 자신의 능력에 적합한 일을 찾지 못하고, 추가 훈련이나 교육을 받지 못하거나 가족에게 의존하게 된다(Edgar, 1987; Neel, Meadows, Levine, & Edgar, 1988).

성인의 삶으로의 순조롭고 성공적인 전환은 대부분의 청소년에게 어려운 일이다. 개개인들은 성인기로 가는 다른 경로들을 찾을 수도 있다. 우리의 목표는 장애를 가진 청소년과 사회 초년생에게 필요한 가장 보람 있고 생산적이고 독립적이며, 가능한 한 성인의 삶에 통합되는데 도움을 주는 특수한 원조를 제공해야 한다는 것이다. 1990년대 교육의 큰 도전들 중의 하나는 성인기로 가는 경로에 있어서 학생들의 개별적인 욕구에 부합하는 프로그램을 효율적으로 배치하는 것이다. 이것이 완벽하게 실습에 적합한 지점이다. 이름, 다른 단어들, 재료, 도구와 과정들을 사용하는 실습을 통해 얻는 너무나 많은 유용한 지식들이 있다. 물건이 어떻게 만들어지는지, 재료들이 어디에서 오는지, 재료와 도구는 얼마인지, 표시와 수량에 대한 예측과 이해에 대해 배우는 것이다. 어디서도 가능하며, 주변 세계에 대한 더 많은 지식과 이해를 우연히 발견하기 위한 시작점으로서 그 기술에 대한 관심을 이용하게 해야 한다.

실습은 성인의 삶에 매우 중요한 언어발달과 수 지식에 기여할 수도 있다. 느리게 학습하는 아동은 언제나 자신과 자신이 좋아하는 활동들 사이에 읽기가 끼어드는 것을 원하지 않는다. 그러나 실습을 통해서 아동이 자신이 하고 있는 것을 설명하게 할 때 언어발달에 기여할 수 있기 때문에 설명을 연습하게 하고, 도구와 과정에 대한 정확한 단어의 사용을 연습하게 한다. 실습은 느린 학습자 쪽에서 언어적인 의사소통이 필요하게 만든다. 게다가 이러한 기술 유형은 이들의 성인의 삶에서도 필요하다. 직업 관련 과목들에서 느린 학습자의 기술이 바람직한 방법으로 발전될 때 학교 일에서 사회적인 일로의 순조로운 전환을 보장하여 학생들이 성인의 삶에 도달하거나 생계를 위한 일을 얻게 되었을 때 어려움을 경험하지 않게 될 것이다. 비용을 정하고 추측할 때 수 지식을 활용해야 하는 경우가 많이 있다. 성인의 삶에서는 이러한 종류의 수 지식이 필요하다. 느린 학습자가 사회에서 자활할 수 있는 개인이 되는 데 대수, 삼각법, 다른 수학적 개념들은 필요치 않다. 느린 학습자가 성인의 삶에서 업무를 평가하고 예측하기 위해 수 지식을 활용할 수 있는 능력을 가진다면 그것으로 충분할 것이다. 그러므로 느린 학습자에게 효율적으로 직업 관련 과목을 가르치는 것은 중요한 문제다. 실습, 일에 대한 경험이나 SUPW(Socially Useful Productive Work, 사회적으로 유용한 생산적인 일) 기간들은 실습 과목을 가르치는 데 적절하게 이용돼서 학교로부터 일과 성인의 삶으로의 전환을 보장할 수 있어야 한다.

통합교육에서 직업 관련 과목 교수의 중요성

느린 학습자의 대부분은 통합교육을 한다. 그들의 장애나 학습 문제는 특수학교에 배치할 것을 결정할 만큼 심각하지는 않다. 특수학교에서는 학습자들이 자활적인 성인의 삶을 살 수 있도록 어느 정도 준비한다. 그들에게는 지적 능력의 발달을 강조하지 않는다. 여기서는 시각장애인과 청각장애인도 인지발달이 가능하다는 것을 기억해야 한다. 일반적으로 특수학교는 실습을 훨씬 더 중시해서 재학생들이 자활적인 삶을 살도록 하는 어떤 방법과 의미를 찾을 수 있다. 그러나 일반학교에서는 그러한 집중적인 관심을 많이 찾기 어렵다. 모든 학교에는 직업 관련 과목을 위한 기간이 거의 없을 것이다. 직업 관련 과목들로는 미술, 공예, 옷감 짜기, 재단과 농업 등이 될 수 있다. 직업 관련 과목에는 60가지 이상의 구성요소들이 있다. 그 밖에 일의 경험과 SUPW와 지역사회 서비스를 하는 기간이 있다. 이것은 느린 학습자가 편안해하는 기간이다. 이 일은 느린 학습자들이 적당한 성공을 할 수 있어서 뒤로 너무 처진다고 느끼지 않을 수 있는 분야다.

때때로 보상기제가 느린 학습자에게 도움을 줘서 일반 학생들보다 실습에서 더 잘할 수도 있다. Gopal과 Manikandan은 영어와 수학이 매우 부진했다. 그들은 어떤 과목에서도 기준점수를 통과하지 못했다. 그러나 직업 관련 과목에서는 그들의 수행이 충분하고도 남았다. Gopal은 옷감 짜기에 능했고, Manikandan은 재단에 능했다. 둘 다 첫 번째 S.S.L.C. 국가시험에 통과할 수는 없었지만, 결과적으로는 그 시험에 합격했고, 지금은 성공한 수직기(사람의 손발로 움직여 베를 짜는 기계-역자 주) 감독과 재단사로 자신들의 똑똑했던 급우들과 크게 다르지 않은 정상적인 삶을 제각기 살아가고 가고 있다. 이처럼 직업 관련 과목들의 효율적인 교수는 느린 학습자의 잠재적인 재능을 끌어내고 어떤 경우에는 일에 대한 보상기제를 제공한다. 또 대부분의 학교에서 교육과정에 포함된 직업 관련 과목들은 지역사회의 사업적인 요구와 기회를 반영한다. 예를 들면, Rajapalayam, Tirupur, Coimbatore, Erode 등과 같은 지역에서는 주요 직업 관련 과목으로 옷감 짜기가 있다. 이곳은 수직기와 기계직기 공장들이 있는 지역들이다. 이 공장들은 늘 반숙련된 인력을 필요로 한다. 그러므로 학교 자체에서 옷감 짜기에 대한 기술을 적절히 익힌 느린 학습자는 학교를 떠날 때 만족스러운 직업을 찾을 수 있다. 여기서 느린 학습자의 대부분은 상급학교에 진학하지 않는다는 것을 기억해야 한다. 느린 학습자는 학교 졸업 후에 직업을 찾기 시작한다. 목공, 금속 관련 일, 점토 세공 등의 기술을 발달시킨 학생들이 Khadi Board(카디르 직물 판) 또는 작은 규모의 관련 산업이나 가내 공업에서 만족할 만한 직업을 찾을 수 있다. 느린 학습자가 성인의 삶에서 홀로 설 수 있게 하는 최고의 직업 관련 과목은 재단이다. 이처럼 직업 관련 과목들은 학교의 삶에서 성인으로의 삶으로 순조롭게 전환시킨다.

그러므로 학교 단계에서 직업 관련 과목들을 효과적으로 다루는 것은 매우 중요하다. 그러나 현재 상황은 좋지 못하다. 교사들이 모든 직업 관련 과목을 충당한다. 각 학교는 교육과정에 하나 또는 두 개의 직업 관련 과목을 포함시킨다. 그러나 학급 실습에서 이러한 직업 관련 과목들은 중시되지 않는다. 마땅히 가르쳐야 하는 것처럼 가르치지 않는다. 직업 관련 과목들을 효율적으로 가르치는 데 있어 학급 규모가 제한적인 경우도 있다. 많은 학교가 실습실을 적절하게 갖추고 있지 않다. 이름뿐인 실습 과목들을 가지고 있으며, 과정을 배우는 가치 있는 교수를 하지 않는다. 그런 학교들에서는 느린 학습자가 실습을 할 기회를 찾지 못해서 성인의 삶으로 순조롭게 전환되지 못한다. 또한 느린 학습자가 학교 과목에서 적당한 성공을 경험할 기회를 전혀 갖지 못한다. 느린 학습자가 학업적인 과목에 취약하고 직업 관련 과목에서 성공할 경험을 적당히 갖지 못하면, 이후의 학습에도 영향을 미쳐서 더 좌절하게 된다. 그러므로 직업 관련 과목을 잘 가르치는 것은 학교의 삶에서 성인의 삶으로의 순조로운 전환뿐만 아니라 뒤처진 아동들의 성격 발달에도 매우 중요하다. 성공 경험은 자신감을 심어 주고 자기상을 북돋아 준다는 면에서 성격발달에 기여하여 뒤처진다거나 뒤떨어진다고 느끼지 않는 사회적 삶을 어느 정도 준비하게 한다.

직업 관련 과목이나 일을 가르치는 것은 느린 학습자에게 다음과 같은 많은 이점을 준다.

- 교사의 감독하에 느린 학습자가 실습을 잘 배울 수 있다. 느린 학습자는 결과적으로 내면의 자신감을 키워 주게 될 적당한 정도의 성공을 경험한다.
- 보호받던 학교로부터 경쟁적인 직장으로 순조롭게 전환시킬 수 있다.
- 학교교육을 마친 후에 더 쉬운 직업을 갖게 해 준다.
- 학생들이 사회적 또는 성인의 삶에 필요한 일의 경험을 갖게 해 준다.
- 학교 중퇴에 대한 대안을 제시해 준다.

느린 학습자의 직업 관련 과목 교수방법

모든 고등학교가 직업 교육에서 효율적인 학습과정을 제공해야 한다. 앞서 언급했듯이 다양한 구성요소가 있다. 더 높은 중등수준에서는 학생들이 집중적으로 직업 관련 과목만을 공부하는 직업반

이 있다. 국가교육위원회(National Education Commission, 1966)는 학교 교육과정에 직업 교육을 포함시킬 것을 크게 강조했다. 자격을 제대로 갖춘 직업과정이 있는 상급의 중등학교가 있는 반면에, 고등학교의 3~4학기에 매주 직업 관련 과목들을 배정하기도 한다. 몇 가지 예외가 있을 수 있더라도 느린 학습자와 뒤처진 학생들만이 이 과정에 들어간다. S.S.L.C. 국가시험에서 모든 점수가 부진하기 때문에 이 과정에 들어가게 되는 것이다. 이 과정은 종종 느린 학습자를 버리는 곳으로 언급되기도 한다. 이 과정의 주된 목적은 학교를 떠난 후에 고생하지 않고 학교에서 성인으로의 삶으로 순조롭게 전환하게 하는 것이다. 이외에도 이 학생들은 대학에 가지 않는다. 느린 학습자나 뒤처진 학생들은 학교를 떠난 후에 보통 직업을 찾기 시작한다. 그래서 그들을 직업과정에 넣는 것은 적절한 결정이며, 비판할 만한 일은 아니다. 느린 학습자이든지, 일반적인 학생이든지 간에 업체나 숙련된 직업 영역에 들어가기로 선택한 학생들은 작업 기술을 배워야 하기 때문에 직업 교육이 필요하다. 느린 학습자들이 직업 훈련에서 득을 볼 수도 있고, 성공할 수도 있다. 느린 학습자들은 종종 매우 숙련된 기술자가 되기도 한다. 이 점이 직업 교육을 가장 중요하게 만든다.

청소년기는 젊은이가 아동기에서 성인기로 전환하는 중요한 성장기다. 성장의 다른 시기와 같이 이 시기도 불안해질 수 있다. 충분한 역할을 하는 성인이 되기 위해서 청소년들은 독립심을 발휘해야 한다. 이 과정은 자아실현을 하는 성장의 일부이며(Maslow, 1950), 독립성(Witkin et al., 1977)이나 내적인 조절(Rotter, Seeman, & Liverant, 1962)의 발달로 설명될 수도 있다. 이것들은 직업 교육을 통해 이루어질 수 있다. 느린 학습자가 독립성을 발달시키는 데 교사가 특히 도움을 줄 수 있다. 교사들은 상담자가 아니며, 느린 학습자가 독립성을 발달시키는 데 도움이 될 수 있는 적응능력을 이용하게 만드는 전문가도 아니다. 그러나 촉진자, 배려해 주는 친구, 지도자가 될 수는 있다. 그것이 훨씬 중요한 자질이다. 교사들은 직업 교육을 통해 교육을 수정하면서 순조롭게 느린 학습자를 전환시킬 수 있다. 교육과 기술을 수정하는 것이 직업적인 전문성과 순조로운 전환을 더 잘 얻게 하는 촉진제가 될 수 있다. 직업 교육의 효율적인 전략은 다음을 포함해야 한다.

- 적절한 훈련 환경 보장하기
- 구체적으로 단계별 방법이나 시범 제시하기
- 성공을 위한 계획하기
- 정적 강화 사용하기
- 규칙과 규정 제시하기

적절한 훈련 환경 보장하기

교사는 안정적이고 예측 가능한 훈련 환경을 보장해야 한다. 환경이 알맞지 않다면 느린 학습자의 학습은 심각한 영향을 받을 것이다. 훈련 프로그램은 안전해야 하고, 결과도 예측 가능해야 한다. 이러한 것들이 보장되지 않으면 느린 학습자는 직업 훈련에 필요한 열의를 보이지 않을 수도 있다. 차분한 방법과 구조화된 학습 상황이 학습자에게 안정적인 환경을 제공하는 데 도움이 된다. 교사는 어떤 기계나 다른 도구들의 명백한 사용법을 제시해야 한다. 학습 문제를 가지고 있는 느린 학습자는 무엇이 중요한지 잘 모르고, 불명확한 개념이나 혼란스러운 사용법이 주어질 때는 정확하게 무엇을 의미하는지 알아내기를 어려워한다. 과제를 완수하라고 제안하는 대신에 교사는 지도자나 촉진자처럼 행동해야 한다. 직업 관련 기술에서 훈련받게 될 많은 학생에게 적합한 사회 기반 시설을 보장할 수 있어야 한다. 무엇보다도 교사는 학습자 간의 협동과 조직화를 자발적으로 구축해야 한다.

구체적으로 단계별 방법이나 시범 제시하기

교사는 구체적으로 단계별 방법들을 제시해야 한다. 교사는 적절한 시범도 보여야 한다. 직업 관련 기술은 대부분 순차적이다. 그러므로 순차적인 교육방법을 받아들여서 학생이 다음에 어떤 임무가 주어질지 예측해서 쉽게 적응할 수 있도록 한다. 교사는 방법에 관해 단계별 설명을 하고, 스스로 그것을 해 보는 시범을 보여야 한다.

교사가 아무리 전문가일지라도 어떤 단계나 상태를 건너뛰지 않고 순차적인 순서에 따라야 한다. 직업 교육의 이러한 유형은 공예나 사업을 더 잘 완수하도록 촉진할 것이다. 단계별 방법을 제시하는 것 외에 교사는 학생들이 어떻게 진행하고 개선해 가는지를 관찰하고 필요할 때마다 지도해야 한다. 교사는 학생들이 논리적인 순차적 순서를 따르게 해야 한다. 특정 직업 관련 과목들을 가르치는 데 적합한 시청각 보조기구를 사용할 수도 있다. 교육 기술의 발달과 함께 비디오도 단계별 방법과 직업 관련 과목들의 대부분을 위한 시범을 제공하는 데 매우 유용해졌다.

성공을 위한 계획하기

교사는 자신의 접근법에 대해 실용적이 되어야 한다. 교사가 제시하는 어떤 것도 느린 학습자에게 실행 가능해야 한다. 교사는 직업적인 능력으로 이어질 수 있는 성취 가능한 목표를 세워야 한다. 느린 학습자를 가르치는 교사는 학생의 가능성과 한계를 쉽게 알 수 있다. 느린 학습자가 통합학급에서 수적으로 적기 때문에 교사는 그들에게 쉽게 개별적인 관심을 기울일 수 있으며, 그들의 강점과 약점을 알고 발달시킬 수 있다. 이러한 정보는 교사에게 매우 중요해서 학생들이 도달할 수 있는 기술을 교육에 포함시킬 수 있다. 이러한 목표가 성취될 때 학생들은 점차 자신감을 형성할 수 있으며, 더 나은 기술에 도달할 수 있다고 믿게 된다. 자신감과 함께 흥미가 생기고, 이 두 요소들이 가동되면 더 숙달하게 될 것이다. 우리가 알고 있는 것처럼 성공하는 경험만큼 효과적인 것은 없으며, 성공이 또 다른 성공을 낳는다. 그러므로 교사가 학생들이 성공을 경험하게 하는 방법으로 직업 훈련을 계획하는 것은 매우 중요하다.

정적 강화 사용하기

더 나은 학습이 이루어지기 위해서는 정적 강화가 매우 중요하다. 그것은 느린 학습자에게 더 적절하고 효과적이다. 가능한 한 필요하면 언제라도 교사는 정적 강화를 보장해야 한다. 교사는 가능한 한 자주 학생의 성공적인 과제 수행 후에 강화를 해야 한다. 일관적이고 적절하게 활용되는 정적 강화는 느린 학습자에게 특히 효과적이다. 칭찬을 할 때는 특별하고, 자연스러우며, 학생을 가르치려 하기보다는 자아존중감을 키우는 말로 해야 한다. 칭찬은 적절한 행동을 강화하고, 학생들이 옳은 행동을 하고 있다는 것에 대해 피드백하는 데 주로 사용되어야 한다. 특히 어린 아동들과 부진한 학생들이 많이 있는 학급에서는 전체적으로 칭찬을 자주 사용하는 것이 좋은 방안이다(Brophy, 1981). 그러나 주어지는 칭찬의 양보다 더 중요한 것은 칭찬을 하는 방법이다(Hafpaktitis et al., 1985). O'Leary와 O'Leary(1977)는 칭찬이 우연적이면서 구체적이고 믿을 만한 정도까지는 학급의 동기 부여제로서 효과적이라고 주장했다. Brophy(1981)는 잘하는 학생들이 단지 평균적인 수행에 그칠 때는 칭찬을 하지 않아야 하지만, 덜 잘하는 학생들은 좀 더 잘했을 때 칭찬해야 한다고 말한다. 그는 부진하거나 문제가 있는 학생들에게 그런 경우가 생길 때 적절하게 칭찬해 줘야 한다고 덧붙인다.

정적 강화는 섬세할 때 더 효과적이다. 미소나 끄덕임, 긍정적 신호나 특정한 신호가 느린 학습자에게는 실질적인 차이를 만들 수 있다. 이러한 정적 강화는 느린 학습자가 더 많이 노력하게 하고, 더 잘하고 싶게 하는 동기가 된다. Skinner(1953)를 비롯한 다른 행동주의 이론가들은 공부를 함으로써 강화받았던(예를 들면, 좋은 점수를 받거나 부모나 교사로부터 인정을 받음으로써) 학생들은 공부하는 자체로 동기화되지만, 공부를 해도 강화받지 못했던(공부를 했지만 좋은 점수를 받지 못했기 때문이거나 교사나 부모가 공부했던 것을 충분히 칭찬해 주지 않았기 때문에) 학생들은 동기화되지 못할 것이라고 주장한다. 그러므로 느린 학습자를 가르치는 교사는 결과가 전체적으로 성공적이지 않을 때도 학생들의 진지한 노력과 시도에 대한 격려를 하는 것이 매우 중요하다. 느린 학습자는 많은 실패를 경험했기 때문에 새로운 임무를 시작할 때는 격려가 종종 필요하다.

규칙과 규정 제시하기

직업 관련 과목들을 가르칠 때 안전을 강조하고, 실습실이나 작업장에서의 규칙을 제시하는 것은 매우 중요하다. 교사는 분명하게 이 규칙에 대한 도표를 제시해야 한다. 학생들을 위한 명확한 규칙이 만들어져야 하며, 그 규칙을 지키도록 엄하게 가르쳐야 한다. 또한 교사는 기계나 다른 도구들을 사용하는 데 글로 쓴 사용법을 제시해야 하며, 안전 규정을 강조해야 한다. 또한 규칙과 규정을 확고하게 지키는 한편, 부적절한 행동에 대해서는 침착하게 반응해야 한다. 교사가 호의적이고 친절해야 한다고 하더라도, 규칙과 규정을 지키는 것에서는 느슨해지지 않아야 한다. 규칙과 규정을 따르지 않는 학생들은 직업 훈련에서 눈에 띄는 성장을 할 수 없다.

교사의 역할

청소년기의 느린 학습자를 가르치는 데 교사의 역할은 중요하고 결정적이다. 교사는 느린 학습자를 가르치는 것으로부터 보람을 느낄 수 있다. 그들의 느린 성장을 지켜보는 것은 매우 만족스럽다. 직업 관련 과목들은 느린 학습자가 뚜렷한 성장을 할 수 있는 분야들이다. 느린 학습자가 젊은이로 성장해 갈 때 그들을 도와주면서 교사들은 자신이 노력한 결과를 볼 수도 있다. 이는 부지런하고 헌신적인 교사들에게 커다란 직업적 만족을 준다. 잘 가르치고, 긍정적으로 지지해 주며, 적절한 지도를 하면 느린 학습자도 발전한다. 보완적인 긍정적 지지와 적절한 지도 없이 잘 가르치기만 하는 것은 느린 학습자의 학습에 바람직한 효과를 가져오지 못한다. 잘 가르치는 것과는 별개로 교사는 긍정적인 지지와 적절한 지도를 해야 한다. 이것은 느린 학습자가 직업 관련 과목들에서 자신의 기술을 발전시킬 수 있게 할 것이다. 직업 관련 프로그램에서 교사의 개입은 느린 학습자의 개선과 직접적으로 연관된다. 교사는 느린 학습자에게 지나치게 높은 목표를 세워서는 안 된다. 교사는 느린 학습자가 도달할 수 있는 목표를 세우거나, 스스로 목표를 세울 수 있게 그들을 격려해야 한다. 동기화의 기본 원리는 다른 사람이 세워 준 목표보다는 스스로 목표를 세울 때 더 열심히 한다는 것이다. 느린 학습자의 교사는 이 원리를 활용하는 데 실패해서는 안 된다. 느린 학습자가 스스로 목표를 세우도록 격려하면 그것이 목표에 도달하기 위해 더 많은 노력을 쏟게 하는 자극이 된다. 느린 학습자의 진지함이 활성화되고, 성취에 대한 책임감을 얻어서 동기화된다. 그러고 나서 몇 년 안에 교사들은 이 학생들이 성인 사회의 세계로 들어가는 것을 목격할 수 있다. 이 학생들이 사회에서 잘 살아갈 때 교사는 사회에서 잘 지내도록 학생들을 준비시켰다는 만족감을 얻게 된다. 동시에 교사는 청소년에게 작용하는 개인 · 가족 · 또래의 압박감이 있다는 것을 아는 것은 중요하다(Schwartz, 1983). 교사들은 학생들이 이러한 압박감을 합리적으로 다루고, 개인적인 판단을 피하는 방법으로 다루도록 준비시켜야 한다. 느린 학습자는 부가적인 어려움을 가지고 있기 때문에 또래들보다 교사의 도움과 지도가 더 많이 필요하다. 직접적인 교육 서비스를 제공하든 그렇지 않든 간에 또는 덜 형식적인 방법으로 반응하든 그렇지 않든 간에 교사는 이와 같은 어려움을 알고 대처하도록 준비해야 한다. 이러한 어려움은 매우 간단한 방법으로 대처할 수 있다.

- 느린 학습자가 도달할 수 있는 목표를 설정한다.
- 어떤 기계나 다른 도구들을 사용할 때 글로 쓴 사용법을 제시한다.
- 느린 학습자의 주의를 끌도록 한다. 교사 가까이에 앉게 해서 눈 맞춤을 할 수 있게 하면 집중할 수도 있다.
- 평상시 말하기에서 더 천천히 명확하게 말한다.
- 시청각 보조기구를 풍부하게 사용한다. 방법을 설명하고 보여 줄 때 영상 슬라이드가 도움이 된다. 슬라이드 설명과 슬라이드 필름은 다양한 기술을 제시하는 데 탁월한 보조기구들이다. 비디오는 특히 명확한 설명을 보여 주는 데 유용하다. 즉각적인 흥미를 가지고 처음부터 받아들이게 하면 교육 내용을 효과적으로 전달할 수 있다.
- 다른 교수방법을 사용하고 교육자료를 수정한다. 직업 교육에서는 작업 경험과 기술의 획득을 강조해야 한다. 더 중요한 것은 실습을 제공해야 한다는 것이다.
- 긍정적인 행동을 강화한다. 정적 강화가 행동을 강화시킨다.

그러나 거의 모든 방법에서 느린 학습자는 다른 학생들과 같다. 느린 학습자도 점차 또래와 비슷한 바람, 욕구와 감정들을 가진다. 교사들은 느린 학습자를 정상적인 아이들을 대하듯 하려고 노력해야 한다. 정상적인 성취수준과 정상적인 행동을 기대해야 한다. 학습속도가 낮은 느린 학습자에게 높은 수준의 성취를 기대할 필요는 없다. 그러나 느리게 학습하는 청소년은 거의 모든 측면에서 정상적인 청소년이다. 그렇게 취급할 때 그들은 그에 맞게 반응할 것이다.

교사가 느린 학습자에게 자신의 미래를 결정하는 단단한 토대를 쌓아야 한다는 것을 일깨우는 것은 매우 중요하다. 학업이든, 직업이든 어떤 교육을 하더라도 교사는 학생들에게 자신의 바탕에 벽돌을 쌓으라고 알려 주는 사람이다. 교사들은 이 기본적인 원리를 알아야 하며, 느린 학습자의 대부분은 상급 학교에 진학하지 않기 때문에 이들에게 적합한 직업 훈련을 제공하도록 노력해야 한다. 직업 관련 과목들은 느린 학습자가 적당하게 성공에 도달할 수 있는 분야라서 느린 학습자를 학교의 삶에서 성인의 삶에 알맞게 변화시켜 준다. 그래서 직업 관련 과목들이 느린 학습자에게 자신의 미래를 설계할 수 있는 토대를 제공할 수 있다는 결론을 내릴 수 있다. 교사들은 효과적인 직업 훈련의 방법으로 학생들이 토대를 위한 벽돌을 쌓아 가게 할 수 있다. 여기서 교사는 가르치는 것뿐만 아니라, 학생을 자신감 있고 자립적이며 정상적인 사회인이 되게 만들어야 한다. 느린 학습자는 새로운 기술에 대한 지식을 포함하여 독립적으로 살아가는 기술을 발달시키는 데 자신의 지지자인 교사에게 가장 큰 도움을 받는다. 교사가 느린 학습자를 자립적인 사회인으로 만드는 모험에서 성공하는 것은 관계된 느린 학습자에게뿐만 아니라 인도와 같은 개발도상국의 급선무인 나라의 인적 자원 개발에 구체적으로 기여할 수 있기 때문에 나라 전체에 봉사하는 것이다.

신체 교육

현대의 교육사상가들은 신체적으로 건강하고, 정신적으로 건전하고 민감하며, 정서적으로 균형적이고, 사회적으로 잘 적응하는 사람이 가장 좋다고 강조한다. 교육은 모든 개개인의 삶에서 신체적 · 정신적 · 정서적 · 사회적 · 윤리적 발달에 영향을 미치는 역동적인 힘이다. 신체 교육은 이러한 교육과정의 중요한 일부다. 신체 교육은 아동을 바쁘게 하는 수단으로, 학교 프로그램을 단지 장식하기 위한 수단이 아니다. 엄선된 신체 교육 프로그램을 통해 아동은 여가 시간을 가치 있게 사용하는 기술을 발달시키고, 건강한 생활에 도움이 되는 활동에 참여하며, 사회적으로 발달하고, 신체적 · 정신적 건강에 기여한다. 역사 연구에 따르면, 다른 시대의 시민들도 아동기의 교육에서 신체 교육의 중요성을 인식했다. 예를 들면, 고대 아테네에서는 모든 시민이 주요 과목들을 공부했다. 공부했던 과목들은 체육, 문법, 음악이었다. 신체 교육은 몸을 주된 도구로 사용하는 신체 활동을 통한 교육이다. 신체 교육의 목표는 개개인의 모든 발달을 이루고 사회의 실질적인 구성원이 되게 한다는 교육의 목표와 같다. 신체 교육은 몸과 마음에 대한 교육이다. 플라톤은 몸과 마음은 한 기둥에 묶인 한 쌍의 말처럼 함께 움직인다고 주장했다.

신체 교육의 정의

D. Oberteuffer는 신체 교육이 신체 활동에 집중했던 경험에 의해 발생된 개개인의 변화의 총량이라고 정의한다.

Jesse Peiring Williams에 따르면, 신체 교육은 사람이 신체 활동을 위해 선택한 종류와 행동한 결과의 총량이다.

Bacher는 전체 교육과정의 통합적인 부분으로서 신체 교육이 신체 활동의 수단을 통해 신체적 · 정신적 · 정서적 · 사회적으로 건강한 시민을 개발하고자 하는 목적을 가지고 힘껏 노력해야 하는 분야라고 말하면서, 이러한 결과를 깨닫는 관점을 선택해 왔다.

Edward Hitch Cock에 따르면, 신체 교육은 학생의 힘과 능력을 배양해서 정상적으로 기능하고, 이와 동시에 인지적이고 영적인 삶에서 최대의 효율성을 보일 수 있는 신체적 조건들을 유지하게 하는 것이다.

Voltmer와 Essilinger는 신체 교육이 운동 경험을 통해 야기되는 개개인의 변화 과정이라고 정의한다. Nixon과 Jewett에 따르면, 신체 교육이란 개인의 운동 잠재력과 관련된 반응의 발달과 이용, 이러한 반응의 결과로 인한 개인의 안정적인 행동 변화에 관한 교육의 전체 과정의 한 상태다.

신체 교육의 중요성

'건강한 신체에 깃든 건강한 정신'은 진리다. 신체 교육은 아동의 정서발달은 물론 인지발달에도 중요한 역할을 한다. 그러므로 신체 교육이 단지 힘과 신체적 기술의 발달, 신체 발달에 국한된 것은 아니다. 신체 교육은 성격 발달을 위한 전체 프로그램의 통합적 부분으로 봐야 한다. 신체 교육을 운동장이나 체육관에서 일련의 시간 동안 일어나는 어떤 것으로만 봐서는 안 된다. 신체 교육은 장소와 시간을 불문하고 일어나야 한다. 예를 들면, 교사는 언제든 자세와 일반적인 태도에 적절한 주의를 기울여야 한다. 학생이 탁자나 책상에 앉아 있는 동안이나 학교 주변을 걷는다거나 집단에서 자유롭게 서 있거나 교사가 말을 시킬 때가 될 수도 있다. 말할 때 또는 소리 내서 책을 읽거나 노래를 할 때 정확하게 숨 쉴 수 있도록 주의를 기울여야 한다. 또한 교사는 우연한 놀이 상황들에서 빚어지는 적당한 기회를 통해 앙감질이나 공을 차거나 받는 것을 가르칠 수 있다. 이처럼 학급 교사와 다른 과목 교사가 교실 상황에서 신체 교육을 전할 수 있는 많은 기회가 있다. 이것은 학생들이 표준화된 신체 행동을 보여 주도록 기대하는 교육인 인도의 Guru Kula(스승과 제자 간의 밀접한 관계) 시스템에서 매우 강조되어 왔다. 요즘은 스포츠와 게임에 배정된 별도의 시간이 없다 하더라도 신체 교육은 학생들의 많은 활동에 포함되어 있다.

개인 위생 훈련과 일반적인 신체 단련과 협응의 발달, 용기와 자신감, 끈기와 독립심의 발달을 훈련하는 모든 단계에 신체 교육이 포함되어야 한다. 작업과 놀이에서 기술과 체력을 이용하고, 신체 활동을 해 보기 위한 탐색과 시도해 볼 수 있는 충분한 기회를 제공해야 한다. 열악한 가정환경 또는 또래 집단으로부터 거부당했던 경험 때문에 느린 학습자는 놀이에서 자연스럽게 일어나는 기술 학습의 기회를 놓치곤 한다. 아동은 놀이를 하면서 주된 시간을 보내기 때문에 놀이는 매우 중요하다. 놀이는 발달에 기여하고, 사회적 문제 해결을 독려할 수 있는 또래와의 상호작용을 수반한다. 서로를 위해 가장놀이 역할을 생각해 내는 동안 아동은 친사회적인 행동을 가능하게 하는 협조적인 방법으로 자신들의 행동을 조정할 수 있다(Damon, 1983, 1984). 놀이는 아동의 환경에 대한 이해, 단어인식과 사회적 기술, 그리고 일반적인 성격 발달 능력을 키우는 데 중요한 요소들이라고 알려져 있다. 놀이는 특히 사고할 때의 상상력과 융통성 같은 창의성과도 연관된다(Christie, 1980; Fein, 1979; Yawkey, 1980). 놀이가 초기 유아교육의 중요한 요소라고 간주하는 Elkind(1986)는 학업적인 기술에서의 성공과 놀이의 연관성을 입증했다. 예를 들면, 읽기와 쓰기는 놀이하면서 아동이 갖는 상징에 대한 초기 경험들을 형성하는 표상적 사고의 수준 높은 형태로 비쳐질 수 있다(Wolfgang & Sanders, 1981). 그래서 1학년에 다니는 더 어린 느린 학습자에게 성격 발달은 물론 적절한 신체 발달에 효과적인 놀이를 위한 충분한 기회가 주어져야 한다. 발달의 모든 측면에서 놀이가 중요하다는 것을 지지하는 압도적인 증거가 있음에도, 학교는 아동에게 놀이를 할 기회들을 점점 더 적게 제공하고 있다. 심지어 초등학교 1학년에게도 고등학교 학급처럼 신체 교육의 구조화된 교수요목이 없다. 그러나 지략 있는 교사는 초등학교 1학년 학생들을 위해 다양한 형태의 많은 놀이 기회를 제공할 수 있다. 이 놀이 기회들의 손실로 인해 많은 부작용이 누적된다는 것을 기억해야 한다. 기본적인 기술들이 발달되지 않아서 결과적으로 더 성숙한 기술들을 배우기가 어렵게 된다. 나중에 이 때문에 거부당하거나 따돌림을 당할 수 있다. 공 받기, 공 튀기기, 조준하기, 던지기, 타격하기, 기어오르거나 깡충깡충 뛰기와 같은 아동의 기술들을 개선하는 데 필요한 것은 놀이와 경험하기다. 아동들은 배울 준비가 되어 있어서 기회가 주어지면 빨리 배운다.

신체 교육을 통해 대부분의 느린 학습자에게 빈번히 발생하는 신체적인 한계점—좋지 못한 자세와 근육 불균형, 체력 저하, 특정 신체 결함—을 최소화할 수 있도록 고려하고 도와줘야 한다. 마지막으로 신체 교육은 다른 한계점을 보완하고(왜냐하면 느린 학습자는 신체적으로 정상에 가깝기 때문에), 성취와 성공에 대한 느낌을 보장할 수 있는 기회들을 많이 이용해야 한다.

더 어린 느린 학습자를 위한 신체 교육 프로그램

느린 학습자의 어떤 집단에서도 신체 발달에 대한 폭넓은 편차가 있다. 신장-체중의 평균이나 신장-체중의 비율이 정상 집단과 유의미하게 다르지는 않더라도 집단 내에서의 개별적인 편차는 더 크다. 이 편차들 때문에 특히 더 어린 학급에서 신체 교육 수업에서의 조직화에 어려움이 생긴다. 어떤 특정 학급은 신장, 체중, 신체적 강점, 기술과 학생들 내에서의 전체적인 성숙도에 있어서 매우 큰 차이가 있을 것이다. 그래서 전체 학급에 적합하도록 유연한 신체 교육 프로그램을 고안하는 것은 매우 어렵다. 교육과정의 모든 다른 영역에서 교사는 개인차를 인식하고 맞춰야 한다. 특히 신체 교육에서 개인적 발달의 불균형이 명확히 나타나고 그와 관련된 문제들이 부각될 것이다. 예를 들면, 한편으로는 신체적 성장이 정상이지만 정서적이나 사회적으로는 미성숙할 수도 있는 아동이 있다. 교사는 그들의 체격을 보고 책임감을 가지고 집단 내 활동을 수행할 것이라 기대하지만 그들은 정서적으로나 사회적으로는 부적절하다. 한편, 그 수가 많지는 않지만, 신체적 강점은 부족하나 정서적으로나 사회적으로는 건강한 아동들도 있다. 그런 아동들은 속도, 기술, 율동과 힘 면에서는 나머지 학생들을 따를 수 없을 것이다. 그러므로 교사는 신체 교육이 교육적 처치의 역할을 적절히 수행하게 하도록 훌륭한 체계화 능력을 갖추는 것이 매우 중요하다.

초등학교 1학년인 더 어린 느린 학습자를 대상으로 하는 다음과 같은 프로그램이 신체 교육 수업의 바탕을 형성할 것이다.

- 비정규적인 신체 교육 수업
- 율동 사용
- 정규 활동과 집단 게임에 참여하는 것으로 전환하기
- 아동이 시도해 보게 허락하기
- 능력별 구분을 하지 않는(또는 폭넓은 영역의) 신체 교육
- 신체 교육의 통합적인 부분으로서의 건강 교육

비정규적인 신체 교육 수업

특히 초등 수준의 초기 단계에서의 수업은 가능한 한 자유롭고 비정규적이어야 한다. 교사는, 예를 들면 기어오르기, 걷기, 뛰기, 깡충깡충 뛰기, 잡기, 던지기와 다른 신체적 기술을 기르기 위한 자연적인 활동을 하도록 학생들을 독려해야 한다. 이때 교사는 크고 작

은 공, 콩 주머니, 굴렁쇠, 원반, 매트, 줄넘기, 평균대, 정글짐, 매달리고 기어오를 수 있는 활동을 위한 철봉과 겨냥하는 연습을 위한 과녁 같은 기구를 이용할 수 있다. 가장 좋은 신체 교육 수업은 더 어린 아동이 자유로운 신체 활동 시간을 위해 고정된 기구와 운반할 수 있는 작은 기구들이 있는 체육관을 사용하게 하는 것이다. 다양한 기구를 다양한 방법으로 때로는 놀라울 정도로 기발하게 사용하는 아동을 관찰하거나, 개별 아동의 서로 다른 반응들을 보거나, 몇 차시의 수업을 하면서 자신감, 진취성, 협동심이 늘어 가는 것을 보거나, 또는 매우 개별적이었던 활동이 집단 활동으로 점차 발전해 가는 방법에 주목하는 것이 교육적인 처치다.

율동 사용

신체 교육의 초기 단계들에서는 율동이 효율적으로 사용될 수 있다. 예를 들면, 깡충깡충 뛰기, 걷기, 발끝으로 살금살금 걷기, 드럼을 두드리는 소리나 피아노 반주에 맞춰 기어가기와 행진하기, 또는 아동이 움직이면서 노래 부르기와 같은 운동의 많은 형태를 접목해서 단순화하여 이용할 필요가 있다. 음악과 움직임을 결합한 율동적인 활동들을 간단한 자유 무용이나 연극 활동으로 이끌 수도 있다. 이 단계의 모든 수업에서는 율동의 어떤 형태를 포함하는 것이 좋다. 실제로 연령과 능력에 적합하면서 매우 자극적이며, 15세 소년과 소녀들에게 탁월한 신체적 · 정신적 운동을 제공하는 댄스드라마와 같은 율동은 고학년들에게도 인기가 있다. 더 어린 느린 학습자가 자신의 신체와 할 수 있는 것들에 대해 더 잘 알도록 장려해야 한다. 신체 활동에 대한 관심을 발달시키는 데 율동을 적절히 사용하면 아동이 쉽게 지루함을 느끼지 않는다. 자극적인 율동 없는 신체 활동은 지루하고 재미없을 수 있다.

정규 활동과 집단 게임에 참여하는 것으로 전환하기

앞 단락에서 언급했던 모든 활동은 운동의 조절과 개선에서 점진적인 발전을 유도해서 더 정규적인 활동과 집단 게임에 참여하고자 하는 바람을 자극한다. 아동들은 항상 더 획기적인 방법으로 자신의 새로운 기술들을 이용해 보고, 또래의 활동을 흉내 내고 싶어 한다. 두 개의 지지대가 받치고 있는 막대기 뛰어넘기를 배운 소년은 상자 또는 짐을 뛰어오르거나 뛰어넘고 싶어 할 것이다. 공을 차고 다루는 기술을 알게 된 소년은 축구선수가 되려고 할 것이다. 던지고 받기를 배운 소녀는 네트볼을 하거나 공을 던지고 싶어 할 것이다. 이러한 방법으로 초기 단계들은 더 정규적이고 세심하게 관리된 활동이 소개되는 더 나중의 단계들을 준비시킨다. 이러한 방법으로 느리게 학습하는 많은 아동의 신체 발달과 기술을 북돋우고 키울 때 그들이 얼마나 빠르고 성취적일 수 있는지를 관찰하는 것은 매우 흥미롭다. 또한 초기 단계에서 제공되는 이 활동들은 아동에게 집단 게임을 대비하게 한다. 아동이 규칙을 개발하고 그 규칙들에 따르게 하는 집단 게임들은 협동심과 자기통제력을 촉진한다(Kamii & Devries, 1980). 전조작적 사고에 한정된 행동을 하기 때문에 협동이 필요한 행동은 구체적이고 관찰 가능한 것이어야 한다. 예로, 두 아동이 서로 옆에 나란히 서서 두 사람의 안쪽 다리 하나씩을 묶는 2인 3각은 신체 움직임의 협동을 필요로 한다(Goffin & Tull, 1984).

아동이 시도해 보게 허락하기

모든 단계는 안전한 울타리 안에서 운동과 게임을 하면서 아동이 시도해 보게 할 필요가 있다. 아동을 내버려 두면 심지어 느리게 학습하는 아동도 통나무를 이용해서 자신만의 운동을 개발할 수 있다. 운동을 고안하는 데 커다란 재능을 보인 아동은 다른 사람들에게 그 운동에 대해 설명한다. 또한 운동과 게임에 대한 경험을 허락할 때 창의성의 불꽃이 점화된다. 현대 아동의 신체 활동(놀이와 게임) 대부분은 우리 어른들의 신체 활동과는 매우 다르게 보일 수 있다. 그것은 운동과 게임을 하는 아동의 끊임없는 시도의 결과물이다.

능력별 구분을 하지 않는(또는 폭넓은 영역의) 신체 교육

신체 교육은 체육관이나 넓은 방에 국한되지 않아야 한다. 게임, 육상, 수영은 중요한 구성요소다. 집단 게임은 특히 협동, 팀 정신과 사회적 관계를 점진적으로 촉진하는 데 매우 유용하다. 그러나 느리게 학습하는 아동이 팀의 중요한 구성원이 될 수 있으려면 그전에 초기에 가능한 한 작은 집단에서 협동 작업을 통해 훈련을 시작하게 하는 도움과 연습이 필요하다. 약 3~5명의 아동이 협동놀이를 시작하여 활동에 협력하고, 차례를 정해서 하나의 집단 목표를 성취하기 위해 함께 일한다(Guralnick & Weinhouse, 1984). 육상과 수영은 더 개별적이어서 아동이 자기 자신과 싸우게 하는 이점을 갖는다. 캠

핑, 카누 경기, 산책, 크로스컨트리 경주와 등산이 가능한 곳에서 언덕 걷기의 형태로 훈련하는 모험은 큰 가치가 있다. 또한 캠핑은 신체적인 체력을 키울 뿐만 아니라 아동에게 새로운 환경을 소개하고, 넓은 범위의 교육활동에 대한 기회를 제공한다. 교사들은 더 어린 느린 학습자에게는 커다란 자산이 될 수 있는 모험 놀이터나 '폐품' 놀이터를 추천할 수도 있다. 덧붙이면, 모험 놀이터는 느린 학습자에게 매우 중요한 자신감과 자립심을 키워 주며, 정서적 해소와 언어발달을 위한 중요한 기회를 제공한다.

신체 교육의 통합적인 부분으로서의 건강 교육

더 어린 느린 학습자를 위한 신체 교육 프로그램은 건강 교육을 포함해야 한다. 신체 교육에는 자신의 몸이 어떻게 작용하고 건강한 삶을 위해 필요한 것이 무엇인지 아동이 알게 도와주는 부수적인 기회들이 있다. 체육관에서는 항상 적절한 옷을 입어야 한다는 것과 밝은 조명, 통풍, 청결함과 정돈될 필요가 있다는 것을 알아야 하며, 또한 협동의 가치를 알아야 한다. 방이나 장소를 변경할 때는 복장, 화장실 사용과 다른 사람의 소유물을 중시해야 한다는 점에 주의를 기울여야 한다. 게임과 육상에서는, 예를 들면 흡연, 불균형적인 다이어트, 과로와 불규칙적인 수면의 해로운 효과와 같은 신체적인 체력의 가치를 강조해야 한다. 간단한 요가 좌법이 건강 교육의 일부로서 소개될 수도 있다. 요가 좌법은 몸의 음과 양의 흐름에 대한 질서와 균형을 회복시킨다. 즉, 호흡을 늦추고 평정심을 유지하게 하며, 신경 체계를 안정화시키고, 혈액순환을 증가시킨다. 이 모든 것이 좋은 건강을 형성한다.

구조화된 신체 교육 교수요목을 가지지 않는 더 어린 느린 학습자에게 신체 교육 특수교사가 있어야 할 필요는 없다. 신체교육에 대한 훈련들을 시키고, 예민하고 열정적이며, 가르치는 목표와 목적을 알고 있는 교사는 훌륭하게 신체 교육을 해낼 수 있다. 교사가 수업 준비에 적절히 주의를 기울이고, 균일하지 않은 집단에서 일어날 수 있는 조직의 어려움을 알며, 명확한 위험을 피해서 그의 수업을 생동감 있고 즐겁고 재미있게 만든다면 성공할 것이다. 교사가 다재다능한 사람이 되어야 할 필요는 없지만, 그가 한 아동을 도울 수 있다면 또는 그것이 좋은 교육 기술이라서 다른 사람에게 설명하려면 그렇게 할 필요가 있다.

더 나이 든 느린 학습자의 신체 교육 교수

고등학교와 중학교에서 공부하는 느린 학습자가 많이 있다. 이러한 느린 학습자를 대상으로 조직화된 교수요목들이 있고, 이들을 위한 특수교사들이 있다. 구조화된 교수요목은 방법론적으로 수업을 할 수 있는 특수교육 교사를 필요로 한다. 고등학교와 중학교에서 느린 학습자를 위한 신체 교육은 인간의 신체를 개발하고 유지하는 활동에 대한 교육과정을 말한다. 신체 교육은 체육 행사, 집단 게임, 연관된 다른 신체 활동들로 구성된다. 학생은 게임, 수영, 행진, 평행봉에서 운동하기, 스케이팅이나 신체 교육 활동의 한 게임에 참여하는 동시에 이것들은 교육이 된다. 신체 교육은 개개인의 삶을 풍

요롭게 할 수도 있고 해롭게 할 수도 있다. 신체 교육이 교육목표들을 달성하는 데 도움이 될지 방해가 될지는 그 방향성에 대해 책임을 지는 리더십에 달려 있다.

고등학생인 느린 학습자의 신체 교육의 목적과 목표

목적과 목표는 다음의 방식에서 서로 다르다.

- 목적은 우리가 실현하려고 하는 일이나 나아가는 방향이다.
- 목표는 목적을 실현하기 위한 단계들 중의 하나다.
- 목표가 현실적으로 특수한 반면에, 목적은 현실적으로 일반적이다.
- 목적은 실현되기 어렵지만, 목표는 쉽게 실현될 수 있다.
- 목적은 최종적인 목표로서 하나이자 마지막이지만, 목표는 여러 개가 될 수 있다.

고등학생을 위한 신체 교육의 목적

많은 학자들은 신체 교육의 목적을 다양한 방법으로 정의했다. 신체 교육은 일반 교육의 일부분이기 때문에 신체 교육의 목적도 일반적인 교육의 목적과 같다. J. P. Nash에 따르면, 신체 교육의 목적은 개개인이 살고 있는 가정과 지역사회에서의 직업 활동과 여가 활동에 통합되도록 개개인을 건강하고 정서적으로 성숙하게 적응시키는 것이다. Nizon과 Cozens에 따르면, 신체 교육의 목적은 삶의 모든 단계에서 개개인의 잠재력을 최대로 발휘하게 하고, 최상의 발달을 하게 하는 것이다.

J. F. Williams에 따르면, 신체 교육은 신체적으로 건강에 좋고, 정신적으로 자극적이고 만족스러우며, 사회적으로 건강한 상황에서 행동하는 개인이나 집단이 되는 기회를 주는 숙련된 리더십과 적절한 기능을 제공해야 한다. 신체 교육의 우선적인 목표는 스타 운동선수, 팀의 우승이나 전문적인 연기를 개발하는 것이 아니라 성격의 유용성과 신체적인 체력을 가진 전 국민의 활력이다. 느린 학습자에게는 이 목표가 더 적용 가능하다. 우리가 신체적인 체력을 개발하고, 협응을 촉진하기 위해 협동심을 키우며, 정서적으로 적응하고, 일상적인 목표들을 위해 일하려면 신체 교육을 해야 한다. 신체 교육 활동에 의해 누적되는 효과는 느린 학습자가 다른 사회적 기술면에서 자신의 어려움을 극복하게 할 것이다.

신체 교육의 목표

다음은 느린 학습자의 신체 교육에 대한 우선적이면서도 당면한 목표들이다.

- 유기체의 성장과 발달
- 신경-근육의 협응과 기술의 발달
- 해석적 · 인지적 발달
- 정서발달

• 여가 활동 기능(여가 시간의 가치 있는 사용)
• 올바른 건강 습관의 발달

유기체의 성장과 발달

이 목표는 몸 속의 다양한 체계(호흡계, 순환계, 소화계, 분비계)의 성장과 발달을 통해 신체적인 힘을 기르는 것과 관련된다. 좋은 신체 교육 활동 프로그램에 참여하면 신체적인 성장, 힘과 지구력이 구조적 · 기능적으로 개선된다. 모든 학생이 이를 달성하기 위해서는 뛰기, 점프하기, 던지기, 기어오르기, 밀기, 당기기 등과 같이 기본적인 운동을 포함하는 대근육 활동에 참여해야 한다. 이후의 게임과 보디빌딩 훈련도 이 활동의 성취에 기여할 수 있다. 그러므로 신체 교육 프로그램은 모든 게임과 운동경기, 체조, 요가와 같은 다른 신체 활동들로 구성되어야 한다. 느린 학습의 원인이 신체적 요인 때문이라면 느린 학습자의 약점을 극복하게 해 주기 때문에 이러한 활동은 매우 중요하다.

신경-근육의 협응과 기술의 발달

신경 체계는 인간의 행동을 통제한다. 이 목표는 주어진 행동을 효과적으로 쉽게, 그리고 적은 시간과 에너지를 소모하여 힘들이지 않고 수행하는 것과 관련된다. 신경-근육의 협응은 운동의 다양한 유형이 긴 시간 동안 반복적으로 행해질 때 잘 발달한다. 다양한 유형의 신체 활동에 참여하는 것은 신경-근육의 협응과 기술을 발달시킨다. 협응과 기술의 발달은 학생이 직접 선택한 활동에 참여하게 하고, 거기서 만족감을 얻게 한다. 이 기술이 발달하면 학습 활동에서 신경–근육의 협응이 매우 필요한 느린 학습자를 위한 결과에 도달할 것이다. 적절한 신체 교육을 수단으로 하여 신경–근육의 협응과 기술이 발달되면 느린 학습자의 학습 활동 수행에 직접적인 영향을 미칠 것이다. 그러므로 신체 교육 교사는 더 많은 시설을 제공해야 하고, 개개인에게 다양한 기술을 발달시킬 기회를 제공해야 하며, 여러 가지의 활동을 포함하는 신체 교육에 대한 양질의 프로그램을 준비해야 한다.

해석적 · 인지적 발달

이 목표는 신체 교육의 가치, 게임과 다른 활동에 적용되는 규칙과 규정에 대한 충분한 지식에 관한 것이다. 이 목표는 사고하기, 해석하기, 판단하기, 행동하기를 위한 개인적인 능력을 포함한다. 집단 게임은 속도와 정확성 면에서 학생의 기술을 발달시킨다. 학생들은 생각이 활성화되면 빠르게 행동한다. 예를 들면, 축구나 셔틀 배드민턴의 경우 학생은 공을 어디로 쳐야 할지, 공을 어떻게 쳐야 할지, 얼마나 빨리 행동해야 할지를 1~2초 동안 생각해야 한다. 감지 능력은 물론 사고력을 키워 주는 게임 활동은 느리게 학습하는 아동의 인지발달에 궁극적으로 영향을 미칠 것이다. 적절한 신체 교육 프로그램은 이처럼 느린 학습자의 인지발달을 촉진할 것이다.

정서발달

대부분의 느린 학습자가 정서적인 문제를 가진다는 것은 이미 잘 알려진 사실이다. 정서발달은 정상적인 사람에게도 필수적이다. 신체 교육 프로그램을 수단으로 하여 더 좋은 방법으로 정서발달을 이룰 수 있다. 정서발달은 자신과 다른 사람에 대한 개개인의 적응과 행동의 발달에 관한 것이다. 도덕적인 기준을 가진 지도자가 있는 상태에서 운동경기와 게임, 다른 신체 활동에 참여하면 사회적인 태도와 더 좋은 행동과 기준이 발달될 것이다. 공정한 놀이, 협동, 규칙과 규정을 존중하고, 경쟁심, 스포츠 정신과 같은 특성들이 신체 활동을 통해 발달될 수 있다. 그것은 느린 학습자에게 더 중요하다. 이러한 영역들에서 느린 학습자는 성공을 경험하여 자아상을 끌어올리고, 자신감을 키울 수 있을 것이다. 이것이 결과적으로 몇 년 안에 정서발달을 이끌어 갈 것이다. 결과적으로 느린 학습자가 학교를 떠날 때는 정서적으로 발달한 성인 구성원들이 될 것이다.

여가 활동 기능(여가 시간의 가치 있는 사용)

건강에 좋은 놀이를 좋아하게 하고, 여가 시간을 가치 있게 사용하게 만드는 신체 활동에 학생들이 참여하도록 권장해야 한다. 자유 시간에 많은 학생은 문제에 처하거나 바람직하지 않은 활동에 빠진다. 학교는 여가 시간과 방과 후 시간 동안에 지속할 수 있는 활동을 제공해서 학생들이 자신의 연령과 능력에 맞는 여가 활동의 종류에 몰두할 수 있게 해야 한다. 여가 시간 동안 학생들은 실내 경기장에

갈 수 있으며, 방과 후에는 개방된 운동장에서 놀 수도 있다. 이러한 활동은 느린 학습자에게는 두 가지 목표에 도움이 된다. 첫째, 느린 학습자는 유용한 방법으로 여가 시간을 보낼 수 있다. 둘째, 또래 친구들의 따돌림과 거부가 현저히 감소한다.

올바른 건강 습관의 발달

좋은 신체 교육 프로그램은 올바른 건강 습관을 발달시켜야 한다. 아동의 건강 교육은 가정에서 시작되고, 학교에서도 계속된다. 신체 활동은 건강을 증진시키는 방법들 중의 하나다. 세계보건기구에 따르면, 건강은 질병에 걸리거나 허약하지 않고, 신체적 · 정신적 · 사회적으로 완전하게 잘사는 상태라고 정의한다. 건전한 신체 교육 프로그램과 건강에 좋은 환경에서의 적절한 리더십은 건강의 바탕을 형성하는 좋은 태도와 습관을 발달시킬 것이다. 일찍 일어나기, 쓰레기 치우기, 신체 활동에 참여하기, 활동 후에 규칙적으로 씻기, 식후에는 신체 활동에 참여하지 않기, 중독성 있는 술과 담배 피하기, 조절된 식습관, 적절한 휴식이 올바른 건강 습관들이다. 느린 학습자에게 이 활동들을 강조하면 그들 스스로 올바른 건강 습관을 발달시킬 수 있으며, 학습활동을 수행하는 데도 더 많이 자신 있어 하고 능숙하다고 여길 것이다.

신체 교육 교사의 역할

신체 교육 교사의 역할은 느린 학습자의 모든 발달에 중요하다. 타고난 신체보다 신체 교육이 더 도움이 된다. 신체 활동은 힘과 건강을 발달시키는 것 이상이다. 높은 도덕적 기준을 발달시키고, 학생들이 스스로 생각하게 돕는다. 그래서 교사들은 기회가 주어질 때마다 학생들이 팀을 이루는 게임에 몰두하게 해야 한다. 신체 교육은 또한 학생들이 정직, 용기, 창의성, 스포츠 정신을 기르는 데도 도움이 된다. 교사는 학생들의 경쟁에 대한 이상적 모델이 되어야 한다. 활기찬 건강함과 성격의 본보기를 보여 줌으로써 신체 교육 교사는 학생에게 더 큰 성취를 이끌어야 한다.

신체 교육 프로그램의 효율성은 신체 교육 교사의 능력에 달려 있다. 촉진제와 도구보다 교사의 지도가 유용한 프로그램을 실행하는 데 더 중요한다. 촉진제와 도구도 신체 교육 교사가 과제에 능숙하지 않거나 흥미가 없을 때는 소용이 없다. 신체 교육 교사는 가르치는 데 한 가지 방법만을 사용해서는 안 되며, 다양한 교육 책략을 사용해야 한다. 특히 느린 학습자가 더 잘 배울 수 있도록 비디오의 사용을 늘려야 한다.

활동이 다양할 때 더 의미 있는 경험을 얻을 수 있다. 그러므로 교사는 신체 교육의 다양한 프로그램을 제공해야 한다. 이러한 활동을 통해서 학생들은 하면서 배우는 것뿐만 아니라 자기조절 방법, 다른 사람과 협동하는 것을 배우고 훈련한다. 또한 교사는 동기를 부여해야 한다. 교사는 가장 도움이 되는 활동에 학생들이 참여하도록 동기화해야 한다. 또한 교사는 학생들의 리더십을 독려해야 한다. 학생들의 리더십 능력을 위한 훈련의 장으로서 운동장을 사용해야 한다.

교사의 신체 교육 프로그램은 과학적 지식에 기반을 둬야 한다. 과학적으로 만들어진 교육과정을 통해 목표에 도달해야 한다. 해부학이나 생리학에 대한 연구를 기반으로 과학적으로 입증된 활동을 선택해야 한다. 학생들이 다른 집단 게임과 체육 경기를 선택할 때 교사는 학생의 소질과 자세를 고려해야 한다. 교사는 누가 보상기제에 따라 움직이는지를 재빨리 관찰해서 그것을 활용하는 데 실패하지 않아야 한다. 동시에 학생들에게 지나치게 높은 목표를 설정해서는 안 된다. 성공에 쉽게 도달해야만 또 다른 성공을 부를 수 있다.

훈련도 학습과정에서는 중요한 역할을 한다. 신체 교육 교사는 훈련을 광범위하게 사용하고, 작업의 단위들을 체계적인 진행 단계로 나눠야 한다. 가르칠 때 특히 중시해야 할 점은 각 기술이 구성요소들로 나눠진 게임과 활동을 기반으로 해야 한다는 것이다. 바람직한 사회적 행동을 발달시키는 데 특히 필요하기 때문에 학업적인 운동 프로그램을 소개해야 한다. 토너먼트식 경기는 학생들을 사회적 기술의 획득과 상호작용에 더 잘 노출시킬 수 있기 때문에 도움이 될 수 있다. 교사가 모든 학생, 특히 여가 활동은 물론 놀이에 참여하고 있는 느린 학습자를 격려하면 그들은 사회에서 더 잘 기능할 수 있을 것이다. 신체 교육은 학생들이 바람직한 사회적 적응을 하도록 순조롭게 전환시킨다.

신체 교육 교사는 학생들의 훈련을 강화하고, 좋은 건강 습관을 발달시키도록 감독해야 하며, 가끔씩 학생들의 개선을 측정해야 하는 매우 힘든 임무를 담당하고 있다. 신체 교육 교사는 모든 학급의 학생들과 만나는 교사다. 따라서 그의 책임감은 매우 중요하다. 신체 교육 프로그램을 통해서 학생들에게 일어나는 어떤 행동적인 변화와 학생들에게 발달되는 어떤 기술들이 학업적인 수행에 영향을 미칠 것이다. 지략이 있는 신체 교육 교사라면 느린 학습자를 자주 '그의 껍질'로부터 꺼내서 자신감을 주입시키고, 그들이 할 수 있는 것에 대해 잘 알게 만들기 때문에 느린 학습자의 모든 발달에 크게 기여할 수 있다. 마지막으로, 신체 교육 프로그램의 목표 달성은 그 목적에 대해 책임을 지는 리더십에 달려 있다. 문제는 시설이나 도구가 아니라 교사이며, 교사가 시설과 도구의 효과적인 이용을 중시하는지가 교사의 효율성을 결정한다는 것을 알아야 한다.

요 약

직업 관련 과목과 신체 교육을 가르치는 것은 느린 학습자의 성격 발달은 물론 직업에서도 중요한 역할을 한다. 직업 관련 과목을 효율적으로 가르치면 학교에서의 삶을 사회적 삶으로 순조롭게 전환시킬 수 있다. 직업 관련 과목들은 대부분의 느린 학습자가 쉽게 성공에 도달할 수 있거나 숙련될 수 있는 분야다. 학교에서 가르치는 직업 관련 과목들은 학생들의 능력에 적합해야 하며, 좋아 보이고 유용해 보임으로써 성공에 대한 증거를 보여 줄 수 있는 것이어야 한다.

느린 학습자에게 직업 관련 과목들을 가르치면 직업 습관이 발달하고, 직업에 대한 긍정적인 태도가 길러지며, 학생으로서의 삶에서 성인의 삶으로 순조로운 전환이 촉진된다.

직업 교육의 효율적인 전략을 위해서 교사는 적절한 훈련 환경을 보장하고, 구체적인 단계별 방법과 시범을 제시하며, 성공을 위한 계획을 세우게 하고, 정적 강화를 사용하며, 규칙과 규정을 제시해야 할 필요가 있다.

직업 관련 과목들은 느린 학습자가 자신의 미래를 설계할 수 있는 토대를 제공한다. 따라서 교사들은 효과적인 직업 훈련의 방법을 통해 학생들이 토대를 쌓아 가게 할 수 있다. 교사가 느린 학습자를 자립적인 사회인으로 만드는 모험에서 성공하는 것은 관계된 느린 학습자뿐만 아니라 인도와 같은 개발도상국의 급선무인 나라의 인적 자원 개발에 구체적으로 기여할 수 있기 때문에 나라 전체에 봉사하는 것이다.

신체 교육은 아동을 바쁘게 하는 수단으로, 단지 학교 프로그램을 장식하기 위한 수단이 아니다. 엄선된 신체 교육 프로그램을 통해 아동은 여가 시간을 가치 있게 사용하는 기술을 발달시키고, 건강한 생활에 도움이 되는 활동에 참여하면서 사회적으로 발달한다.

개인 위생 훈련, 일반적인 신체 단련과 협응의 발달, 용기와 자신감, 끈기와 독립심의 발달을 훈련하는 모든 단계에 신체 교육이 포함되어야 한다. 작업과 놀이에서 기술과 체력을 이용하고 신체 활동을 해 보기 위한 탐색과 시도를 해 볼 수 있는 충분한 기회를 제공해야 한다.

초등학교 1학년인 더 어린 느린 학습자를 대상으로 하는 신체 교육 프로그램은 비정규적인 신체 교육 수업과 율동의 사용을 포함해야 한다. 신체 교육 프로그램이 정규 활동과 집단 게임에 참여하도록 전환시킬 수 있어야 한다. 학생들이 탐색하고 시도해 보게 해야 한다. 건강 교육은 통합적인 요소이므로 현실적으로 능력별 구분을 하지 않아야 한다.

구조화된 신체 교육 교수요목을 가지지 않는 더 어린 느린 학습자에게 신체 교육 특수교사가 있어야 할 필요는 없다. 신체교육에 대한 훈련들을 시키고, 예민하고 열정적이며, 가르치는 목표와 목적을 알고 있는 교사는 훌륭하게 신체 교육을 해낼 수 있다.

고등학교와 중학교의 느린 학습자를 위한 신체 교육 교수의 목표는 유기체의 성장과 발달, 신경-근육의 협응과 기술의 발달, 해석적이고 인지적인 발달, 정서발달, 여가 활동 기능과 올바른 건강 습관을 포함한다.

신체 교육은 현실적으로 신체 그 이상이다. 신체 활동은 힘을 키우고 신체를 단련시키는 것 이상을 해내야 한다. 높은 도덕적 기준을 발달시키고, 학생들 스스로 생각하게 해야 한다. 힘과 신체 단련 활동은 학생들의 성격 발달에도 기여한다.

지략이 있는 신체 교육 교사라면 느린 학습자를 자주 '그의 껍질'로부터 꺼내서 자신감을 주입시키고, 느린 학습자가 할 수 있는 것에 대해 잘 알게 만들기 때문에 느린 학습자의 모든 발달에 크게 기여할 수 있다. 신체 교육 프로그램의 목표 달성은 그 목적에 대해 책임을 지는 리더십에 달려 있다. 문제는 시설이나 도구가 아니라 교사이며, 교사가 시설과 도구의 효과적인 이용을 중시하는지가 교사의 효율성을 결정한다는 것을 알아야 한다.

참고문헌

Broline, D., & Kokaska, C. (1979). *Career Education for Handicapped Children and Youth*. Columbus, Ohio: Merrill.

Brophy, J. (1981). Teacher praise. A functional analysis. *Review of Educational Research of Educational Research, 51*, 5-32.

Christie, J. F. (1980). The cognitive significance of children's play a review of selected research. *Journal of Education, 162*, 23-33.

Damon, W. (1983). *Social and Personality Development: Infancy through Adolescence*. New York: Norton.

Damon, W. (1984). Peer education: The untapped potential. *Journal of Applied Developmental Psychology, 5*, 331-334.

Edgar, E. (1987). Secondary programmes in special education: Are many of them justifiable? *Exceptional Children, 53*, 551-561.

Elkind, D. (1986). Helping parents make healthy educational choices for their children. *Educational Leadership, 44*(3), 36-38.

Fein, G. G. (1979). Play and acquisition of symbols. In L. G. Katz (Ed.), *Current Topics in Early Childhood Education, 2*, 195-226.

Goffin, S. G., & Tull, C. Q. (1984). Encouraging possibilities for Co-operative behaviour with young children. Paper Presented at the Annual Meeting of the Southern Association for Children Under Six. Lexington, Ky.

Guralnick, M. J., & Weinhouse, E. (1984). Peer-related social interactions of developmentally delayed young children: Developmental characteristics. *Developmental Psychology, 20*, 815-827.

Hallahan, D. P., & Kauffman, J. M. (1991). *Exceptional Children*. Englewood Cliffs, NJ: Prentice Hall, Inc.

Hendrick, I. G., MacMillan, D. L., & Balow, I. H. (1989). *Early School Leaving in America: A Review of the Literature.* Riverside: University of California.

Hoyt, K. (1975). *An Introduction to Career Education: A Policy Paper of the U. S. Office of Education.* Washington D.C.: Govt Printing Office.

Kamii, C., & Devries, R. (1980). *Group Games in Early Education: Implications of Piaget's Theory.* Washington D.C.: National Association for the Education of Young Children.

Maslow, A. (1950). Self-actualising people: A study of psychological health. *Personality Symposia: Symposium No. 1. on Values,* 11-34. New York: Grune and Stratton.

Morsink, C. V. (1984). *Teaching Special Needs Children in Regular Classrooms.* Boston: Little, Brown & Company.

Nafpaktitis, M., Mayer, G. R., & Butterworth, T. (1985). Natural rates of teacher approval and disapproval and their relation to student behaviour in intermediate school classrooms. *Journal of Educational Psychology, 77,* 362-367.

Neel, R. S., Meadows, N., Levine, P., & Edgar, E. B. (1988). What happens after school education: A statewide follow-up study of secondary students who have behaviour disorders. *Behavioural Disorders, 13,* 209-216.

O'Leary, K. D., & O'Leary, S. G. (1977). *Classroom Management: The Successful Use of Behavour Modification.* New York: Pergamon.

Rotter, J., Seeman, J., & Liverant, S. O. (1962). Internal versus external control of reinforcement: A major variable in behaviour theory. In N. F. Washburne (Ed.), *Decisions, Values, Groups, 2.* London: Pergamon.

Schwartz, S. (1983). *Dealing with the Unexpected: A Situational Approach.* Belmont, Cal: Wadsworth.

Skinner, B. F. (1953). *Science and Human Behaviour.* New York: MacMillan.

Slavin, R. E. (1985). *Educational Psychology: Theory into Practice.* New Delhi: Prentice Hall.

Tansley, A. E., & Gulliford, R. (1962). *The Education of Slow Learning Children.* London: Routledge and Kegan Paul Ltd.

Witkin, H. A., Moore, C. A., Goodenough, D. R., & Cox, P. W. (1977). Field dependent and field-independent cognitive styles and their educational implications. *Review of Educational Research*, *47*, 1-64.

Wolfgang, D. C., & Sanders, S. (1981). Defending young children's play as the ladder to literacy. *Theory into Practice, 20*, 116-120.

Wolman, C., Bruininks, R., & Thurlow, M. (1989). Dropouts and dropouts programme: Implication for special education. *Remedial and Special Education*, *10*(5), 6-20.

Yawkey, T. D. (1980). More on play as intelligence in children. *Journal of Creative Behaviour, 13*, 247-258.

09

느린 학습자의 창의성과 사회성 발달

이 장의 개요

이 장에서는 느린 학습자의 창의성 발달과 사회성 발달을 다루고 있다.

- 느린 학습자의 창의성 발달의 필요성
- 창의적 학습의 중요성
- 느린 학습자의 창의성을 발달시키기 위한 교사의 역할
- 느린 학습자의 창의성을 발달시키기 위한 미술 활동
- 느린 학습자의 사회성 발달의 중요성
- 느린 학습자의 사회성 발달을 위한 방법

SLOW
LEARNERS

느린 학습자의 교육적 · 사회적 한계점이 너무나 명확하기 때문에 이들이 학교를 떠난 후의 삶에서 매우 실질적인 가치를 발휘하게 될 특정의 기본적인 기술(읽기와 수)과 행동 습관(사회적 훈련)을 익히는 데 많은 시간과 노력을 쏟아야 한다. 학교는 미술, 공예, 연극, 음악, 운동, 춤과 같이 창의적이고 표현하는 활동을 통해서 얻는 이점을 적절히 고려하지 않다가 더 심각한 일이 벌어진 후에야 완화책으로 이에 대한 생각을 하는 경향이 있다.

느린 학습자의 창의성 발달

본질적으로 창의적 활동은 놀이의 한 형태여서 놀이와 마찬가지로 다방면에 걸쳐 성장에 필요한 경험을 다양하게 아동에게 제공한다. Cole과 Sarnoff(1980)는 창의성이 "문제를 해결하고자 하는 관심에서 비롯되는 활동과 결과물"이라고 정의한다. 더 나아가 창의성은 내재된 습성이 아니라 교사에 의해 학생에게서 개발될 수 있음을 시사한다. 창의적인 사고는 '상호작용' 과정이라서 사고하는 사람의 능력뿐만 아니라 문화, 도구, 상징, 개념적 체계와 외적 현실에 의해서도 영향을 받는다고 주장한다. Jerison(1977)과 Crick(1979)의 연구에서는, 세상에 대한 한 사람의 지각은 받아들이는 자극의 덩어리와 관련된 표본 처리과정의 결과라고 지적한다. 개인적인 경험이 사고능력 발달과 연동하여 사고능력의 발달에 기여한다.

창의적 활동은 정상이든, 비정상이든 간에 모든 학생에게 매우 중요하다. 불행하게도 대부분의 학급에서는 하나의 정답만을 지향하기 때문에 창의성이 종종 무시되곤 한다. Wassermann(1982)은 문제 해결, 창작, 상상에 대한 경험 부족이 학생들을 전형적인 교과서와 학습지 연습에서 볼 수 있는 하위의 인지적 과제에 뛰어난 학과–학습자로 만드는 원인이 될 수 있다고 우려한다. 하위의 기술이나 하나의 정확한 정답만을 지나치게 강조하는 교사가 없어야 하는 것처럼 창의적 활동에만 전적으로 초점을 맞추는 교사도 없어야 한다. 학생의 욕구와 과제의 유형이 활동과 구성 방식을 선택하는 기준이어야 한다. Cole과 Sarnoff(1980)는 학생에게 발견 학습을 통해서 사고와 창의적인 능력을 개발할 수 있는 기회를 많이 제공해야 한다고 주장한다. 이들은 교사가 자신의 교과에 대해 더 큰 열의를 가져야 한다고 권고한다. 발견 학습을 위해 교사가 직접적으로 교육하고 주의 깊게 조직화해 주는 것을 하지 말라는 게 아니라, 개별 학습자와 과제에 따라 필요한 구조화의 정도가 다르다는 것이다. 이들은 개별 학습자가 공부하고 있는 분야에서 교과 영역에 대한 문제를 발견하고, 해결해야 하는 과제에 잘 대처할 수 있는 충분한 열의, 정보, 지식과 기술을 갖춰야 발견 학습과 자발적으로 질문하는 접근방식을 더 잘 활용할 수 있다고 강조한다. 여기서 느린 학습자에게 자발적으로 질문할 기회를 주기 전에 정보와 기술을 가르쳐야 한다는 것을 알 수 있다.

학급 교사는 학생들의 창의성 발달에 도움을 줄 수 있는 많은 경험을 가치에 따라 분류해야 한다. 느린 학습자가 전체 수업시간에 할 수 있는 것보다 더 큰 폭과 깊이로 주제를 탐색할 수 있도록 정규 교육과정을 확장해야 한다. 창의성 발달의 본질은 동떨어진 사실보다는 학생들이 책략, 원리나 개념을 배울 수 있는 학습 경험을 제공하는 데 있다. Cole(1969)은 무엇보다도 학습이 창의적 활동이라고 인식하는 과정중심 교육과정을 교사가 이용하도록 제안한다. 과정중심 교육과정의 내용은 학생들이 학습을 더 적극적으로 할 수 있게 만들어진다. 아동은 탐구자, 관찰자, 조직자, 기록관, 의사전달자, 규칙을 끌어내는 사람, 규칙을 시험해 보는 사람이 된다. Cole과 그의 동료인 J. Merrell Hansen(1973)은 수정된 학급 프로그램이 다양한 사고를 통해 창의성과 문제해결력을 증진할 수 있다고 밝혔다.

창의적 학습의 중요성

느린 학습자에게서 창의성을 발달시키는 것은 교사에게 중요한 과업이다. 모든 개인은 다른 사람과 크게 다른 독특한 기술이나 특성을 지니고 있다. 음악, 미술, 만들기, 연극, 그림과 같은 다양한 창의적 학습이 개인의 독특함을 드러낼 수 있게 하는 교육 책략을 효과적이고 적절하게 사용하도록 만들어 줄 수 있다. 일단 교사가 이 과업을 만족스럽게 완수하고 나면 개개인을 독립적인 사회적 존재로 만드는 과정이 더 쉬워진다. 따라서 느린 학습자에게 창의적 학습을 하게 하여 어떤 창의적인 일이나 다른 것들에 관심을 표하게 하는 것은 매우 중요하다. 창의적 표현에 대한 자유, 활동, 만족감은 느리게 학습하는 아동이 성장과정에서 균형과 조화를 이루게 하는 수단이다. 아동이 부분적이라도 이를 성취했을 때 학습을 더 잘할 수 있으며 준비할 수 있다. 느린 학습자에게 창의적 활동을 가르치는 것은 다음과 같은 세 가지 분야에서 매우 중요하다.

- 정서적 성장의 가속화
- 창의적 사고 촉진
- 다른 학습의 발전

정서적 성장의 가속화

창의적 활동을 배울 때 편안하고 행복한 학급 분위기가 조성되며, 아동은 표현에 대한 어떤 의미 있는 수단을 찾게 하는 격려와 도움을 받게 된다. 이는 개인적 · 정서적 성장을 가능하게 한다. 창의적이고 표현하는 활동은 느린 학습자가 그 활동에 '빠져들게' 하는 데 매우 유용하다. 그렇게 함으로써 자신감을 얻을 뿐만 아니라 학교에서의 삶에 더 잘 참여할 수 있게 되고, 점차 기민해지며 관심을 보이게 된다. 창의적인 일을 하면서 많은 느린 학습자는 상실된 자신감과 부적절감을 대신하는 성취와 성공의 기회를 찾는다. 느리게 학습하는 많은 아동들이 어떤 창의적 활동에서 성공에 도달할 수 있거나 성사시킨다. 이러한 바탕은 교과 과목이나 다른 영역의 기반이 될 수 있다. 무엇보다도 학교 학습의 다른 면에서의 실패와 어려움에 대한 귀중한 보상이라는 점이다. 이를 제외하고도 창의적 활동은 아동이 재료들을 만지고 다루며 움직여 보고 해 보게 함으로써 위안을 주고 긴장을 풀게 한다. 게임, 취미 또는 영화와 소설의 다양한 정서적 경험을 통해 긴장을 풀게 될 때, 노력하거나 좌절과 어려움의 시기를 거친 후에도 이 편안함을 경험한다. 이것이 느린 학습자와 같이 뒤처진 아동에게 학급에서 창의적 활동을 제공해야 하는 이유다. 정규 학습도 창의적 활동과 밀접하면서 실질적으로 연관되어야 한다.

모든 학교에는 힘든 아동이나 문제 아동으로 지목되는 정서적 어려움과 개별적 어려움을 가진 느린 학습자들이 있다. 정서적 어려움을 적극적이고 공격적인 방법으로 표현하는 아동에서부터 극히 무관심하고 내향적인 아동들이 있다. 교사는 기초 과목에서 특정의 학습적인 어려움을 가지는 것과 같은 문제를 다룰 중요한 책임이 있다. 치유적인 교육과정에서 창의적이고 표현하는 활동은 중요한 부분이다. 창의적이고 표현하는 활동은 적대감이나 좌절감이라는 억제된 감정들을 안전하게 발산하는 수단이 된다. 관대한 교사들이 살펴보고 통제할 수 있는 상황에서 그러한 발산이 이루어질 때 정서적 해소가 더욱 효과적인 것으로 보인다.

창의적 사고 촉진

창의적 활동은 정서적 측면의 성장에 국한된 것이 아니라 감정은 물론 사고와도 관련이 있다. 자신의 경험에 대한 어떤 측면을 조각품으로 만들거나 그림으로 그리거나 연기로 표현하는 아동은 틀림없이 거기서 더 많은 것을 배운다. 그것은 더 잘 관찰하게 하며, 자신이 관찰한 것에 대해 사고해서 이후의 유사한 경험을 해석할 준비가 되게 한다. 자신이 경험했던 것을 표현할 때의 느낌을 완전히 이해하고 처리한다. 느린 학습자는 언어표현 면에서 정상 아동보다 더 제한적이므로 대안적 표현 수단을 가져야 할 필요성이 더 크다. 미술은 지능을 활성화해서 아동이 더 잘 보게 하여 구체적이고 정확한 형태로 사고를 표현하게 한다. 그리기는 말하기의 한 형태로 여겨져야 한다. 어린 아동의 단순하고 즉흥적인 그림이 이 목적에 부합한다. 사람, 집, 책, 차, 기차에 대한 그림을 그리면서 아동은 자신이 그린 사물에 대해 관찰한 것을 되돌아보고, 중요한 특징들을 배운다. 들었던 이야기나, 목격하거나 참여했던 사건에 대한 그림을 그리면서 아동은 그것들과 친숙해진다. 오래된 교수 원리인 '표현이 감동을 확인하게 한다'는 말이 적용되는 학습의 한 형태인 것이다.

사고는 또한 교재의 선택이나 사용과도 관련된다. 이 목적을 위해 매체의 속성이 효율적으로 사용될 수 있다. 교사가 교육과정의 어떤 다른 측면에 대한 활동의 연장으로서 창의적 활동을 계획한다면 목적이 있는 사고를 유발할 수 있다. 느린 학습자의 중요한 특성들 가운데 하나가 주의력 부족이다. 느린 학습자는 자주 산만해지고, 앞에서 언급했던 것처럼 주의 지속력도 떨어진다. 집중의 질은 지능수준과 관련이 있지만, 흥미, 성공이나 실패에 대한 예측과 같은 요인들도 영향을 미친다. 몰입하게 하고 만족감을 주는 활동을 반복적으로 경험하게 하면 어느 정도까지는 집중력도 학습된다. 보통 놀이와 특히 창의적 활동은 이러한 특성의 발달에 좋은 조건들을 제공한다. 아동의 능력 수준과 흥미에 적합한 교재와 오락거리들은 놀랄 만큼 오랜 시간 동안 주의를 지속시킬 수 있다. 많은 느린 학습자는 충분한 놀이 기회를 갖기가 어렵다. 분석적이며 창의적인 사고에 불을 붙이는 창의적 활동으로 이러한 놀이 기회들을 만들 수 있다.

다른 학습의 발전

느린 학습자는 일반적으로 정교한 움직임과 큰 움직임에 모두 서투르다. 운동협응 능력이 부족하기 때문인데, 창의적 활동이 운동협응 능력을 개선하는 데 도움이 된다. 연습과 운동 부족에 기본적인 신경-근육 약화가 합쳐진 결과로 협응능력이 부족해진다. 쉽게 달성할 수 없는 것을 피하는 일부 아동들에게 나타나는 경향이 있으며, 나이가 들어가면서 다른 아동과 비교했을 때 자신의 한계점에 대해 더 잘 알게 된다. 느린 학습자에게는 협응능력을 개선할 수 있는 활동이 더 많이 필요하다. 공예품을 만드는 활동과 율동이 이를 도와주는 수단에 속한다. 교사가 다른 활동과의 관련성을 야기하는 창의적 활동을 권할 때 우연학습에서 재료와 도구를 나누고 다루는 것을 배우고, 다른 사람들과 협력하는 것을 배우며, 집단 참여에 대한 만족감을 경험하게 될 것이다. 현재 하고 있는 것과 하는 방법에 대해 말하기를 발달시킬 적절한 기회도 제공할 것이다. 또한 어휘 습득에 중요한 수단이 될 수도 있다. 아동은 창의적 활동을 통해서 형태와 색깔, 움직임과 소리의 아름다운 특성에 대해 더 잘 알게 된다. 흥미를 끌 수 있는 전체 학교 환경도 중요한 역할을 한다.

무엇보다도 이 활동들은 노래와 연기 또는 함께하는 즐겁고 만족스러운 경험으로 상호 간의 참여를 통해 좋은 교사-아동 관계를 만드는 데 도움이 된다. 또한 창의적 활동은 아동이 어떤 경험을 했었는지, 그 경험들로 무엇을 만들었으며 어떻게 느끼는지를 보여 주기 때문에 아동에 대해 더 잘 이해하게 만든다는 또 다른 이점이 있다. 이와 같은 창의적 활동은 교사가 새로운 시각으로 아동을 관찰할 수 있는 충분한 기회를 제공한다. 교사가 아동을 가르치는 데 이러한 이해는 매우 중요한데, 특히 느린 학습자를 담당할 때 더욱 중요하다.

교사의 역할

창의적 활동 프로그램의 성공은 아동 개개인의 참여와 전체적인 참여에 달려 있다. 이때 교사가 어느 정도의 도움을 주고 제안을 해야 하는지에 대한 의문이 자연스럽게 생긴다. 첫째, 교사는 필요한 재료를 아동에게 제공하고, 둘째, 그 재료를 사용하는 방법을 알려 주고 지도한다. 학급에서 자기표현이 잘되려면 교사가 소극적인 역할을 해서 두드러지지 않아야 한다는 주장이 있다. 그러나 이는 정확한 설명이 아니다. 표현하게 하고, 표현을 촉진하는 수단으로 다른 재료를 다루는 기술을 가지고 있는 교사의 도움은 매우 중요하다.

각 단계에서 어려워할 것 같은 재료의 사용에 대해 아동에게 잘 알려 주기 위해서 교사는 아동의 발달을 정확히 이해해야 한다. 조언을 위한 단서는 아동 자신에게서 나온다. 예를 들면, 발달의 초기 단계에서 아동은 사람을 그렸을 때 대략적인 묘사에 만족하지만, 불만족스러워하면서 '더 닮은' 그림을 그리고 싶어 하는 단계가 온다. 교사가 도와줄 수 있는 때는 단지 그리는 방법을 아동에게 말해 주는 것이 아니라 비율과 아동이 불만족스러워하는 세부 사항에 관심을 기울이게 할 때다. 아동이 맹목적으로 따라 그릴 수 있기 때문에 칠판에 스케치를 제시할 필요는 없다. 아동이 관찰하게 하고, 그림이나 색칠을 하는 데 있어서 자신의 방법을 찾게 하는 것을 부추기는 것이 더 좋다. 자신의 능력에 대해 자신감을 갖지 못하는 아동은 시작할 때 더 많은 도움이 필요하다. 그러한 아동을 위해 교사는 부정적인 태도를 개선할 기회를 갖지 못했던 것과 관련해 새로운 매체를 제공해야 한다. 교사가 제한적이면서 드러나지 않는 도움을 줄 때 아동은 도움 없이 해낼 수 있었다는 성공과 성취에 대한 느낌을 가질 수 있다. 교사의 성공적인 개입의 기준은 나중에 아동이 더 자유롭고 자발적으로 활동할 수 있게 하는가의 여부다.

교사의 또 다른 주요 역할은 아동이 표현하기 위해서 어떤 생각들을 펼쳐 가게 하는 것이다. 아동이 나이 들어 감에 따라 더 넓은 환경, 불자동차 · 기차 · 초음속비행기와 같은 언제나 좋아하는 것들뿐만 아니라 탐험가 · 우주여행 등과 같은 시사적인 뉴스에 대해서도 토의해야 한다. 교사는 토의를 제안하는 것뿐만 아니라 아동이 자신을 표현하는 데 용기를 갖게 하는 분위기를 조성해야 한다. 가장 문제가 되는 결과가 아니라 창작하는 과정에 대해 교사가 더 잘 인식시킨다면 더 좋은 분위기를 만들 수 있다. 무엇보다 중요한 것은 교사의 열정과 격려다.

미술과 공예

느린 학습자를 위한 미술 활동은 전체 교육 프로그램에 포함되어야 한다. 미술 활동은 미술 경험을 더 의미 있게 만들고, 학생들을 학급 수업에 통합시키는 데 도움이 된다. 미술 프로그램을 계획하기 전에 교사는 학생들의 이전 경험은 물론 견딜 수 있는 정도와 현재의 흥미와 기술을 고려해야 한다. 학생의 가장 낮은 인내 수준을 넘지 않는 것이 중요하다. 학생의 능력 수준에 관한 것들은 이보다 덜 중요하다. 재료와 활동의 범위가 넓어야 하지만 이에 대한 선택은 개별 아동의 흥미, 능력, 이전의 경험에 따라야 한다.

미술 활동 발달을 위한 고려 사항

미술 활동은 일반 학생들에게도 그렇지만 특히 느린 학습자에게 매우 중요하다. 미술 활동 발달을 위한 고려 사항은 다음과 같다.

- 학생들이 색깔, 선, 디자인에 대해 알고 신체상을 발전시킬 수 있게 도움을 주어야 한다.
- 학생들이 환경 내에서 스스로를 자각하는 능력을 증진시켜야 한다.
- 감각의 성장을 촉진시켜야 한다.
- 미술 활동의 시작과 마무리에서 또래와 성인과의 사회적 관계를 발전시킬 충분한 기회를 제공해야 한다.
- 다른 미술 매체를 적절히 사용하는 기술을 발달시켜서 정교한 운동 기술과 대근육 운동 기술의 발달에 도움이 되게 한다.
- 학생의 한계 내에서 미술 활동을 통해 창의성과 주도성을 키운다.
- 모든 학업 성취에 필요한 지각과 관련된 기술을 발달시킨다.

마음 상태는 소극적인데 손으로는 바쁘기만 한 별로 쓸모없는 일과 미술 작업은 크게 다르다. 학생은 미술 작업의 어떤 형태에 참여하더라도 표현을 위한 재료, 도구, 생각, 감정들을 조절해야만 한다. 느린 학습자가 미술 작업에 참여할 때 이러한 것들이 그들에게 발생한다. 이는 적어도 사고과정이 일어나고 있다는 징후다.

느린 학습자를 위한 미술 활동

통합학교에 다니는 느린 학습자에게 시행될 수 있는 많은 미술 활동이 있다. 가장 일반적인 것으로는 종이 활동, 그리기(크레파스, 분필, 물감), 판화, 만들기, 연극이 포함된다. 교육과정 내에서 이러한 미술 작업들 중의 몇 가지를 소개함으로써, 교사는 머지않아 느린 학습자의 창의성을 개발한다는 긍정적인 목표를 세울 수 있다.

종이 활동 종이 활동은 실현 가능한 미술 작업일 뿐만 아니라 가장 일반적인 활동이다. 종이는 하얀색이거나 색깔이 있으며, 무늬가 없거나 장식이 있을 수도 있는 간단한 재료다. 종이는 직선을 따라 자르기가 쉽다. 그래서 원, 정사각형, 세모, 직사각형과 같은 기본적인 네 가지 도형을 사용해서 단순한 미술 작업을 시작하기에 편리하다. 종이 활동은 미술 활동을 위한 시작 지점으로 활용된다.

교사는 학생들에게 판지 조각을 제공한다. 판지의 대부분은 직사각형이므로 종이 모서리의 한 끝을 종이의 밑 부분에 닿도록 대각선으로 접어서 정사각형으로 만든다. 접혀진 세모는 정사각형의 반이 될 것이며, 여분의 종이가 있다면 잘라 내야 한다. 교사가 칠판에 정사각형을 그린 다음 그것에 줄을 그어서 나눈다. 하나는 대칭으로, 그리고 나머지는 중심에서 벗어나게 한다. 교사는 어느 것이 같은지와 그 이유를 학생들에게 물어볼 수 있다. 나중에 두 정사각형에 일련의 선들을 추가해서 16개의 같은 사각형을 만들게 하거나, 서로 다른 다양한 정사각형을 만들어 보게 할 수도 있다. 뭔가를 그려야 한다는 압박감이 없기 때문에 이 간단한 활동을 통해서도 자신감이 생길 수 있다. 또한 자를 사용하는 기술을 개발하기에 탁월한 활동이다.

미술 활동을 위한 다음 도형은 원이다. 교사는 네모로 시작하여 양 대각선을 겹쳐 그려서 중심을 찾을 수 있어야 한다. 그러고 나면 원이 그려질 수 있다. 여기서 학생들은 정사각형과 원이 어떻게 밀접하게 관련되어 있는지를 이해할 수 있다. 교사는 학생들이 정사각형을 동일한 네모로 나눠 보도록 가르칠 수 있으며, 재미있는 디자인이 되도록 그 네모에 다른 색깔의 크레파스로 원을 그려 넣을 수 있다.

교사는 학생들에게 간단한 자르기 방법을 가르칠 수 있는데, 대각선으로 접은 후 접힌 선을 잘라 세모를 만들 수 있다. 각 세모는 반으로 접어서 직각삼각형으로 자르고, 다시 더 작은 직각삼각형으로 계속해서 자를 수 있다.

판지에서 자른 기본적인 도형들로 학생의 생각에 따라서 모양, 탈것, 건물 등을 만들어 볼 수도 있다. 학생들에게는 시작할 때 약간의 지도가 필요할 뿐이다. 느린 학습자의 경우에는 창의적인 과정을 시작하는 데 추가적인 지도가 필요하다.

크레파스 학교에서 미술 매체로 가장 광범위하게 사용하는 것이 크레파스다. 색깔을 구분하는 데도 이용한다. 크레파스 작업은 특히 다른 미술 매체와 결합했을 때 여러 가지로 달리 쓰일 수 있다는 점에 주목해야 한다. 교사는 학생들에게 크레파스 그림을 그리는 작업에서 먼저 연필 대신 하얀색 크레파스로 스케치를 하도록 가르쳐야 한다. 이는 연필로 스케치를 할 때의 상세한 세부 사항을 뭉툭한 크레파스로 만들려고 노력하느라 겪게 되는 좌절감을 최소화하는 데 도움이 된다. 또한 크레파스를 모두 사용하는 대신 크레파스 몇 개만을 사용해서 산만함을 줄일 수 있다. 크레파스를 부러뜨리거나 크레파스를 감싸고 있는 종이를 찢을 가능성도 줄일 수 있다. 학생들에게는 부러진 크레파스를 상자 또는 통에 보관하도록 가르쳐야 한다. 학생들이 크레파스를 대담하게 사용하여 처음에 도형의 외곽선을 긋는 대신 거꾸로 도형을 색칠해 볼 것을 권한다. 어떤 학생들은 하나 또는 두 개의 도형을 빨리 색칠하고는 다 했다고 주장할 수도 있다. 그러한 학생들에게는 효과적인 시각적 동기를 제공해야 한다. 크레파스로 문지르기, 크레파스 염색, 종이 같은 천 위에 크레파스로 그리기, 크레파스로 마블링하기, 크레파스에 조각하기가 크레파스로 할 수 있는 창의적 활동의 일부다.

분필 분필은 창의적 활동에 쉽게 사용될 수 있는 재료다. 분필은 여러 색깔이 있으며, 밝은 그림을 그리는 데 효과적으로 사용될 수 있다. 젖은 판지 위에 분필로 그리는 것이 더 쉽다. 밑그림 없이 종이에 분필을 바로 써서 자유로운 디자인과 색깔을 부각시켜야 한다. 교실 밖에서 투명 접착액을 뿌린다면 분필 그림을 보전하는 것도 가능하다. 크레파스 활동과 마찬가지로 창의적 사고와 운동협응 능력을 발달시키기 때문에 분필 활동은 더 어린 느린 학습자에게 매우 유용하다.

물감 양질의 템페라 가루 물감은 색상이 풍부하고, 색 혼합이 쉬우며, 매우 잘 칠해진다. 물감 그림 활동에는 더 많은 준비와 도구와 청소가 필요하지만 우리가 얻는 결과는 해 볼 만한 가치가 있다. 다음은 느리게 학습하는 아동을 위한 물감 그림 활동을 계획하는 데 매우 유용한 점들이다. 학생들은 버려진 200ml 우유곽을 템페라 물감통으로 사용할 수 있다. 물감을 섞은 후에 마르지 않도록 클립이나 테이프로 봉해서 다음 번 수업에 준비한다. 각 보관통에는 커다란 붓이 있어야 한다. 붓이 너무 길면 손잡이의 약 3인치를 잘라서 어린 학생들이 조작하기 쉽게 만들 수 있다. 날짜가 지난 신문지를 탁자에 깔고, 미술 작업복으로는 가능한 한 낡은 셔츠를 사용해야 한다. 교사는 학생들이 그림을 시작하기 전에 붓에 과도하게 묻힌 물감을 보관통의 뚜껑에 어떻게 닦아 내는지에 대해 알려 줘야 한다. 다른 색깔을 사용하기 전에 붓을 제 통에 돌려 놓는 것도 잊지 않게 해야 한다. 교사는 밑그림, 색 선택, 디자인 같은 활동의 모든 단계에 충분한 시간을 줘야 한다. 학생들의 그리기 작품을 때때로 전시해서 진열된 작품에 대한 토의를 해야 한다. 템페라 물감을 가지고 작업할 때 다양한 미술 활동을 재미있게 해 볼 수 있다.

- 빨대로 물감 불기: 빨대로 불어서 그리기는 창의적 활동이 될 수 있다. 학생들은 종이 위에 물감 방울을 떨어뜨리고, 종이 위에 있는 물감을 빨대로 불어서 움직인다. 이러한 방법으로 학생들은 자신의 상상과 창의적인 사고에 따라 자신만의 디자인을 할

수 있다. 학생들이 디자인을 한 후에는 거기에 대한 토의가 있어야 한다.

- 스텐실 물감 그림: 스텐실 물감 그림은 또 다른 재미있는 창의적 활동이다. 학생들에게 코팅된 포장지에서 친숙하거나 추상적인 모양을 잘라 내게 한다. 그러고 나서 배경 종이에 잘라 놓은 모양을 양면테이프로 붙이고, 붓이나 스펀지로 여분을 색칠하게 한다. 바탕에 색깔이 있는 모양이 될 것이다. 스텐실은 포장지나 장식을 해서 전체적인 디자인을 만들어 다른 색깔로 계속할 수 있다.
- 초상화: 교사가 학생들을 적절히 동기화하면 초상화를 잘 그려낼 수 있다. 자화상을 그리거나 학급의 다른 학생을 그릴 수도 있다. 교사는 '나는 못 그려.' 또는 '멋져 보이지 않아.' 라는 생각 때문에 겪는 학생의 좌절감을 줄일 수 있게 도와주고 재미있게 초상화를 그리도록 동기를 부여해야 한다. 다양한 방법을 사용해서 자화상을 그릴 수 있도록 교사가 학생들을 촉발해야 한다. 이렇게 하면 놀라울 정도로 명확하게 자발적으로 묘사하는 기회를 제공할 것이다. 자화상 콜라주는 잘게 찢은 다른 색깔의 종이 조각들을 사용해서 만들 수 있다. 또 다른 재미있는 활동은 교사가 학생들에게 필요하다면 색깔 있는 크레파스를 사용해서 몸이나 머리 또는 어깨의 실물 크기로 자기 모습을 그리게 하는 것이다.
- 손가락 물감 그림: 손가락 물감 그림은 모든 학생, 심지어 손을 더럽히고 싶어 하지 않는 학생들까지도 즐거워하는 창의적 활동이다. 이 활동에는 섬세한 준비와 계획이 필요하다. 학생들은

미술용 셔츠를 입어야 하고, 물감이 아무데나 묻지 않게 새 종이로 공간을 적절히 덮어 주며, 활동을 시작하기 전에 물이나 물감, 완성된 종이를 어디에 둘지도 계획해야 한다. 시작하기 전에 손가락 물감 그림을 그릴 종이의 한 면에 광택제를 바르고, 학생들은 그 뒷면에 자신의 이름과 날짜를 쓴다. 젖은 스펀지로 종이를 푹 젖게 하여 주름이나 기포를 제거한다. 학생들은 종이 위에 수북하게 물감을 놓은 다음 시작한다. 교사는 학생들에게 다른 효과를 주기 위해 손가락, 손의 각 부분, 손 끝, 손톱을 사용하는 방법에 관해 설명해 준다. 동기를 부여하고 그림이 발전하고 있다는 점에 대해 이야기를 나누는 것이 매우 중요하다. 작업을 마친 후 학생들은 말릴 수 있게 줄 위에 젖은 그림을 걸거나 바닥에 신문지를 깔고 그 위에 펼쳐 놓아야 한다. 이 활동에는 능숙한 청소가 필요하긴 하지만 결과물의 감동 면에서 보면 노력할 만한 가치가 있다.

판 화 판화는 음각으로 나타나는 놀라운 부분들 때문에 대부분의 학생들이 매우 즐거워하는 창의적 활동이다. 교사가 간단한 방법으로 판화 제작 활동을 제한할 수 있다. 판화에는 많은 방법이 있지만, 가장 간단한 판화는 야채, 과일, 스펀지, 비누나 파라핀, 스탬프와 같이 일상적인 재료들로 하는 것이다. 이 재료들은 반복적인 패턴으로 재미있는 모양을 찍을 수 있도록 자르거나 새길 수 있다. 야채나 과일은 반으로 자르고 감자와 당근은 재미있는 모양을 찍기 위해 조각할 수도 있다. 재료의 찍을 면에 물감을 칠해야 한다. 이렇게 하는 가장 간단한 방법은 물감이나 잉크에 적신 종이 타월 스탬프를 만드는 것이다. 판화는 여러 종이 위에 찍어 볼 수 있지만, 색깔이 있는 종이에 찍으면 배경과 판화의 색깔이 결합되면서 더 효과적인 매체가 될 것이다.

- 모노프린트(판화 기법): 교사는 학생들에게 모노프린트를 만들어 보라고 권할 수 있다. 모노프린트는 물감 그림이나 손가락 물감 그림으로 만드는 그리기를 변형시킨 것이다. 과정은 다음의 단계들을 포함한다.
  - 손가락 물감 그림을 그리기 위해 광택이 있는 종이 위에 손가락 그림 물감들을 사용해야 한다.
  - 축축한 손가락 물감 그림 위에 다른 종이를 올려놓아야 한다.
  - 찍는 종이의 뒷면을 부드럽고 꼼꼼하게 문지른다.
  - 찍은 종이를 들었을 때 음각이 나타난다. 더 다양하게 하려면 학생들이 실, 이쑤시개, 나뭇잎, 풀, 톱밥, 찢거나 자른 종이 조각, 종이 레이스나 플라스틱 레이스와 같은 재료들을 사용할 수도 있다.
- 고무 판화: 고무 판화는 연하장, 특별한 날이나 기념일을 나타내는 장식을 만드는 데 사용될 수 있는 판화의 일종이다. 필요한 재료는 고무롤러, 자르는 도구들, 고무판, 잉크작업대, 판화용 수성 잉크다. 학생들은 자신의 생각대로 고무판을 잘라야 한다. 원하는 모양으로 고무판화를 만들어서 종이를 적당한 크기로 자르고, 필요하다면 봉투도 만들어 수성 잉크를 묻힌 롤러를 어떻게 밀어야 하는지를 배워서 고무판에 밀어 본다. 종이 위에 잉크가 칠해진 판을 찍을 수 있게 힘을 줘야 한다. 이처럼 창의

적 활동은 판화의 다양한 방법을 활용할 수도 있다.

만들기 만들기는 아동이 매우 즐겁게 할 수 있는 창의적 활동이며, 다양한 방법으로 가끔씩 사용되어야 한다. 부드러운 플라스티신 점토(어린이 공작용 점토)를 소개할 수는 있지만 제한점이 있다. 이 점토는 작업하기 어려운 작은 작품들로 유도하는 경향이 있기 때문에 협응을 잘 연습하기는 어렵다. 모든 연령대에서 사용하기에 만족스러우면서 유용한 것은 찰흙이다. 찰흙은 작업하기가 쉽고, 반응적이고 유연해서 손으로 밀거나 잡아당기기도 쉽다. 처음에 동물을 찰흙으로 만들게 하면 동기화가 되는데, 첫 시도에서는 더 쉽게 서 있을 수 있는 네 발을 가진 동물을 추천한다. 교사는 학생들이 찰흙으로 작업하는 것을 도와주고, 동기화해서 최대한의 창의적 경험을 즐길 수 있도록 해야 한다. 축축한 찰흙을 고루 잘 주물러야 갈라짐을 방지할 수 있다. 찰흙 작품이 다 마르고 나면 영구적으로 매끈하게 마무리해 주는 물감으로 색칠할 수 있다.

철사를 사용하는 만들기는 재미있는 변화를 주곤 하지만 재료의 특성과 철사로 무엇을 할 수 있을지에 대해 더 명확한 생각을 요하기 때문에 어렵다. 어떤 느린 학습자는 비행기, 곤충, 동물을 만들 때도 철사를 매우 잘 활용한다. 철사는 뼈대를 만드는 데 흔히 사용되며, 이 철사 뼈대 겉에 붕대나 종이끈이나 석고를 덧씌운 뒤 마지막으로 칠을 한다. 예를 들면, 동물, 곤충, 비행기를 이러한 방식에 따라 철사 만들기 작품으로 만들면 아동에게 커다란 만족감을 준다.

학생들은 만들기를 할 때 재료를 모아 놓은 수집통을 이용할 수 있다. 마분지 상자, 이쑤시개, 상자들, 실 감는 실패와 얼레, 포장재

등이 기차, 화물차, 집을 만드는데 사용될 수 있다. 학생들은 제각각인 만들기를 할 수도 있고, 재미있게 표현하기 위해 길, 마을, 항구, 성처럼 군집 형태의 만들기를 할 수도 있다. 남자 아이들은 나무 상자와 나무토막을 사용해서 만들기를 좋아하며, 이를 통해 목공이 재미있다는 것을 알게 된다.

연극

연극은 언어발달을 개선하는 것 외에도 광의의 교육적 가치를 가지고 있다. 아동 자신의 경험에 대한 인식과 사고의 결과물이 모든 창의적 활동이기 때문에 여기에는 인지적인 내용들이 포함되어 있음을 기억해야 한다. 아동의 창의성을 키우기 위한 어떤 프로그램에서도 성격 발달을 증진시키는 수단으로 연극을 부각시켜야 한다. 뒤처진 아동에 대한 경험이 풍부한 교사는 인지발달만큼 정서발달도 뒤처져 있는 많은 아동이 있다는 것을 안다. Peter Slade(1950~1960년대 영국의 교육 연극을 발전시킨 선두주자-역자 주)는 연극이 '인생을 행하는 것'이며, 정서적 지체와 장애로 야기되는 개인적 · 사회적 어려움을 크게 줄여 줄 수 있다고 정의한다.

연극의 목적은 다양하다. 몇 가지의 중요한 목적을 살펴보면 다음과 같다.

- 자발적인 연극 활동이 성격을 발달시키는 데 효과적으로 사용될 수 있다. 연기하는 아동을 관찰하면 교사는 아동이 가장놀이

와 극놀이를 얼마나 좋아하는지를 알 수 있다. 교사는 아동이 활동에서 어떤 감정, 동작, 율동을 연기하는지 근본적이며 역동적인 부분들을 관찰할 수 있다. 교사는 아동이 남의 눈을 의식하지 않고 자발적으로 상상력을 발휘하여 극놀이에 몰입하는 모습에 놀랄 수도 있다. 창의적인 연극은 놀이의 형태를 기본으로 해야 하며, 연극을 통해 성장할 수 있어야 한다. 이처럼 연극은 개인적으로나 팀의 일원으로서 아동의 심리학적 욕구를 형성하고, 심리학적 욕구에 부합한다. 사실, 연극은 아동중심적이다. 연극은 아동발달을 위한 학교 프로그램에 필수적인 분야다.

- 연극의 또 다른 목적은 즉흥극을 통해 상상력을 발달시키고, 환경에 적절히 반응하며, 민감성을 증가시키는 발달을 위한 기회를 제공한다는 것이다. 연극을 하면서 교사는 아동이 실제 삶과 상상하는 상황 둘 다에서 상상력을 발휘하도록 부추길 수 있다. 예를 들면, 교사는 아동에게 야생동물이 방에 들어오면 어떻게 할지, 숲 속에서 길을 잃거나 뱀이 자기를 타고 올라오면 어떤 기분일지, 또는 엄마가 물건을 사 오라고 준 돈을 잃어버렸다면 어떻게 할지 보여 달라고 할 수 있다. 교사는 춤의 형태, 동물의 움직임, 연극적인 상황과 감정 상태를 나타내기 위해 율동(드럼이나 탬버린에 맞춰)과 음악을 이용하게 할 수도 있다.
- 연극의 또 다른 목적은 정서적 재교육과 사회적 행동을 개선하는 기회를 제공하는 것이다. 느린 학습자와 같은 많은 뒤처진 아동은 양육과정에서 문제를 가지기 때문에 사회적으로 불우하다. 이 아동들은 정상적인 놀이를 할 기회가 드물었다. 뒤처진 아동의 많은 사례에서 애정, 관심, 안전에 대한 욕구가 거의 채

워지지 않는다. 이들은 성공과 자아존중감을 경험하지 못해서 행복한 사회적 관계를 맺고 수용적인 행동에 대한 생각을 할 기회를 거의 갖지 못한다. 연극은 필요한 아동에게 자신의 초기 몇 해를 '겪어 볼' 기회를 주는 데 이용될 수 있다.

교사가 느린 학습자에게 자신의 연극을 만들어 보는 기회를 줄 때, 이 기회는 아동의 공격성, 반항성, 파괴성, 권위와 다른 아동에 대한 적대감을 발산하는 수단이 된다. 연극 활동은 이기적인 학생들에게도 강한 집단의식을 발달시킨다. 한 학기 동안의 연극 회기들 중 처음과 끝에 사회적 관계 측정 검사를 실시해 보면 연극 작업을 통해 얻게 되는 이점들에 대해 알 수 있다. 지나치게 앞서 가는 아동을 자제시키면 소외되었던 아동도 집단에 친숙해진다. 내향적이면서 불안해하는 아동은 억눌린 공격성을 표출할 수 있기 때문에 많은 것을 얻게 된다. 연극을 통해 표출된 공격성이 수용되는 경험을 하면서 공격적인 충동을 더 이상 두려워하지 않고 점차 편안해지면서 집단에 동화된다 (Tansley & Gulliford, 1962).

- 연극은 교육과정의 다른 영역을 더 풍부하고 의미 있게 하는 데 이용될 수도 있다. 모든 형태의 연극은 '경험 학습'의 원리를 포함하기 때문에 교육과정의 중요한 부분이 된다. 역사, 지리학, 종교 교육, 산수와 읽기에서도 간단히 연극화해서 학습을 더 재미있고 활발하게 할 수 있는 충분한 기회가 있다. 느린 학습자를 위한 읽기 프로그램은 연극을 널리 사용하게 해야 한다. 교사는 아동에게 읽어 준 이야기들을 연극으로 만들거나 책의 주제에 대한 상황을 즉흥적으로 연기해 보도록 가르칠 수 있다.

연극에 대한 느낌, 감동과 의견은 표현에 대해 다른 형태로 전달된다.

느린 학습자에게 창의적인 연극을 활용하는 방법

움직임과 마임 움직임과 마임은 느린 학습자에게 연극을 소개하는 시작점으로 구성해야 한다. 교사가 움직임과 마임을 시작해야 한다. 교사가 집중해야 하는 첫 번째는 가능한 한 최대로 이완하게 하는 것이다. 적당한 음악은 편안하고 평화로운 분위기를 이끌어 내는 데 도움이 될 수 있다. 흥분하지 않는 장면이 시끄럽게 말썽을 부리는 장면으로 전환되더라도 모든 수업은 이완하는(흥분하지 않는) 시간으로 끝내서 아동이 고요하고 평화롭게 그 장소를 떠날 수 있게 한다. 집단 수업에서는 교사가 감정의 전체 범위를 다뤄야 한다. 상황을 묘사할 때 교사는 호들갑스러워야 한다. 교사가 한 상황을 이렇게 나타낸다고 가정해 보자. "캄캄한 방에 있다고 상상해 보자. 너무 캄캄해. 문이 약간 삐걱거리며 천천히 열리기 시작해. 들리니? 문 앞에 어떤 게 있는지 보이니?" 이것은 사랑, 미움, 두려움, 고통, 행복, 우정, 혐오감, 긴장감, 만족감, 놀라움, 무관심, 인정받음, 거부당함 같은 다양한 감정을 표현할 충분한 기회를 제공한다. 학생들은 엄청나게 다양한 반응을 보일 것이다. 내향적인 아동은 크게 재미있어 하지 않거나 큰 움직임을 자진해서 하지 않을 수도 있다. 작은 움직임을 따라 하는 연습으로 시작하는 게 도움이 될 것이다. 교사가 격려하고 자극하면 개선이 빨리 일어나고 수업도 흥미롭고 재미있어진다. 학생들의 시범과 교사와 학생 간의 관계가 좋아지는 것도 개선을 촉진하다.

무용극 다음 단계는 움직임과 마임을 간단한 무용극에 적용하는 것이다. 무용극은 다양한 기분과 움직임을 보여 주기 때문에 초기에 도움이 된다. 무용극에는 몇 가지의 율동, 조용한 시작, 절정의 해소로 이어지는 엄청난 절정 부분이 있으며, 무용극의 이야기는 아동의 관심과 감정을 불러일으킨다. 표현할 때 활력이 떨어지지 않게 하려면 레코드를 듣고 음악을 편집하는 것도 종종 필요하다. 이 단계에서 타악기에 맞춘 율동이 사용될 수 있으며, 이 초기 율동들이 아동에게 큰 즐거움과 자극을 준다.

연극놀이 기술의 활용 이 단계에서 교사는 연극놀이를 시작하는 앞의 두 기술의 활용법을 가르쳐야 한다. 이를 목적으로 교사는 해변이나 시골, 서커스에 가는 가족의 상황, 정글 탐험, 친숙한 다른 장면을 연기하기와 같은 주제들을 이용할 수 있다. 내성적인 아동에게 더 큰 효과를 내기 위해서는 녹음되거나 그때 만들어진 음향 효과가 도움이 될 것이다. 예를 들면, 기차와 비행기 소리, 폭발음, 천둥소리, 길거리의 소리들이 필요하고, 조명 효과도 더 실제 같은 상황을 만드는 데 유용하다. 이때쯤 아동은 잘 알려진 이야기의 전체나 일부분을 극화할 준비가 된다. 교사는 움직임과 감정 표현을 강조해야 하지만 자발적인 말하기를 제지하지는 말아야 한다. 말하기에 대한 지나친 관심이 움직임과 연기를 하고 있는 전체 아동의 표현을 방해하지 않도록 살펴봐야 한다. 어린 아동들이 연기해 낼 수 있는 다양한 이야기가 있다. 교사는 역할극을 해 보도록 제안하기 전에 전체 집단이 한 이야기 속의 다양한 등장인물을 마임으로 표현해 보게 해야 한다.

연극의 구성 아동이 연극을 만들어 보는 것은 연극 활동 발달에서 거의 마지막 단계다. 학생의 읽기 능력 내에서 대본을 읽는 것을 즐긴다 하더라도 읽은 대본을 연기로 이끄는 데는 거의 이용하지 않는다.

읽은 대본을 그대로 연기하는 것은 실질적으로 극적인 움직임의 순도가 부족한 인위적인 연기가 될 수 있다. 새로운 극은 서두의 줄거리를 어떻게 전개할 것인지에 대한 토론으로 시작해야 하며, 임시로 역할을 배정한다. 그러고 나서 첫 번째 장면을 완성하고 연기해 봐야 한다. 그 후에 토론을 다시 계속해야 한다. 고치고 변경하는 데 대하여 합의가 이루어져야 하고, 적합한 음향 효과, 조명, 음악 그리고 간단한 특성들이 계획되고 얻어져야 한다. 이렇게 해서 결국 연극으로 발전된다. 이 방식에 따르면 하나의 주제로 완성할 만한 길이의 간단한 연극이 될 수 있다. 어떤 교사는 정보와 경험이 부족해서 이러한 유형의 연극을 시도하고 싶어 하지 않을 수 있다. 그러나 공연이나 연기에 대한 선행 경험의 어떤 정보도 필요치 않다. 더 중요한 것은 아동을 이해하고, 자신의 상상에 따라 연극적인 인식을 해 가는 아동이 이끄는 대로 교사가 기꺼이 따라 주는 것이다. 이러한 방식으로 연극을 사용하는 교사는 교사-아동 관계를 개선해서 많은 훈육 문제를 해결할 수 있다.

느린 학습자의 사회성 발달

학생들에게 성인 교육, 성인으로서의 책임감, 독립심, 취업을 준비시키는 것은 항상 학교교육의 목적이었다. 대부분의 학생들은 적응에 심각한 어려움을 경험하지 않고도 고등학교를 졸업해서 직업을 찾고, 직업 훈련 프로그램에 들어가거나 대학에 간다. 특히 경제적으로 침체된 지역사회에서는 젊은이의 중퇴율과 실업률이 지나치게 높은데, 장애를 가진 학생들의 전망은 더욱 불투명하다(Hendrick, MacMillan, & Balow, 1989; Wolman, Bruininks, & Thurlow, 1989). 많은 학교 중퇴자가 직업을 찾고 유지하는 데 큰 어려움을 겪고, 그들의 능력에 적합한 직업을 찾지 못하며, 더 나은 훈련이나 교육을 받지 못하거나 가족에게 의존하게 된다(Edgar, 1987; Neel, Meadows, Levine, & Edgar, 1988).

Zetlin과 Hosseini(1989)는 사례 연구에서 학습장애가 있는 청소년이 미래에 대한 불확실성으로 인해 불안해하며 좌절하고 있다고 보고했다. 학습장애가 있는 청소년들이 속할 만한 명확한 과정이 없다. 그들은 이 시간제 수업에서 저 시간제 수업으로, 이 학급에서 저 학급으로, 이 학교에서 저 학교로 옮겨 다닌다. 느린 학습자에게 사회성을 발달시켜야 하는 필요성에 대해 강조하면 학교에서의 삶으로부터 성인의 삶으로의 전환이 무난하고 성공적일 수 있다.

성인의 삶으로의 무난하고 성공적인 전환은 어떤 청소년에게도 어렵다. 학생들은 성인이 될 때까지 많은 다른 길을 찾는데, 전환의 단순한 유형을 찾게 하려는 교사 쪽에서는 그것이 어리석어 보일 수도 있다. 우리의 주된 목표는 느린 학습자에게 특별한 도움을 줘서 가장 보람 있고, 생산적이며, 독립적인 성인의 삶에 도달하는 것이 가능하도록 하는 것이다. 모든 청소년과 느린 학습자가 특수한 전환 서비스를 필요로 한다거나 모두가 같은 수준의 독립성과 생산성에 도달할 것이라는 추측만으로는 이 목표에 도달할 수 없다. 1990년대 교육에 대한 크나큰 도전들 중의 하나는 성인까지의 계획들에 대한 학생의 개별적인 욕구에 부합하는 프로그램들의 효율적인 배치를 고안하는 것이다.

가정과 학교에서의 훈련과 경험이 학교를 떠난 이후의 삶에 만족스러운 적응을 위해 필요한 자질들을 개발하는 데 중요한 역할을 할 것이다. 느린 학습자 교육의 주된 목표는 바람직한 개인의 행동, 적절한 인간관계와 사회적 책임을 위한 능력의 발달이다. 물론 이 특정 목표들은 모든 교육 수준에 해당되지만, 가정 · 학교와 일터에서 만족할 만한 적응을 하는 데는 이 목표에 더 큰 어려움이 있을 것으로 추정된다. 그들의 자질과 성취가 취약하기 때문에 사회적으로 바람직한 방법으로 인정받고 존중받기는 더 어렵다. 사고의 어려움 때문에 자기평가와 자신의 행동에 대한 결과를 예측하는 게 더 힘들 수 있다. 더 이른 시기의 만족스럽지 못한 사회적 경험이 그들의 적응을 불안정하게 만드는 태도와 행동 방식을 불러올 수도 있다. 몇 가지의 예를 든다면, 과잉보호를 받은 아동은 주고받는 집단 활동에 적응하는 데 어려움을 가질 수 있고, 방치된 아동은 다른 사람과 좋은 관계를 유지하기 어려울 수 있으며 정서장애로 무책임한 행동을 하게 되거나 사회적인 관계를 맺는 데 불안해하는 결과를 낳을 수도 있다. 느린 학습자를 가르치는 교사는 그들이 학교 이후의 삶에서 실패로 연결될 수 있는 개인적 문제를 극복하거나 최소화하여 성공적으로 적응하는 데 필요한 자질을 키우도록 특별한 관심을 기울여야 할 것이다. 학교를 떠난 느린 학습자에게 필요한 특성들은 다음과 같이 두 가지 방향으로 고려될 수 있다.

- 개인적 자질
- 사회적 관계

개인적 자질

느린 학습자는 신체적인 측면에서는 물론 정신 위생 면에서도 개인 위생에 대한 높은 기준을 획득해야 한다. 개인적 청결의 습관을 들이고, 신체 활동을 좋아하며, 건강을 유지하고자 하는 바람을 좋아하게 만들어야 한다. 이는 직업 교육과 신체 교육에도 매우 유용하다. 느린 학습자는 자신의 업무에 대해 독립적인 관리를 할 수 있는 성숙 단계에 도달해야 한다. 느린 학습자는 외로움이나 지루함을 피할 수 있도록 여가 활동을 준비할 수 있어야 하며, 자급자족할 수 있어야 한다. 새로운 상황에 대해 알아차리고 어려움에 적응할 수 있어야 하며, 시간 엄수, 고집, 신뢰, 자기비판, 우정, 쾌활함과 같은 특성들의 중요성에 대해 잘 알아야 한다. 이는 미술, 공예, 연극 활동에도 적용될 것이다. 요약해서, 사회성에 필요한 이 모든 개인적 자질이 적절한 직업 교육과 신체 교육, 미술과 연극 활동을 통해서 개발될 수 있다. 느린 학습자는 자신의 한계를 이해하고, 자신의 능력에 대한 염원에 부합할 수 있어야 한다.

사회적 관계

학교를 떠나는 느린 학습자는 다른 사람과 잘 지내는 것의 중요성과 어울린다고 생각되는 방식으로 행동하는 것의 중요성에 대해 잘 알아야 한다. 윗사람에게 배울 준비가 되어야 하고, 합리적인 요구를 충족시켜야 하며, 더 잘 알고 있는 사람의 충고에 귀 기울이고 따를 수 있어야 하며, 달갑지 않은 제안들을 거부할 줄도 알아야 한다. 느린 학습자는 자신의 요구가 너무나 고집스러워도 관심과 우정 때문에 거부하지 못하는 다른 사람의 반응에 대해 충분히 민감해져야 하며, 과시, 자랑, 거짓말과 같은 과잉보상 행동을 피해야 한다. 학교를 떠나 일을 하는 상황에서 느린 학습자는 적당한 직업을 유지하는 데 힘껏 노력할 수 있어야 하며, 현명하게 예산을 세우고 충분히 저축할 수 있어야 한다. 직업을 바꾸게 된다면 더 좋은 기회이거나, 더 안정적이거나, 건강에 더 좋은 조건과 같이 합당한 이유가 있어야 한다. 전망이 없으면서 임금만 늘어난다거나, 친구와 함께 일한다거나, 집에서 더 가깝다거나, 개인적인 불만이 있다거나, 다른 동료들과 잘 지낼 능력이 없다거나 하는 등의 이유 때문은 아니어야 한다.

연구 기반

학교를 떠난 뒤처진 아동들이 이러한 요구에 부합하는지의 여부를 평가하는 몇 개의 추후 연구들이 있다. 이 연구들은 뒤처진 아동들이 큰 비율로 고용되었으며, 특별한 기술이 없는 노동과 반숙련

노동의 유용한 자원을 제공하고 있음을 보여 준다. Hargrove(1954)는 학교를 떠난 440명 중에서 337명이 완전 고용되었다고 보고한다. Collman(1956)은 1949년과 1952년 사이에 기숙학교를 떠난 98명과 통학학교를 떠난 125명에 대한 추후 연구에서 72%가 전체 또는 부분적으로 취업에 성공했고, 기숙학교에서는 16%, 통학학교에서는 12%가 고용되지 못했다고 보고했다. 고용되지 못한 사람들을 제외한다면 69%가 완전히 성공했다는 것이다. Atkinson(1957)은 남자 기숙학교를 떠난 45명을 추적한 결과, 그중의 89%가 직장에 만족스럽게 정착했다고 밝혔다. 29명은 특별한 기술이 없는 직종이었고, 12명은 반숙련 직종이었으며, 4명은 취업하지 못했다. Jones(1957)는 1952년 7월과 1955년 7월 사이에 혼합 기숙학교를 떠난 59명의 소년들을 추후 연구했다. 17명의 소년들이 자격증을 받았고, 법정 연령이 되기 전에 5명이 학교를 떠났으며, 37명이 취업했다. Jones가 이들 중 26명을 자세하게 추후 연구했는데, 건강상의 이유로 1명이 취업하지 못했고, 5명이 둘 이상의 고용주를 가져서 학교를 떠난 후 3개월 안에 절반 이상이 직업을 바꿨다고 밝혔다. Collman(1956)은 실패 집단의 특성에 대한 다음의 표를 제시했다.

IQ	40~49	50~59	60~69	70+
취업 실패의 비율	22	12	18	12
취업을 할 수 없는 비율	48	12	4	6

직장에서의 실패 원인

앞의 연구들이 제시한 직장에서의 실패의 주된 원인은 다음과 같다.

- 정서불안과 기질적인 불안정성으로 인한 무책임한 행동. 이 무책임함으로 인해 끈기 부족, 단조로움에 대한 민감성, 어쩔 수 없는 좌절감을 참지 못함, 무관심, 시간을 지키지 않은 결과, 결함이 있는 업무 습관과 냉담함을 유발한다.
- 가정에서의 적절한 관리와 지도 부족
- 고용주, 특히 직속상관의 역할에 대한 이해 부족. 느리게 학습하는 청소년은 변화에 쉽게 적응하지 못하며, 학교에서 일터로의 전환이 매우 어려울 수 있다. 이 청소년들은 지시 사항을 이해하고 기억하는 데 어려움이 있을 수 있고, 일의 속도가 그들에게는 너무 빠를 수도 있으며, 단순한 과정들도 이해하기 어려울 수 있다. 일상에서의 변화들, 느린 학습자에 대한 문제를 잘 알지 못할 수 있는 일반적인 사람들과의 어쩔 수 없는 새로운 사회적 관계 형성, 그리고 학교로부터의 지원이 끊김으로 인해 이들의 적응은 더 어려워진다. 원인이 되는 이러한 요인들 때문에 어떤 느린 학습자들은 직장에서 비참하게 실패한다.

학교에서 사회성 발달의 중요성

느리게 학습하는 청소년이 학교 이후의 삶에서 만족스럽게 적응하기 위해서는 특정한 개인적 자질과 사회적 관계가 필요하다고 앞에서 말했다. 학교에서 이러한 자질을 발달시키는 것은 중요한 과업 중 하나지만, 이것을 학교에서 1~2년 안에 성취할 수는 없다. 사회성은 발달이라는 긴 과정의 결과물이므로, 직장에서 드러나는 사회성의 바탕은 저학년 때 만들어져서 아동의 연령이 증가함에 따라 강화되고 커진다. 학교는 아동이 그 안에서 성공적으로 살고 자랄 수 있는 환경을 제공해야 한다. 학교에서 배우고, 기대하고, 학교 안에서의 경험을 통해 그런대로 괜찮은 태도와 양식을 발달시킬 수 있어야 하며, 학교 이후의 삶에서 독립심을 키우도록 학교가 도와주고 있다는 것을 알아차릴 수 있어야 한다. 이러한 목표를 위해 학교 프로그램을 구성할 때는 다음을 고려해야 할 것이다.

- 아동은 일정한 속도로 이 자질을 발달시키지 않는다. 아동은 각기 다른 속도로 필요한 자질을 발달시킨다. 학교 행동과 개인적 능숙함의 기준을 설정할 때는 연령과 지능을 고려해야 한다. 학생의 학교와 가정에서의 사전 경험 때문에 이에 대한 편차가 발생한다. 학생의 체질적인 특성과 신체적 발달도 중요한 역할을 한다.
- 어떤 아동에게는 사회적인 재교육도 필요할 것이다. 이전의 태도와 행동 유형을 바꾸기가 매우 어렵기 때문에 이것이 쉽지는

않다. 이전에는 성공적이었던 과하게 부담스러운 행동이 여기에 해당된다.

- 앞의 고려 사항들은 아동에 대한 행동과 접근에 대한 기준이 유연해야 한다는 것을 보여 준다. 특정 유형을 강요하지 않아야 하며, 학급의 대다수 아동이 그것을 지킬 준비가 될 때 발달시켜야 한다. 때때로 아동의 개인적인 행동이 바람직하지 않을 수 있으나 학교는 아동의 시도를 적응에 필요한 일부로 받아들여야 한다. 교사는 아동의 이러한 행동을 욕구 충족이나 정서적 해소를 위한 것으로 봐야 한다. 교사는 욕구를 이해하고, 욕구에 맞춰서 그것과 연관된 받아들일 수 없는 행동이 반복되지 않도록 필요한 합의를 해야 한다. 예를 들면, 한 아동이 때때로 읽기 책과 연습장을 찢는다면, 이는 교육적인 요구를 만족시킬 수 없음으로 인해 느끼는 좌절감을 줄이고자 하는 그 아동의 방식일 수 있다. 교사는 학습의 난이도를 조절함으로써 이에 대한 교정을 해야 한다.
- 놀이, 학교 학습, 가정에서의 전체 교육과정의 통합적 부분으로 사회 교육을 봐야 한다. 교사는 각 아동이 개인적 관심을 키울 수 있고, 자신감, 자아존중감, 자립심을 발달시킬 수 있는 방식으로 학교 프로그램들을 계획해야 한다. 어머니가 허락하지 않거나 또래로부터 배척당하기 때문에 많은 아동이 다른 이들과 작업하거나 놀이를 할 수 있는 특권을 누리지 못한다. 아동이 단 며칠 안에 다른 이들과 놀이를 하고, 작업하는 것을 배우는 것은 불가능하다. 일반적인 아동이 보통 거치는 단계를 살펴볼 필요가 있다. 처음에 아동은 거의 혼자서 놀이를 하고, 그러고

나서는 활발하게 협력하지는 않더라도 바로 옆의 다른 아동과 놀이를 하며, 더 나중에는 서로 더 적극적인 관계를 맺게 된다. 이것이 전체 학교생활에서 집단 활동의 기회를 지속적으로 제공하는 것은 물론 전체 초등학교에서 격식에 얽매이지 않는 활동이나 놀이를 위한 시간이 느린 학습자에게 필요한 이유다. 느린 학습자에게 기초 과목을 가르칠 때 개별적인 접근이 필요하기 때문에 모든 활동을 개별화해야 한다는 것은 아니다. 미술, 연극, 실용 과목 영역에서 함께 작업하고 계획하는 경험을 얻는 데에는 모둠 활동이 효과적이다. 더 나이 든 느린 학습자는 모둠 활동과 개별 활동 간에 균형을 맞춰 줘야 아동이 최소한의 감독하에 혼자서 작업하는 것을 배울 수 있다. 나이 든 느린 학습자는 가정생활에서 주고받는 좋은 관계의 경험이 적었을 수 있기 때문에 학교에서 교사와 좋은 대인관계를 가져야 한다.

- 학교 내에서의 태도와 관계는 매우 중요하다. 느리게 학습하는 아동은 반복적인 훈계와 경고보다는 우호적이고 일관적이며 존중받는 분위기에서 교육할 때 함께 살아가는 기술을 더 많이 배울 수 있다. 교장과 교사 간의 관계와 교사와 학생 간의 관계가 좋아야 한다.

느린 학습자의 사회성 발달을 위한 방법

연구 결과에 따르면, 느린 학습자가 사회의 성인 구성원이 되는 데 실패하는 것은 상당 부분 성격과 인성이 나약하고, 새로운 상황의 요구에 대처하지 못하기 때문이라고 한다. 교사는 모든 아동을 잠재적인 학교 졸업자로서 살펴야 한다. 교사는 느린 학습자를 위한 교육 프로그램을 계획해서, 학교 이후의 삶의 모든 영역에서 성공적으로 참여할 수 있게 하는 자질과 태도를 개발해야 한다. 느린 학습자의 사회성을 발달시키고자 하는 교육 프로그램은 다음의 방법을 포함해야 한다.

- 직업 교육, 미술, 공예, 연극의 도입
- 직업 전 훈련
- 집단 토의
- 교육적인 견학
- 개별 과제
- 학교 졸업 후의 관리
- 취업 알선
- 성인 교육

직업 교육, 미술, 공예, 연극의 도입

직업 과목에 대해 가르치는 것은 느린 학습자의 인성발달은 물론 경력에도 중요한 역할을 한다. 직업 과목에 대한 효율적인 지도는 학교의 삶에서 사회적인 삶으로의 순조로운 전환을 보장할 수 있다. 직업 과목은 느리게 학습하는 청소년이 그들의 미래를 설계하는 바탕을 제공한다. 그래서 교사는 효율적인 직업 훈련의 방식으로 그 바탕을 위한 기본 원칙들을 제공할 수 있다. 직업 과목은 느리게 학습하는 청소년들 대부분이 더 쉽게 성공할 수 있거나 그들이 해낼 수 있는 분야다. 성공하는 경험만큼 효과적인 것은 없다. 성공하는 경험이 또 다른 성공을 부른다. 유사하게 미술, 공예, 연극 활동은 느리게 학습하는 청소년의 창의성을 발전시킬 뿐만 아니라 사회성을 발달시키는 데 매우 중요한 신체적 특성과 사회적 관계를 개선한다.

직업 전 훈련

학교를 떠나는 느린 학습자가 대학에 가거나 직업 훈련을 하거나 직접 취업시장에 뛰어들더라도 직업 전 훈련에서 이익을 얻을 수 있기 때문에 학교는 직업 전 훈련에 전념해야 한다. 느린 학습자가 학교 이후의 삶에서 실패하는 것은 낮은 지능과 기술의 부족보다는 인성이 나약하고 경험이 부족하기 때문이다. 그러므로 훈련 프로그램은 다음의 것들을 포함해야 한다.

- 학교를 떠나는 이들에게 다양한 작업 환경을 보여 주는 견학을 마련한다.
- 학교 이후의 삶에서 만나게 될 것들과 유사한 새로운 경험들을 학생들에게 소개한다.
- 면접, 서식 채우기, 월급 명세서의 세부 사항, 직업 바꾸기, 예상 여행 시간, 공장의 규칙 및 공장에서 작업하는 방식과 같은 직장 생활의 특정 측면에 대해 훈련한다.
- 여가 활동을 선택하는 방법, 다른 사람 또는 이성과 좋은 관계를 맺는 방법에 대해 조언한다.

• 가정생활을 잘하도록 지도한다. 학교를 떠나는 아동은 직장에서 새로운 상황의 어려움에 직면하기 때문에 가정에서는 어떤 적응 문제도 갖지 않아야 한다.
• 개인적으로 예산을 세운다.

집단 토의

격식에 얽매이지 않는 우호적인 토의가 사회성 발달에 매우 중요하다. 토의는 내성적인 아동을 안정시키는 기회를 제공해야 하므로 더 외향적이며 수다스러운 아동이 토의를 주도하지 않게 해야 한다. 마음 편하게 이야기하거나 충분히 진지해지도록 하기 위해서 집단의 구성원을 형성하는 초기 단계가 어려울 수 있다. 그러나 아동의 현재와 과거의 경험과 관련된 흥미로운 주제들을 택한다면 토의가 촉진될 수 있고, 어려움을 극복할 수 있다. 첫 번째 토의는 일반적으로 아동의 현재 문제와 상황, 학교생활의 다양한 측면에 대한 아동의 생각에 관한 것이어야 한다. 학교 조직, 처우와 훈육을 개선하는 방법에 대해 토의하면 학생들이 더 고무될 수 있다.

가능한 한 언제라도 토의에는 직접적인 경험이 뒤따라야 한다. 교육적인 견학에 토의 프로그램을 통합하는 것이 중요하다. 견학하기 전에 교사는 아동이 보게 될 작업의 형태, 작업 환경과 제조과정에 대한 간단한 설명에 대해 정보를 제공해야 한다. 아동이 자신의 느낌을 분석할 수 있도록 견학 후에는 토의가 뒤따라야 한다. 견학 후 토의에는 중요한 목표가 있다. 그러한 토의는 많은 의문을 품게 하며, 학교를 떠나는 아동이 학교 이후의 삶에서 직면할 수도 있는 상황들을 알게 한다. 학교 이후의 적응을 만족스럽게 만들기 위해서는 경제적 효율성과 직업 만족도가 매우 중요하기 때문에 일하는 삶과 작업 환경에 대한 집단 토의에 초점을 맞춰야 한다. 사회성이 가정과 더 넓은 지역사회에서의 적응을 포함한다는 것에 주목해야 한다. 집단 토의는 가정 내에서의 관계, 친구의 선택, 클럽 활동과 개인적 예산 세우기와 같은 주제들을 포함해야 한다.

교육적인 견학

교육적인 견학은 사물, 장소, 사람에 대한 직접적인 정보를 얻는 데 주된 역할을 한다. 교육적인 견학은 직업 전 도식과 성인의 삶에 대한 준비에 필수적인 부분이 되어야 한다. 어떤 교사들은 학생들이 완수해야 하는 과정이나 초기 작업 여건들을 갖추는 것을 전문적으로 다뤄서 학생들을 취업시키는 걸로 충분할 거라고 생각한다. 그러나 더 중요한 것은 자신의 한계를 잘 알 수 있게 하기 위해서 진행 중인 숙련된 작업을 봐야 한다는 것이다. 시끄럽고, 빠르고, 지저분하거나 깨끗하고, 실내 및 실외의, 그리고 크고 작은 회사에서 작업 여건의 모든 유형에 대한 몇몇 경험을 얻는 것이 중요하다. 요약해서, 교육적인 견학은 느린 학습자가 무엇을 할 것인지, 어떻게 극복할 것인지를 더 잘 이해하게 만든다. 교육적인 견학으로 더 잘 이해하고, 점진적으로 자신감을 획득한다면 교육적인 견학이 느린 학습자의 사회성 발달에 획기적인 사건이 될 수 있을 것이다.

개별 과제

직접적인 감독 없이 느린 학습자의 독립적인 행동과 작업을 가능하게 만들지 않고서는 사회성 발달을 이룰 수 없다. 느린 학습자에게 이 두 가지 기술을 발달시키는 것이 우리 프로그램의 목표이며, 이를 위해 더 집중적이면서도 실용적인 훈련이 필요하다. 사회성을 증진하기 위한 프로그램은 자신감, 주도성, 충고와 정보를 자진해서 부탁하기, 부담감 없이 새로운 상황에 직면할 수 있는 능력을 개발하기 위해 만들어진 개별 과제를 포함해야 한다. 이 과제들은 쇼핑, 여행, 전화 사용, 시간과 거리 추정, 요구 사항을 이행하고 지시 따르기에 대한 경험을 제공하도록 고안되어야 한다.

개별 과제를 부여할 때는 난이도의 원칙에 따라야 한다. 우선 전화 사용에 대한 훈련을 받아야 한다. 일단 전화 사용에 능숙해지면 대중교통, 전화 통화하기, 여행에 대한 견적과 같이 다양한 활동을 포함하는 단계별 과제 도식에 따라야 한다. 과제에는 주소 찾기, 가게에서 물품 구하기, 우표나 우편환 구입하기, 의류 · 식품 · 미용 · 신발 수선 가격 알아보기, 팸플릿과 소책자 구하기, 버스나 기차 시간에 대한 세부 사항 찾기 등을 해 보는 것이 포함되어야 한다. 그러나 과제는 단계적 방법으로 계획되어야 한다. 과제의 단계화를 위해서는 각 구성원의 요구에 부합하는 것은 물론 개인차도 맞춰야 한다. 학교를 떠날 때까지 이 모든 과제를 성공적으로 끝내면 사회에서 성인의 삶을 위해 필요한 대부분의 사회적 기술들이 발달할 것이다.

학교 졸업 후의 관리

직업 전 훈련은 느린 학습자가 학교로부터 직장으로 전환해 가면서 품게 될 문제에 맞설 수 있게 하는 중요한 역할을 한다. 개인적 욕구에 맞춰 훈련된 사람으로부터 배우고 지도받았던 사회(학교)를 떠나서 개인차를 고려하지 않는 성취수준을 기대하는 사회로 가기 때문에 느린 학습자가 이 시기에 가장 많은 도움과 감독을 필요로 한다. 학교에서는 자신들을 이해해 주고, 존중해 주며, 기댈 수 있는 교사들이 있었지만 학교 이후의 삶에서 그런 역할을 해 줄 사람은 없다. 더 이른 시기의 느린 학습자는 부적응하고 자기만의 느낌이 유사한 사람들끼리 모인 집단에 속한다. 그러나 극히 다른 환경인 학교 졸업 후의 삶에서 느린 학습자는 더 많이 섞인 집단의 요구들을 접하게 된다. 이 요구들 때문에 부적절감, 외로움, 좌절감이 더 부각되고 느린 학습자의 미성숙함이 다른 사람들에게 더 뚜렷해진다. 이 때문에 느린 학습자를 위한 학교 졸업 후의 관리가 필수적이어야 한다. 이 도식은 직업적 · 사회적 대인관계의 적응에 필요한 도움을 쉽게 줄 수 있도록 만들어져야 한다.

취업 알선

느리게 학습하는 청소년에게 적합한 직업을 얻는다는 것은 궁극적으로 적응을 향한 첫 단계다. 느린 학습자의 대부분은 보통 상급 학교에 진학하지 않기 때문에 스스로 직업이나 다른 것들을 찾는다. 그러나 문제는 취업 알선이 아니라 직업 만족도다. 이를 충족하기 위해서 교사들은 느린 학습자의 취업 알선 문제도 살펴야 한다. 지도 기준은 적성에 맞는 일이어야 한다는 것이다. 취업 알선은 학교를 떠나는 청소년의 강점, 약점, 흥미와 바람, 부모의 태도를 고려해야 한다.

부모의 협조와 이해가 중요하기 때문에 부모는 자녀의 취업에 대해서라면 어디서라도 상담을 해야 한다. 자녀가 직장에 적응하는 것을 부모가 도울 수 있는 방법에 대한 지도가 필요하다. 교사는 시간엄수, 독립심, 자기평가, 직업을 갖는 것에 대한 즐거움과 기꺼이 하고자 하는 마음을 키우는 방법에 대해 부모에게 알려 줘야 한다. 청소년들에게 직업이 적합하지 않아 보일 때 어떻게 해야 하는지에 대해 부모가 충고할 수 있어야 한다. 언제 어떻게 용기를 북돋워야 하는지, 재정적인 문제를 어떻게 도와야 할지도 알아야 한다. 재정적인 이익을 위해 직업을 바꾸는 것이 결과적으로 항상 좋은 것만은 아니므로 지나치게 안주하지 말고 청소년들을 인정해 줘야 한다는 점을 부모에게 명확히 해야 한다. 이 방면에서 부모의 협력이 이루어진다면 느리게 학습하는 청소년이 일을 잘해 나갈 수 있을 것이다.

성인 교육

일부 느리게 학습하는 청소년들은 학교를 떠난 후에 더 나은 인지적 성장이 가능하기도 하다. 그러한 청소년들은 삶의 욕구를 감지하는 데 더 민감하고, 도움을 받아들일 준비가 더 잘되어 있다. 예를 들면, 학습속도가 느리고 제한적인 인지능력 때문에 취업에서 불리한 조건이 될 수는 있지만 이내 성인 교육이 작업을 개선하는 데 중요하며, 사회적 상황에서 적합하다고 느낀다. 그러한 청소년들은 원격 교육이나 성인 교육과정에 참여해서 규정된 제한시간까지는 아니더라도 자신의 속도에 맞게 과정을 이수한다. 청소년에게 도움이 되는 많은 직업중심 과정과 자격 과정들이 원격 교육을 지원하고 있으며, 이 과정들은 입학 연령에 제한이 없다. 그래서 취업 중인 청소년들이 자신의 일과 관련된 과정에 참여하여 더 나은 전문성을 획득할 수 있다. 또한 이러한 과정들은 더 나은 사회성을 획득하는 데 매우 중요한 언어와 의사소통 면에서의 기술을 발전시킨다. 도시에 사는 청소년들은 일과 관련된 야간대학 기관을 활용할 수도 있다.

요 약

느리게 학습하는 아동에게서 창의성을 발달시키는 것은 교사에게 중요한 과업이다. 모든 개개인은 다른 사람과 크게 다른 독특한 기술이나 특성을 지니고 있다. 음악, 미술, 만들기, 연극, 그림과 같은 다양한 창의적 학습이 개인의 독특함을 드러낼 수 있게 하는 교육 책략을 효과적이고 적절하게 사용하도록 만들어 줄 수 있다.

느리게 학습하는 청소년에게 창의적인 일을 가르치는 것은 세 가지 측면에서 매우 중요하다. 창의적인 일은 느리게 학습하는 청소년의 정서적 성장을 가속한다. 다른 학습을 발전시키는 것 이외에 창의적 사고를 촉진한다.

창의적 활동 프로그램의 성공은 청소년 개개인의 참여와 전체적인 참여에 달려 있다. 교사는 창의적 활동 프로그램이 결실을 맺는 데 필요한 두 가지를 보장해야 한다. 교사는 제안을 할 뿐만 아니라 느리게 학습하는 청소년들이 스스로를 표현하는 데 용기를 갖게 하는 분위기를 조성해야 한다. 결과가 아니라 창작하는 과정에 대해 교사가 더 잘 인식시킨다면 더 좋은 분위기를 만들 수 있다. 무엇보다 중요한 것은 교사의 열정과 격려다.

미술 활동이 미술 경험을 더 의미 있게 만들고, 학생들을 교실 수업에 통합시키는 데 도움이 되기 때문에 느린 학습자를 위한 미술 활동이 전체 교육 프로그램에 포함되어야 한다.

연극은 언어발달을 개선하는 것 외에도 광의의 교육적인 가치를 가지고 있다. 자발적인 연극 활동을 통해 성격을 발달시키는 데 연극이 효과적으로 사용될 수 있다. 연극은 즉흥극을 통해 상상력을 발달시키고, 환경에 적절히 반응하며, 민감성을 증가시키는 발달을 위한 기회를 제공한다. 연극은 정서적 재교육과 사회적 행동을 개선하는 기회도 제공한다. 연극은 교육과정의 다른 영역들을 더 풍부하고 의미 있게 하는 데 이용될 수도 있다.

학생들에게 성인 교육, 성인으로서의 책임감, 독립심, 취업을 준비시키는 것이 항상 학교교육의 목적이었다. 느리게 학습하는 청소년의 사회성을 발달시켜서 학교에서의 삶으로부터 성인의 삶으로의 전환을 순조롭고 성공적일 수 있게 할 필요가 있다.

연구 결과에 따르면, 느린 학습자가 사회의 성인 구성원이 되는 데 실패하는 것은 상당 부분 성격과 인성이 나약하고, 새로운 상황의 요구에 대처하지 못하기 때문이라고 한다. 교사는 모든 아동을 잠재적인 학교 졸업자로서 살펴야 한다. 교사는 느리게 학습하는 청소년을 위한 교육 프로그램을 계획해서, 학교 졸업 후의 삶의 모든 영역에서 성공적으로 참여할 수 있게 하는 자질과 태도를 개발해야 한다. 느린 학습자의 사회성을 발달시키고자 하는 교육 프로그램에는 직업 교육과 창의적인 작업의 도입, 직업 전 훈련, 집단 토의, 교육적인 견학, 개별 과제, 학교 졸업 후의 관리, 취업 알선과 성인 교육 같은 방법들이 포함되어야 한다.

참고문헌

Atkinson, E. J. (1957). *Post-school Adjustment of Educationally Subnormal Boys.*

Cole, H. (1969). Process of curricula and creativity development. *The Journal of Creative Behaviour, 6*, 243-259.

Cole, H., Hansen, J. M., & Parsons, D. (1973). *Enhancing Creativity through Classroom Differences to Encourage Individual Differences.* Lexington, Ky: University of Kentucky.

Cole, H., & Sarnoff, D. (1980). Interactive creativity: Explorations of basic meanings and their implications for teaching and counselling. Paper Presented at 26th Annual Creative Problem Solving Institute, Buffalo: State University College.

Collman, R. D. (1956). Employment success of ESN school ex-pupils in England. *The Slow Learning Child, 3*(2).

Crick, F. H. (1979). Thinking about the brain. *Scientific American 24,* 219-232.

Edgar, E. (1987). Secondary programmes in special education. Are many of them justifiable? *Exceptional Children, 53*, 555-561.

Hallahan, D. P., & Kauffman, J. M. (1991). *Exceptional Children.* Englewood Cliffs, NJ: Prentice-Hall, Inc.

Hargrove, A. L. (1954). *The Social Adaptation of Educationally Subnormal School Leavers.* National Association for Mental Health.

Hendrick, I. G., MacMillan, D. L., & Balow, I. H. (1989). *Early School Leaving in America.* University of California, Riverside.

Jerison, H. (1977). Evolution of the brain. In M. C. Wittrock (Ed.), *The*

Human Brain. Englewood Cliffs, NJ: Prentice-Hall, Inc.

Jones, D. J. (1957). *A Study of the Problems and Needs of Boys who Left a Residential School For ESN Children*.

Morsink, C. V. (1984). *Teaching Special Needs Students in Regular Classrooms*. Boston: Little, Brown and Company.

Neel, R. S., Meadows, N., Levine, P., & Edgar, E. D. (1988). What happens after special education: A statewide follow-up study of secondary students who have behavioural disorders. *Behavoural Disorders, 13*, 209-216.

Tansley, A. E., & Gulliford, R. (1962). *The Education of Slow Learning Children*. London: Routledge and Kegan Paul Ltd.

Wassermann, S. (1982). The gifted can't weigh that giraffe. *Phi Delta Kappan, 63*, 6261.

Wolman, C., Bruininks, R., & Thurlow, M. (1989). Dropouts and dropout programmes: Implications for special education. *Remedial and Special Education, 7*(2), 49-55.

Zetlin, A. G., & Hosseini, A. (1989). Six post-school case studies of mildly learning handicapped young adults. *Exceptional Children, 55*, 405-411.

10

느린 학습자에 대한 연구

이 장의 개요

이 장에서는 느린 학습자에 대해 이루어진 연구들의 개요를 살펴본다.

- 연구와 교육적 연구의 본질
- 느린 학습자에 대한 연구의 필요성
- 최근에 행해진 연구에 대한 고찰
- 앞으로의 연구를 위한 제언

SLOW
LEARNERS

연구란 무엇인가

John W. Best는 "연구란 체계적이고 객관적인 분석과 통제된 관찰을 기록해서 일반화, 원리, 이론으로 발달시켜 그 결과를 예측하고, 궁극적으로 사건의 통제를 가능하게 하는 것"이라고 정의한다. 그에 따르면, "연구는 일정한 양식에 따르고, 체계적이며, 과학적인 방법으로 분석을 실행하는 집약적인 과정이다. 연구는 더 체계적인 연구의 구조, 양식에 따라 방법과 결과, 결론의 보고를 기록하여 어떤 분류에 대한 결과를 보여 주는 것"이다.

Wayne Courtney에 따르면, "원칙적으로 연구는 문제에 대한 주의 깊고 편견 없는 조사이면서, 가능한 한 입증할 수 있는 사실을 바탕으로 해서 엄밀한 구별, 해석과 일반화하는 것"을 포함한다. 『웹스터 국제사전(*Webster's International Dictionary*)』에서는 "연구란 사실이나 원리를 찾기 위한 주의 깊고 비판적인 조사나 검사, 어떤 것을 알아내기 위해 고심하는 조사"라며 매우 포괄적으로 정의한다.

『사회과학 백과사전(*Encyclopaedia of Social Sciences*)』에서 D. Slesinger와 M. Stephenson은 "연구란 지식을 수정하거나 입증하기 위해 그 지식이 이론 구축이나 학문의 실용에 도움이 되는지의 여부를 알고자 일반화를 목적으로 하는 사물, 개념이나 상징에 대한 조작"이라고 정의한다. 연구는 문제 해결에 관해 알려 주는 것이다. 연구는 질문에 답하거나 두 개 이상의 변수들 간의 관계를 알아내고자 하는 것이다.

교육적 연구란 무엇인가

Travers는 교육적 연구를 교육기관에서 행동과학의 발달에 대해 알려 주는 활동이라고 한다. 그러한 과학의 궁극적인 목표는 교육자들이 자신의 목표를 가장 효율적인 방법으로 성취하게 해 줄 지식을 제공하는 데 있다. 교육적 연구는 교육적 문제를 해결하기 위해 과학적 방법을 적용하는 과정이다. 교육적 연구는 이론과 교육의 실제에서 직면하게 된 문제들에 대한 객관적인 해결책을 얻는 방법이다.

교육적 연구는 교육적 이론이나 실제에 대해서 경험적으로 입증할 수 있는 원리나 일반화에 도달하는 과정이다. 교육 이론가들이나 실천가들이 직면한 문제를 해결하고자 과학적 방법을 사용할 때마다 이들의 활동을 교육적 연구라 칭할 수 있을 것이다.

교육적 연구의 필요성

> "문화 발전의 비밀은 연구에 있으며, 연구는 새로운 사실을 발견함으로써 무지의 영역에 대처하는, 더 나은 처리방법과 더 나은 결과물로 이끄는 것이다."
>
> —John W. Best

"우리는 주관성이나 개인적인 경험으로부터 객관적인 타당성과 일반적인 적용 가능성으로 가는 연구를 거쳐 간다."

—Robut R. Rusk

"연구는 의미 없는 다툼이나 독단적인 헛소리로 전락하지 않을 지식과 전문성을 갖게 하는 유일한 보증서다."

—Bernard Mehl

- 교육 분야에서 우리가 직면한 여러 문제를 과학적인 방법으로 해결하는 데 연구가 크게 도움이 된다는 것을 알고 있다. 다양한 연구 결과는 교육을 실행하는 최선의 방법, 학생들에게 최상의 교재를 제공할 방법, 학생들의 성장을 평가할 최고의 방법을 우리에게 알려 준다. 이러한 이유로 연구가 필요하다.
- 연구는 학습자를 적절하게 동기화시키고, 지식, 기술, 태도를 얻게 하는 새로운 교수법을 고안하는 데 필요하다.
- 연구의 궁극적인 목표는 지식의 발전이다. 교육적 연구는 우리가 가르쳐야 하는 학생, 교수법, 교육과정, 평가, 관리 등에 대해 더 많은 지식을 제공할 것이다.
- 교육은 끊임없이 일어나는 사회적 변화와 보조를 맞춰야 하며, 우리가 교육에 가져올 변화는 연구를 기반으로 해야 할 것이다.
- 연구는 교육의 역동적인 본질 때문에 중요해진다.
- 연구는 배우고 가르치는 과정에 대한 이해를 촉진한다.
- 한 나라의 운명은 그 나라의 교실에 달려 있다. 그래서 교육 분야에서의 연구는 모든 계획된 변화에 대한 근거가 되어야 한다.

• 연구는 새로운 기술과 방법에 대한 적용으로 이어진다.
• 연구는 기울이는 노력을 절제하게 하며, 효율성을 증가시킨다.
• 무엇보다 연구는 교육적인 개선을 촉진한다.

느린 학습자에 대한 연구의 필요성

학급 조직의 가장 어려운 문제는 각기 다른 지식 기술, 학습속도, 동기들을 가진 학생들이 같은 학급에 들어간다는 사실을 다루는 것이다. 이 문제를 해결하기 위해 교사는 교육의 적정 수준을 제공할 필요가 있다. 교육의 성공에 영향을 끼치는 학생 간 차이의 불가피함 때문에, 10명이나 심지어 30명인 학급을 가르치는 것은 일대일 방식의 교육과는 완전히 다르다. 교사가 한 과를 전체 학급에 가르쳤을 때 어떤 학생들은 다른 학생들보다 더 빨리 내용을 배운다는 것을 항상 확인할 수 있다. 사실, 어떤 학생들은 중요한 선행 기술이 부족하거나 충분한 시간이 주어지지 않아서 배우지 못할 수 있다(그 학생들에게 충분한 시간을 주는 것이 빨리 배우는 학생들에게는 시간을 지나치게 낭비하는 것일 수도 있기 때문에). 교육적으로 중요한 이 차이를 인식함으로써 많은 교사가 개별화, 학생들의 개별적인 욕구에 부합하는 교육의 적용, 능력에 따라 학생을 집단화하는 방법에 대한 연구를 하게 된다(Slavin, 1986).

느린 학습자는 정상적으로 그 또래 집단에 기대되는 학습을 수행할 수 없는 학생들이다. 느린 학습자는 자신의 학급이나 심지어는 그 아래 학년의 학급에서도 학습을 할 수 없는 학생들이다. 이 느린 학습자는 전체 학생군에서 무시할 수 없는 상당한 비율을 차지한다. 현재의 아동이 미래에는 시민이 되어서 나라의 기둥이 될 것이다. 그러므로 각각의 기둥을 다른 기둥처럼 강하게 만드는 것은 매우 중요하다. 게다가 느린 학습자가 일반 학교 교육과정과 학급에서 가르치는 일반적인 방법에 만족스럽게 반응하지 않는다는 바로 그 사실 때문에 특별한 교육 책략이 필요하다. 이것이 연구의 역할을 중요하게 만든다.

어떤 과목에서의 효율적인 교수는 교육에 대한 더 새로운 방법을 소개하는 데 전적으로 달려 있다. 교육에 더 새로운 방법을 시도하고자 하며, 교수의 효율성을 정립하고자 하는 욕구가 커지고 있다. 오늘날의 교사는 단일한 교수방법에만 의존할 수 없다. 교사가 혁신적인 방법으로 가르칠 때 학생들이 개념, 원리, 내용을 효율적인 방법으로 이해할 수 있다. 이 점이 연구에 착수해야 한다는 욕구를 직시하게 한다.

이러한 교육 분야에 대해 이미 많은 것이 이루어졌지만, 실험과 연구에 대한 기회들이 아직 많이 있다. 느린 학습자의 학습, 사고와 적응에 대한 더 나은 연구의 필요성에 대해 끊임없이 자각할 때 느린 학습자의 요구에 적합한 교수방법을 신중하게 계획할 수 있다 (Tansley & Gulliford, 1962).

무엇보다, 풍부한 인적 자원을 가진 인도와 같은 개발도상국에서는 인적 자원 개발에 대한 연구 노력에 중점을 둬야 한다. 인도의 교육체계에서 교사와 학생은 미개발되어 그 잠재력이 덜 발휘되고 있는 인적 자원으로 비쳐진다. 학습자가 덜 발달했다는 것은 그들의 역량에 미치지 못한다는 것을 뜻한다. 심지어 일부의 가장 유능한 교사들도 학습부진아, 성취도가 낮은 아동과 적정 수준에 도달하기에 느린 학습자들을 선별하고 지도할 준비가 적절히 되어 있지 않다. 결과적으로 학교에서 잘 발달된 학습자들을 사회로 내보낼 수 없다는 것이다. 이 때문에 뒤처진 학생들을 위해 교육의 더 새로운 방법들을 발견하고, 인도의 학급 환경에서 효율성을 확립하기 위한 연구를 시작할 필요가 있다.

느린 학습자에 대한 연구

뒤처진 아동에 대한 연구는 파급 효과가 크긴 하지만, 인도에서는 단지 몇 개의 연구만이 행해져 왔을 뿐이다. Stella(1993)는 학습부진아에게 특수한 참고자료인 CAI의 효율성을 규명했다. Reddy와 Ramar(1994, 1995, 1996)는 성취도가 낮은 학생들에게 과학, 수학과 사회과학을 가르칠 때 모듈식 접근을 기반으로 하는 멀티미디어의 효율성에 관해 연구했다. Soundararaja Rao와 Rajaguru(1995)는 느린 학습자에게 과학을 가르칠 때 비디오 지원형 교육이 효율적인지를 밝혔다. Reddy와 Ramar(1996, 1997)는 여러 과목에서 CAI, 비디오 교육, 모듈식 접근, 멀티미디어 교육 전략, 모듈 접근을 기반으로 하는 멀티미디어가 느린 학습자의 수행에 미치는 효과들에 차이가 있는지를 검증했다. 느린 학습자를 대상으로 하는 앞의 이러한 실험 연구들 각각에 대한 간단한 요약을 적절한 부제하에 다음에서 제시하였다.

1. 비디오 지원형 교육이 느린 학습자의 수행에 미치는 영향에 대한 실험 연구

Soundararaja Rao와 Rajaguru(1995)는 '비디오 지원형 교육이 느린 학습자의 수행에 미치는 영향'을 연구했다. 연구의 주된 목적은 다음과 같다.

- 과학 개념을 가르칠 때 비디오 지원형 교육이 느린 학습자의 수행에 영향을 미치는지를 조사한다.
- 성별, 사회경제적 수준, 학교의 관리, 느린 학습자의 부모 교육 수준과 가족 규모와 같은 변수들에 따라 느린 학습자의 수행을 비교한다.
- 느린 학습자의 수행과 지적 능력 간의 관련성에 대해 연구한다.

분석 후의 연구에서는 다음의 결론을 제시했다.

- 느린 학습자의 통제 집단과 실험 집단은 즉각적인 기억에서는 유사했다. 그러나 비디오 지원형 교육 집단에 속한 여성 느린 학습자들이 대조 학습 집단보다 즉각적인 기억에서 더 나은 수행을 했다.
- 관리부처가 어디인지에 따른(공립인지, 사립인지) 학교 유형과 무관하게 실험 집단과 통제 집단의 느린 학습자들의 즉각적인 기억은 유사했다.
- 비디오 지원형 교육을 통해 과학 개념을 가르칠 때 사회경제적

수준이 느린 학습자의 즉각적인 기억에 영향을 미쳤다.

- 심지어 한 달이 지난 후에도 비디오 지원형 교육이 남녀 느린 학습자들의 더 나은 기억을 촉진했다.
- 느린 학습자의 실험 집단을 대상으로 하는 기억력 검사에서 사회경제적 수준이 영향을 미쳤다. 반면에, 부모의 교육 수준과 가족 규모와 같은 요인들은 기억력 검사에서 가장 적은 영향을 미쳤다.
- 통제 집단과 실험 집단의 남녀 느린 학습자는 지능검사 면에서 유사했다.
- 공립학교와 사립학교의 느린 학습자들은 지능검사 면에서 유사했다.
- 사회경제적 수준과 부모의 교육 수준은 느린 학습자의 통제 집단과 실험 집단의 지능에 매우 적은 영향을 미쳤다.
- 느린 학습자의 인지능력은 사후 검사와 기억력 검사와 정적으로 상관관계에 있었다. 사후 검사와 기억력 검사 간의 상관 역시 정적이었다.

2. 느린 학습자에게 영어를 가르칠 때 모듈식 접근을 기반으로 하는 멀티미디어의 효율성

Reddy와 Ramar(1996)는 ① STD Ⅷ 영어 과목을 위한 모듈식 기반의 멀티미디어를 개발하기 위해서, ② 느린 학습자에게 특수 참고 자료로서 모듈식 접근을 기반으로 하는 멀티미디어가 효율적인지를 측정하기 위해서라는 두 가지 목표를 가지고 이 실험 연구를 실행했다. 이 실험의 목표에 부합하도록 느린 학습자를 두 개의 대응 집단으로 만들고, 평균과 평균 이상의 학생들로 구성된 정상 집단을 구성하여 모듈식 접근을 기반으로 하는 멀티미디어가 정상 학생들이 수행하는 것에 비해 느린 학습자에게는 얼마나 효율적인지를 측정했다. 통제 집단은 기존의 학습 방법으로 가르쳤고, 실험 집단은 모듈식 접근을 기반으로 하는 멀티미디어를 통해서 가르쳤다.

실험 기간은 30일이었다. 실험 기간의 마지막에는 실험 집단의 느린 학습자, 통제 집단의 느린 학습자, 정상 학생 집단에게 사후 검사를 실시했다. 두 달이 지난 후, 학생들의 기억을 측정하기 위한 기억 보유 검사를 실시했다. 세 개의 검사에서 이 세 개의 집단이 보여준 결과는 분석이 필요한 중요한 자료를 이루었다.

연구의 결과 및 결론은 다음과 같다.

- 기존의 수업 방식으로 가르쳤던 느린 학습자 통제 집단의 사전 검사와 사후 검사의 평균 점수 간에는 유의미한 차이가 없었다. 사후 검사에서의 수행이 더 낫긴 했지만 유의미한 차이는 없었다.
- 영어 과목에서 모듈식 접근을 기반으로 하는 멀티미디어를 통해 가르친 느린 학습자 실험 집단의 사전 검사와 사후 검사의 평균 점수 간에는 유의미한 차이가 있었다. 게다가 사전 검사보다 사후 검사의 수행이 더 높았다. 또한 통제 집단과 실험 집단의 개선 속도에 대한 분석을 통해 느린 학습자에게 영어를 가르칠 때 모듈식 접근을 기반으로 하는 멀티미디어가 효율적임을 밝히고 있다. 사전 검사에서는 18.6이라는 낮은 평균 점수를 받

았으나, 사후 검사에서는 사전 검사 점수의 2배가량인 35.2라는 엄청난 평균 점수를 얻을 수 있었다. 그러나 느린 학습자의 통제 집단은 사후 검사에서 유의미한 평균을 얻을 수 없었다. 이것은 느린 학습자를 대상으로 하는 기존의 수업 방식에 비해 모듈식 접근을 기반으로 하는 멀티미디어가 특수 참고자료로서의 이점이 있음을 보여 준다.

- 기존의 수업 방식을 사용했던 느린 학습자의 통제 집단과 모듈식 접근을 기반으로 하는 멀티미디어를 통해 가르친 느린 학습자의 실험 집단 간의 사후 검사를 실시한 결과 평균 점수 간에 유의미한 차이가 있었다. 게다가 느린 학습자 실험 집단의 수행이 느린 학습자 통제 집단의 수행보다 더 높았다. 또한 느린 학습자의 실험 집단이 보여 준 개선의 정도는 느린 학습자 통제 집단보다 더 높았다. 퍼센트로 봤을 때 느린 학습자 실험 집단이 보여 준 개선율은 89.2%였던 데 비해, 느린 학습자 통제 집단의 개선율은 12.37%였다. 두 집단에서 보여 준 개선율의 차이는 모듈식 접근을 기반으로 하는 멀티미디어를 사용한 결과의 산물이며, 느린 학습자들에게 특수 참고자료로서 모듈식 접근을 기반으로 하는 멀티미디어가 효율적임을 입증하는 것이다.
- 느린 학습자 통제 집단과 정상 학생 집단 간의 사후 검사를 실시한 결과 평균 점수 간에 유의미한 차이가 있었다. 게다가 정상 집단 학생들의 수행이 느린 학습자 통제 집단의 수행보다 더 높았다. 느린 학습자 통제 집단이 사후 검사에서 얻었던 평균치(21.8)는 이들이 단지 매우 적은 평균을 얻을 수 있다는 것이며, 통제 집단의 느린 학습자들과 정상 학생 집단 간의 차이가 적지

않았다는 것을 보여 준다. 이것은 기존의 수업 방식으로는 느린 학습자가 정상 학생들에 대적할 수 없다는 것을 의미한다.

- 느린 학습자의 실험 집단과 정상 학생 집단의 사후 검사의 평균 점수에 유의미한 차이가 있었다. 정상 학생 집단의 수행이 느린 학습자 실험 집단의 수행보다 더 높았다. 그러나 평균치에 대한 면밀한 분석에서는 느린 학습자 실험집단의 성취가 실험 후에 유의미하게 개선됐음을 인정했다. 게다가 모듈식 접근을 기반으로 하는 멀티미디어는 느린 학습자 실험 집단이 정상 학생들을 상당히 필적할 수 있게 만들었다. 두 집단 간의 격차가 적어졌다는 것은 모듈식 접근을 기반으로 하는 멀티미디어의 효율성이 입증됐음을 의미한다.
- 각 집단의 사후 검사와 기억력 검사의 평균 점수 간에는 유의미한 차이가 없었다.

그러나 사후 검사와 기억력 검사의 평균 점수의 결정적인 비교에서는 뜻밖의 흥미로운 사실이 밝혀졌다. 기존의 수업 방식을 통해 가르쳤던 통제 집단과 정상 집단 모두 기억력 검사에서는 사후 검사의 평균 점수가 개선되지 않았다. 두 경우 모두 평균 점수가 감소했던 반면에, 실험 집단에서는 기억력 검사에서의 사후 검사의 평균 점수가 향상되었다. 게다가 사전 검사와 사후 검사의 평균 점수 간의 차이는 사후 검사 당시에 검사를 통해 얻은 새로운 정보가 추가되었음을 보여 준다. 이렇게 빠르게 배운 정보들이 마음속에서 적절하게 처리되어 두 달의 시간이 지난 후에도 손실되거나 변형되지 않은 채 기억장치에 남았다. 이 향상된 기억력은 모듈식 접근을 기반으로 한 멀티미디어의 효율성 덕분이라고 볼 수 있다. 새로운 정보를 획득하고 기억하는 데 있어서 느린 학습자 실험 집단은 다른 두 집단의 학생들을 앞질렀다. 이는 모듈식 접근을 기반으로 하는 멀티미디어가 더 나은 학습을 촉진할 수 있으며, 더 장기적인 기억을 증진한다는 것을 입증하는 것이다.

3. 느린 학습자에게 과학과 사회과학을 가르칠 때 비디오 교육의 상대적 효율성

Reddy와 Ramar(1996)는 '느린 학습자에게 과학과 사회과학을 가르칠 때 비디오 교육의 상대적 효율성'을 측정하고자 실험 연구를 실시했다. 그 연구의 주된 결과는 다음과 같다.

- 기존의 수업 방식을 통해 가르쳤을 때 통제 집단의 느린 학습자들에게는 사전 검사와 사후 검사의 평균 점수 간에 유의미한 차이가 있었다. 또 사후 검사의 수행이 사전 검사에서의 수행보다 더 우수했다.
- 비디오 교육을 통해서 과목을 가르쳤을 때 느린 학습자 실험 집단의 사전 검사와 사후 검사의 평균 점수 간에 유의미한 차이가 있었다. 또 사전 검사에서보다 사후 검사에서 수행이 더 높았다. 게다가 실험 집단의 느린 학습자들의 개선율에 있어서 과학과 사회과학 같은 두 개의 다른 과목을 가르칠 때 비디오 교육의 상대적 효율성이 나타났다. 과학에서 실험 집단의 느린 학습자들이 보여 준 개선율은 94.4%였던 반면에, 사회과학에

서의 개선율은 88.17%였다. 이는 비디오 교육이 해당 과목 모두를 가르치는 데 효과적이지만 사회과학보다 과학에 더 효과적임을 의미한다.

- 기존의 수업 방식을 통해 가르쳤던 느린 학습자 통제 집단과 비디오 교육을 통해 가르쳤던 느린 학습자 실험 집단의 사후 검사 점수 간에 유의미한 차이가 있었다. 또 느린 학습자 실험 집단의 수행이 느린 학습자 통제 집단의 수행에 비해 더 높았다. 게다가 느린 학습자 통제 집단과 느린 학습자 실험 집단의 개선율에 대한 분석에서 비디오 교육의 효율성이 밝혀졌다. 비디오 교육을 통해 가르쳤던 느린 학습자 실험 집단의 개선율은 과학에서 94.4%이고 사회과학 과목에서는 88.17%였던 반면에, 느린 학습자 통제 집단의 개선율은 과학에서 11.81%였고 사회과학 과목에서는 12.37%였다. 이는 기존의 수업 방식에 비해 비디오 교육이 이로움을 말해 준다.
- 느린 학습자 통제 집단과 정상 학생 집단의 사후 검사 점수 간에도 유의미한 차이가 있었다. 정상 학생 집단의 수행이 느린 학습자 통제 집단의 수행보다 더 높았다. 느린 학습자 통제 집단이 얻은 평균 점수를 살펴보면 기존의 수업 방식이 느린 학습자들을 개선시키기는 하나 느린 학습자와 정상 학생 집단 간의 격차를 좁힐 수는 없었다는 것을 보여 준다. 기존의 수업 방식은 느린 학습자 통제 집단이 정상 학생들을 따라잡게 할 수는 없다는 것을 의미한다.
- 느린 학습자 실험 집단과 정상 학생 집단의 사후 검사 점수 간에도 유의미한 차이가 있었다. 정상 학생 집단의 수행이 느린

학습자 실험 집단의 수행보다 더 높았다. 그러나 평균치에 대한 면밀한 분석에서는 실험 후에 느린 학습자 실험 집단의 수행이 유의미하게 개선되었다고 밝혀졌다. 개선율의 측면에서 느린 학습자 실험 집단의 개선율은 정상 학생 집단의 개선율보다 더 나았다. 비디오 교육은 느린 학습자 실험 집단이 상당 부분 정상 학생들을 따라잡게 하였다. 집단 간의 격차를 좁혔다는 것은 비디오 교육의 효율성이 크다고 볼 수 있다는 것이다.

4. 수학 과목에서 느린 학습자의 수행에 대한 비디오 교육의 효과

Reddy와 Ramar(1996)는 느린 학습자에게 수학을 가르칠 때 비디오 교육의 효율성을 측정하고자 실험 연구를 시행했다.

연구의 결과 및 결론은 다음과 같다.

- 기존의 수업 방식으로 가르친 느린 학습자 통제 집단의 사전 검사와 사후 검사를 실시한 결과, 평균 점수 간에 유의미한 차이가 없었다.
- 비디오 교육을 통해 수학을 가르쳤던 느린 학습자 실험 집단의 사전 검사와 사후 검사를 실시한 결과, 평균 점수 간에 유의미한 차이가 있었다. 또 사전 검사보다 사후 검사에서의 수행이 더 높았다.
- 기존의 수업 방식을 통해 가르쳤던 느린 학습자 통제 집단과 비디오 교육을 통해 가르쳤던 느린 학습자 실험 집단의 사후 검사를 실시한 결과, 평균 점수 간에 유의미한 차이가 있었다. 또 느

린 학습자 실험 집단의 수행이 느린 학습자 통제 집단의 수행보다 더 높았다. 느린 학습자 실험 집단의 개선율이 느린 학습자 통제 집단의 개선율보다 높았다. 두 집단의 개선율의 차이는 비디오 교육의 결과물이라 볼 수 있으며, 교수방법으로서 비디오 교육이 효율적임을 밝혀 주는 것이다.

- 느린 학습자 통제 집단과 정상 학생 집단의 사후 검사를 실시한 결과, 평균 점수 간에 유의미한 차이가 있었다. 또 정상 학생 집단의 수행이 느린 학습자 통제 집단의 수행보다 더 높았다. 사후 검사에서 느린 학습자 통제 집단이 얻은 평균치(19.4)는 통제 집단이 유의미한 평균 점수를 얻지도 못하고, 정상 학생 집단과의 격차도 좁힐 수 없었음을 나타냈다. 기존의 수업 방식으로는 느린 학습자가 정상 학생들을 따라잡게 할 수 없다는 것을 의미한다.
- 느린 학습자 실험 집단과 정상 학생 집단의 사후 검사를 실시한 결과, 평균 점수 간에 유의미한 차이가 있었다. 정상 학생 집단의 수행이 느린 학습자 실험 집단의 수행보다 더 높았다.

그러나 평균치에 대한 면밀한 분석에 의하면 느린 학습자 실험 집단은 실험 후에 수행이 유의미하게 개선되었다. 또 비디오 교육은 느린 학습자 실험 집단이 정상 학생들을 상당 부분 따라잡을 수 있게 만들었다. 두 집단 간의 격차를 좁힘으로써 비디오 교육의 효율성을 입증했다.

5. 느린 학습자에게 과학을 가르칠 때 컴퓨터 지원 교육의 효율성

Reddy와 Ramar(1995)가 수행했던 실험 연구의 주된 목표는 STD Ⅷ 과학 과목을 위한 CAI 소프트웨어를 개발해서 느린 학습자의 특수 참고자료로서의 효율성을 평가하고자 하는 것이었다. 이러한 주된 목표를 기억하면서 다음의 특정 목표들을 살펴보자.

- 느린 학습자 통제 집단의 사전 검사와 사후 검사의 평균 점수 간에 유의미한 차이가 있는지를 알아본다.
- 느린 학습자 실험 집단의 사전 검사와 사후 검사의 평균 점수 간에 유의미한 차이가 있는지를 알아본다.
- 실험 집단과 통제 집단의 사후 검사를 실시한 후 평균 점수 간에 어떤 유의미한 차이가 있는지를 알아본다.
- 느린 학습자 통제 집단과 정상 학생 집단의 사후 검사를 실시한 후 평균 점수 간에 유의미한 차이가 있는지를 평가한다.

분석 후의 연구에서는 다음의 결론을 얻었다.

- 기존의 수업 방식을 통해 가르쳤던 느린 학습자 통제 집단의 사전 검사와 사후 검사 평균 점수 간에는 유의미한 차이가 있었다. 사전 검사의 수행보다 사후 검사에서의 수행이 더 나았다.
- CAI를 통해 과학 과목을 배운 느린 학습자 실험 집단의 사전 검사와 사후 검사의 평균 점수 간에는 유의미한 차이가 있었다. 사전 검사에서보다 사후 검사에서의 수행이 더 높았다.

- 기존의 수업 방식을 통해 가르쳤던 느린 학습자 통제 집단과 CAI를 통해 가르쳤던 느린 학습자 실험 집단의 사후 검사 평균 점수 간에는 유의미한 차이가 있었다. 느린 학습자 실험 집단의 수행은 느린 학습자 통제 집단의 수행보다 더 높았다. 느린 학습자 실험 집단의 개선율은 느린 학습자 통제 집단의 개선율보다 높았다. 개선율 측면에서 CAI를 통해 가르쳤던 느린 학습자 실험 집단의 개선율은 126%였던 반면에, 통제 집단의 개선율은 18.75%였다. 두 집단의 개선율의 차이는 CAI의 결과적 산물이며, 느린 학습자의 특수 참고자료로서 CAI의 효율성을 입증하는 것이다.
- 느린 학습자 통제 집단과 정상 학생 집단의 사후 검사 평균 점수 간에는 유의미한 차이가 있었다. 정상 학생 집단의 수행이 느린 학습자 통제 집단의 수행보다 더 높았다. 느린 학습자 통제 집단이 얻은 평균 점수(22.8)를 보면, 기존의 수업 방식에 의해 개선되긴 했으나(19.2에서 22.8로), 통제 집단과 정상 학생 집단 간의 격차는 좁힐 수 없었다. 이것은 기존의 수업 방식은 느린 학습자 통제 집단이 정상 학생들을 따라잡게 할 수 없다는 것을 의미한다.
- 느린 학습자 실험 집단과 정상 학생 집단의 사후 검사 평균 점수 간에는 유의미한 차이가 있었다. 정상 학생 집단의 수행이 느린 학습자 실험 집단의 수행보다 더 높았다. 그러나 두 집단 간의 격차는 상당 부분 감소했다. 이것으로 CAI의 효율성이 입증될 수 있다.

6. 사회과학에서 느린 학습자의 수행에 대한 모듈식 접근의 영향

Reddy와 Ramar(1996)는 느린 학습자의 특수한 교육 자료로서 모듈식 접근의 효율성을 측정하고, 모듈식 접근이 어느 정도까지 느린 학습자가 정상 학생들을 따라잡을 수 있게 하는지를 평가하기 위해 이 실험 연구를 시행했다. 다음의 이유로 연구가 시작되었다.

연구의 필요성 느린 학습자는 집중력이 부족하다. 그래서 교육을 위한 설명에 30분 이상 집중할 수 없다. 모듈식 접근에서는 단일 단위가 세 개에서 네 개의 하위 단위들로 나뉘어져 있다. 각 하위 단위들이 한 개의 모듈 발달을 위한 과목 내용을 구성한다. 각 모듈의 지속시간은 20~25분이다. 그래서 느린 학습자는 개념에 집중할 수가 있다. 또한 느린 학습자의 짧은 주의폭에 적합하다.

학습 모듈은 단일한 개념적 단위나 과목 문제를 다루는 자조적이면서 자기교육적인 패키지다. 어떤 상황에서도 사용될 수 있어서 학습자에게 편리하고, 학습자가 자신의 속도에 맞춰 모듈을 마칠 수 있다. 개별적으로 또는 소규모의 학습 집단에도 사용될 수 있다. 이러한 모듈식 접근 방법은 개인차에 따라 교육을 맞춘다. 가장 큰 문제는 그 과목을 숙달하는 것이지 시간이 아니다. 따라서 모듈은 학생들에게 매우 적합하고, 느린 학습자에게는 더 효과적이다.

느린 학습자의 가장 빈번한 주 호소 문제 중의 하나는 기억력이 좋지 못하다는 것이다. 교육적 성장을 방해하는 모든 문제 중에 가장 자주 등장하는 것이 장기기억의 결함이다. 느린 학습자는 기억하기 전에 내용을 검토하는 데 더 많은 시간이 필요하며, 잊지 않도록 더 자주 복습할 필요가 있다. 초기 학습의 효율성은 실질적인 기억과 회상만큼이나 중요하다. 모듈식 접근은 반복적인 복습을 제공하고, 각 모듈에서 되풀이함으로써 이 문제를 해결한다.

느린 학습자들은 추상적 사고에 극히 취약하다. 이것은 느린 학습자들이 사물 간의 관계를 이해할 수 없기 때문이다. 느린 학습자들은 지각하고, 가능한 연관성을 활용하는 데 더 느리다. 의미 있는 연관성은 이해뿐만 아니라 장기적인 기억에도 매우 중요하다. 각각의 목표, 프로젝트 활동과 학습 모듈에 통합된 실습에 맞춰 모듈 방식으로 제시된 학습내용은 느린 학습자가 추상적 사고에 대한 문제를 이겨 내어 가능한 연관성을 이해하고, 결과적으로 기억하게 할 것이다.

느린 학습자는 인지적인 면에서 제한적이기 때문에 기계적인 암기만 배울 수 있다고 생각하는 것은 잘못된 생각이다. 느린 학습자들 또한 과목의 주제를 구체적으로 제시하면 유의미하게 학습할 수 있다. 자신이 배우고 있는 것에 대해 해낼 수 있다는 것을 느린 학습자들이 이해해야만 하며, 그러기 위해서는 더 많이 반복하고 복습하며 기억하도록 연습해야 한다. 모듈식 접근은 도표, 개요, 그림, 워크시트, 예제, 이차원적인 그림 등을 통합시킴으로써 과목의 주제에 대해 다각적이면서 구체적인 설명을 한다. 또한 모듈식 접근은 필요한 복습, 반복, 그리고 학습내용, 다양한 시험, 개괄과 요약에서의 주된 관점을 확인시키는 검토를 포함한다. 이처럼 여러 방식에서 모듈식 접근은 느린 학습자에게 적합하다고 입증되고 있다.

연구의 목표 연구의 주된 목표는 STD Ⅷ의 사회과학 과목에 대한 모듈을 개발해서 느린 학습자에게 특수한 교육 자료로서 모듈식 접근의 효율성을 평가하는 것이다. 이러한 주된 목적을 기억하면서 다음의 특정 목표들을 살펴보자.

- 느린 학습자 통제 집단의 사전 검사와 사후 검사의 평균 점수 간에 유의미한 차이가 있는지를 알아본다.
- 느린 학습자 실험 집단의 사전 검사와 사후 검사의 평균 점수 간에 어떤 유의미한 차이가 있는지를 알아본다.
- 실험 집단과 통제 집단의 사후 검사의 평균 점수 간에 유의미한 차이가 있는지를 알아본다.
- 느린 학습자 통제 집단과 정상 학생 집단의 사후 검사를 실시한 후 평균 점수 간에 유의미한 차이가 있는지를 알아본다.
- 느린 학습자 실험 집단과 정상 학생 집단의 사후 검사를 실시한 후 평균 점수 간에 유의미한 차이가 있는지를 알아본다.

연구의 결과 및 결론은 다음과 같다.

- 기존의 수업 방식을 통해 가르쳤던 느린 학습자 통제 집단의 사전 검사와 사후 검사의 평균 점수 간에 유의미한 차이가 있었다. 사후 검사에서의 수행이 사전 검사에서의 수행보다 더 나았다.
- 사회과학 과목을 모듈식 접근을 통해 가르쳤던 느린 학습자 실험 집단의 사전 검사와 사후 검사를 실시한 결과, 평균 점수 간에 유의미한 차이가 있었다. 사후 검사에서의 수행이 사전 검사에서의 수행보다 더 높았다.

- 기존의 수업 방식을 통해 가르쳤던 느린 학습자 통제 집단과 모듈식 접근을 통해 가르쳤던 느린 학습자 실험 집단의 사후 검사를 실시한 결과, 평균 점수 간에 유의미한 차이가 있었다. 느린 학습자 실험 집단의 수행이 느린 학습자 통제 집단의 수행보다 더 높았다. 또한 느린 학습자 실험 집단의 개선율이 느린 학습자 통제 집단의 개선율보다 더 높았다. 개선율 측면에서 모듈식 접근을 통해 가르쳤던 느린 학습자 실험 집단의 개선율은 94.4%였던 반면에, 느린 학습자 통제 집단의 개선율은 16.36%였다. 두 집단 간의 개선율 차이는 모듈식 접근의 실행 결과로 볼 수 있으며, 이는 느린 학습자에게 특수한 교육 자료로 모듈식 접근이 효율적이라는 것을 입증하는 것이다.
- 느린 학습자 통제 집단과 정상 학생 집단의 사후 검사를 실시한 결과, 평균 점수 간에 유의미한 차이가 있었다. 정상 집단 학생들의 수행이 느린 학습자 통제 집단의 수행보다 더 높았다.
- 느린 학습자 실험 집단과 정상 학생 집단의 사후 검사를 실시한 결과, 평균 점수 간에 유의미한 차이가 있었다. 정상 학생 집단의 수행이 느린 학습자 실험 집단의 수행보다 더 높았다. 그러나 평균 점수에 대한 면밀한 분석에서는 느린 학습자 실험 집단이 실험 후에 수행에서 유의미하게 개선되었음을 확인했다. 더욱이 모듈식 접근은 느린 학습자 실험 집단이 정상 학생들을 상당 부분 따라잡을 수 있게 했다. 두 집단 간의 좁혀진 격차는 모듈식 접근의 효율성을 입증하는 것이다.

7. 느린 학습자에게 과학을 가르칠 때 멀티미디어 교육 전략의 효율성

이 실험 연구는 ① STD Ⅷ 과학 과목을 위한 멀티미디어 패키지들을 개발하기 위해서, ② 느린 학습자에게 특수 참고자료로서 멀티미디어 교육 전략이 효율적인지를 측정하기 위해서라는 두 가지 목적을 가지고 시작되었다. 이 실험 연구의 목적에 적합한 두 개의 느린 학습자 대응 집단을 구성했으며, 평균이나 평균 이상의 학생들로 구성된 정상 집단을 만들어서 멀티미디어 교육 전략이 어느 정도까지 느린 학습자가 정상 학생들을 따라잡을 수 있게 하는지를 평가하고자 했다. 통제 집단과 정상 집단은 기존의 수업 방식을 통해 가르친 반면에, 실험 집단은 멀티미디어 교육 전략을 통해 가르쳤다. 결과에 따르면, 멀티미디어 교육 전략이 기존의 수업 방식보다 더 효과적이었으며, 느린 학습자가 정상 학생들을 상당 부분 따라잡을 수 있게 해 주었음을 입증했다.

앞으로의 연구를 위한 제언

- 앞의 연구에서는 단일 과목을 가르칠 때의 단일 매체 효율성이 측정되었다. 다른 과목을 가르치는 데 동일한 매체들이 효율적인지를 측정하는 연구가 시작될 수 있어야 할 것이다.
- 특정 과목을 가르치는 데 있어서 다른 매체의 상대적 효율성을 측정하기에 적합한 실험 연구를 실시할 수 있을 것이다.

- Bloom(1976)이 제안했던 것처럼 느린 학습자의 성취에서 학습 책략 숙달의 효율성을 평가하는 연구가 시작될 수 있을 것이다. 이와 비슷하게 느린 학습자의 성취에서 추가적인 학습시간의 영향도 조사 연구에 의해 입증될 수 있을 것이다.
- 느린 학습의 원인이 되는 요인을 입증하기 위한 조사 연구에 착수할 수 있을 것이다.
- 느린 학습자를 대상으로 특수한 교육 자료를 가지고 하는 또래 교수, 부모 교수, 성인 교수의 효율성을 측정하기 위해 공통된 특성에 따른 실험 연구들이 실행될 수 있을 것이다.
- 느린 학습을 하는 청소년에게 제공되는 직업 소개의 범위를 가늠하는 조사 연구도 실행될 수 있을 것이다.
- 학창 시절에서 성인의 삶으로의 순조로운 전환을 위해 직업 교육과 신체 교육을 어떻게 제공할 것인지를 가늠하기 위한 공통된 특성에 따른 연구들이 시작될 수 있을 것이다.
- 학교를 졸업한 이후의 삶에서 느린 학습자의 성공과 실패를 추정할 수 있는 사례 연구들이 실행될 수 있을 것이다.
- 느린 학습자가 이후의 삶에서 자녀를 교육할 때 담당하게 될 역할에 대해 연구하는 조사 연구가 시도될 수 있을 것이다.
- 여기에서의 제언들은 종합적인 것이 아니며, 교수학습 과정에서 직면하는 문제를 고려하는 더 많은 연구를 학자들이 수행할 수 있을 것이다.

요 약

교육적 연구는 교육적인 문제를 해결하기 위해 과학적인 방법을 적용하는 과정이다. 교육적 연구는 교육적 이론이나 실제에 대해서 경험적으로 입증할 수 있는 원리나 일반화에 도달하는 과정이다.

교육은 끊임없이 일어나는 사회적 변화와 보조를 맞춰야 하며, 우리가 교육에 가져올 변화는 연구를 기반으로 해야 한다.

뒤처진 학생, 일반 학생, 특히 느린 학습자에 대한 단지 몇 개의 실험 연구들만이 행해졌다. 지금까지 NCERT에 의해 발행된 모든 연구 도서가 느린 학습자에 대한 연구를 포함하고 있는 것은 아니다. 최근에는 유일하게 Reddy와 Ramar가 이와 관련하여 가치 있는 연구들을 수행했다. 이 연구는 느린 학습자를 위해 고안된 특수교육 전략에 매체 속성들이 필수적임을 날카롭게 지적하고 있다.

다른 과목을 가르칠 때 다른 매체들의 상대적 효율성이 평가될 수 있다. 느린 학습자의 특수한 교육 자료로서 학습 책략 숙달의 효율성을 평가할 수도 있다. 느린 학습자의 성취에서 추가적인 학습시간의 영향도 공통된 특성에 따른 연구에 의해 시도될 수 있다. 앞의 제언은 종합적인 것이 아니며, 학자들이 직면하는 문제를 고려하는 더 많은 연구를 수행할 수 있을 것이다.

참고문헌

Bloom, B. S. (1976). *Human Characteristics and School Learning.* New York: McGraw-Hill.

Reddy, G. L., & Ramar, R. (1994). *Effectiveness of Multimedia Instructional Strategy in Teaching Science to Slow Learners.* Karaikudi: Department of Education, Alagappa University.

Reddy, G. L., & Ramar, R. (1995). *Effectiveness of Computer Assisted Instruction in Teaching Science to Slow Learners.* Karaikudi: Department of Education, Alagappa University.

Reddy, G. L., & Ramar, R. (1996). Relative effectiveness of video instruction in teaching science and social science to slow learners. Paper Presented at the Third National Conference on Development of Educational Technology, Bharathithasan, Dec. 27, 28, 1996.

Reddy, G. L., & Ramar, R. (1997). Effectiveness of multimedia based modular approach in teaching english to slow learners. *Journal of ICCW,* April, 1997.

Reddy, G. L., & Ramar, R. (1997). *Effect of Video Instruction on Achievement of Slow Learners in Mathematics.* Karaikudi: Department of Education, Alagappa University.

Slavin, R. E. (1986). *Using Student Team learning* (3rd ed.). Boltimore: Johns Hopkins University, Center for Research on Elementary and Middle Schools.

Soundararaja Rao, & Rajaguru (1995). Effectiveness video assisted instruction on achievement of slow learners. *Journal of Educational Research and Extension, 32*(2), Oct. 1995.

Stella, A. (1993). Effectiveness of computer assisted instruction with special reference to under achievers. *Media and Technology for Human Resource Developments,* 5(3), April 1993.

Tansley, A. E., & Gulliford, R. (1962). *The Education of Slow Learning Children.* London: Routledge, Kegan Paul Ltd.

찾/아/보/기

인명

내용

저자 소개

G. Lokanadha Reddy

인도 Alagappa University 교육학부 부교수

R. Ramar

인도 S.S. Hindu Nadar Higher Secondary School 교장

학습부진아, 학습장애아, 경계선 지적 기능 아동 등 뒤처지는 학생들에 관한 연구를 활발히 수행하고 있음

A. Kusuma

인도 Sri Padmavati Mahila Visvavidyalayam(여자대학교) 인간발달과 가족연구학부 부교수

역자 소개

박현숙

성균관대학교 대학원 발달심리 및 교육 전공

현) 아동청소년심리상담센터 I(아이) 센터장

경계선 지적 기능 아동 · 청소년을 위한
느린 학습자의 심리와 교육
Slow Learners: Their Psychology and Instruction

2013년 1월 10일 1판 1쇄 발행
2024년 6월 20일 1판 7쇄 발행

지은이 • G. Lokanadha Reddy · R. Ramar · A. Kusuma
옮긴이 • 박 현 숙
펴낸이 • 김 진 환
펴낸곳 • (주) 학지사
04031 서울특별시 마포구 양화로 15길 20 마인드월드빌딩 5층
대표전화 • 02) 330-5114 팩스 • 02) 324-2345
등록번호 • 제313-2006-000265호
홈페이지 • http://www.hakjisa.co.kr
인스타그램 • https://www.instagram.com/hakjisabook

ISBN 978-89-6330-976-7 93370

정가 14,000원

역자와의 협약으로 인지는 생략합니다.
파본은 구입처에서 교환하여 드립니다.